KB114848

모든 것이 바뀐다

모든 것이 바뀐다

CHANGE EVERY THING

자본주의 딜레마
극복을 위한 '공동선 경제'

크리스티안 펠버 지음 · 이영환 옮김

Angle Books

언제나 대안은 있다

이 책을 편집하면서 보니 처음 『공동선 경제 ^{Die Gemeinwohl-Ökonomie}』를 출간하고 7년이 지난 시점이었다. 당시 이 책은 젊은 지식인들에게 반향을 불러일으키기 위한 목적으로 출간되었다. 독자들은 흥분했다. 7년이 지난 지금 스웨덴에서 칠레에 이르기까지 많은 국가에서 30여 개 후원단체가 생겼다. 또한 2,300개가 넘는 기업이 공식적으로 공동선 운동을 지지하고 있으며, 공동선 경제를 실행하는 지방자치단체도 늘고 있다.

최근 소식을 몇 가지 알려주겠다. 슈투트가르트는 네 곳의 공기업에서 공동선 대차대조표를 사용하도록 했고, 그렇게 해서 '독일 전역의 공동선 경제 선도 도시'로 선정되었다.[1] 전 세계 500대 조직에 속하는 독일 그린피스는 처음으로 자체 공동선 대차대조표를 선보였다. 2017년 3월 공동선 경제는 교육사업의 일환인 '지속가능성을 위한 격려'의 지식 부문 자이트 비센^{ZEIT WISSEN} 상을 수상했다. 같은 해 6월에는 발렌시아대학교에서 첫 공동선 경세 강좌가 시작되었다. 그보다 앞서 유럽경제사회위원회EESC가 86퍼센트의 지지를 바탕으로 공동선 경제에 대한 자체 입장 표명을 한 바 있다.[2] 놀라운 일도 아니다.

베르텔스만재단의 조사에 따르면 독일인의 88퍼센트와 오스트리아인의 90퍼센트는 '새로운 경제 원칙'을 원하고 있다.[3] 즉 10명 중 9명이 변화를 받아들일 준비가 되어 있다는 뜻이다. 사람들은 경제 위기, 환경 위기, 불균형한 분배 위기, 사회정체성 위기, 민주주의 위기, 가치 위기 등 전반적인 체제 위기라는 사실을 인식하고 있다. 더 이상 개혁만으로 충분하지 않기 때문에 완전히 새로운 비전이 필요하다.

경제, 더 높은 가치 추구를 위한 수단

그러나 이 여정이 어떤 방향으로 향해 갈 것인지는 아직 결정되지 않았다. 협동조합들의 사회연대 경제 체제로 가야 할까, 아니면 아무런 시장 논리 없이 생겨나는 공유지나 공공재산을 추구하는 쪽으로 가야 할까? 니코 페히Niko Paech가 주장한 포스트 성장사회의 경제 체제, 그러니까 사회생태적 시장경제보다 훨씬 더 급진적이고 축소를 주장하는 방향으로 가야 할까? 그도 아니라면 법의 수호를 받는 사람들, 이른바 대기업들의 슈퍼자본주의와 슈퍼기본권 등을 없애고 재산과 권력의 과도한 집중을 멈추게 하는 경제민주주의의 방향으로 가야 할까?

공동선 경제는 이렇게 말한다. 이 모든 접근법이 오늘날보다 많아져야 한다고 말이다. 경제는 더욱 인간적이고, 사회적이고, 공정하게 분배되고, 지속적이고, 민주적이고, 늘 도덕적인 존재가 되어야 한다. 즉 공동선을 추구하는 방향으로 더 나아가야 한다. 공동선 경제에 대한 사람들의 첫 반응은 대개 다음과 같았다. "공동선 경제라고? 애초에 그 자체가 모순된 말 아닌가?" 오늘날 우리는 이를 다른 관점에서 바라본다. 지난 7년 동안 공동선 경제 모델을 하나의 일관성 있는 모자이크처럼 만든 다양한 요소가 나타났다. 경제가 더욱 높은 가치를 약속하는 하나의 수단일 뿐이라는 설득은 모든 시대, 모든 문화권에 존재했다. 오늘날 경제가 완전히 다른 방식으로 작동하면서 교육되고 있다는 희한한 사실은 또 다른 핵심 문제를 제기한다. 바로 학술적 경제학 또는 '이코노믹스'다. 경제학은 수학화되었고 경제 지수와 화폐 가치라는 기만적인 소실점消失點 위에서 갈피를 잡지 못하고 있다. 돈은 기업이나 투자, 신용, 전체 경제와 마찬가지로 공동선을 위해 쓰여야 하는 도구다. 그러나 '경제적 지식'이 목적과 수단을 뒤바꾸고 말았다. 게다가 비경제적 지식을 왜곡했다.

아리스토텔레스Aristoteles는 경제를 탐구하고 실제에 적용하는 2가지 형태를 철저하게 구분했다. 그는 오이코노미아Oikonomia가 모든 사람, 그러니까 개별 가정이나 나라 전체가 경제적으로 안온한 삶을 목적으로 하면서 돈을 철저하게 도구로 간주한다고 했다. 반면 영리나 '돈 불리기' 자체가 목적인 경제 형태를 크레마티스티케 Chrematistike라고 부르면서 자연스럽지 못한 것이라고 비난했다.[4] 경제학은 이자와 이윤, 국내총생산에만 관심을 보이며 '효율성'이란 오로지 효율적인 자본 이용 또는 효율적인 자본 증식으로 바라보았다. 이재理財로 변모한 것이다. 그러나 이것은 더 이상 경제학이 아니다. 적어도 아리스토텔레스가 말한 경제학은 아니다.

오이코노미아는 정확하게 공동선이라는 개념이 내재되어 있는 '공동선 경제'로 번역될 수 있다. 여기에 '사회적', '생태학적', '지속가능한', '인간적', '공정한', '정의로운', '민주적', '도덕적' 등의 수식어를 붙이려는 다양한 시도는 '경제학'이라는 개념에서 그 근본적 의미를 빼앗고 그것을 자연스럽지 않은 내용물로 채우려는 이재학자들에게나 어울릴 만한 행동이다. 다행히 일부 경제학자는 이 차이와 전도顚倒를 잘 이해하고 있어 적극적으로 '평형경제'(허먼 데일리Herman Daly), '생태학적 경제'(호안 마르티네스-알리어Joan Martinez-Alier), '포스트 성장사회의 경제'(니코 페히), '도넛경제'(케이트 레이워스Kate Raworth), '공유재 경제'(엘리너 오스트롬Elinor Ostrom), '선물경제'(제너비브 본Genevieve Vaughan), '케어경제'(마샤 마되린Mascha Madörin) 등의 개념을 만들어냈다. 학생들 사이에서는 우선 프랑스에서 '탈자폐적 경제학Post-autistic Economics'이라는 개념이 생겼고, 이후 여러 사회와 경제로 퍼져 나갔다. 이는 지평선에 비치는 수많은 희미한 빛과 같은데, 주류는 아직 이재학자들의 손에 쥐여 있다.

이 학문이 잘못 접어든 길 가운데 하나가 '노벨경제학상'으로, 사실 이런 상은 존재할 수가 없다. 알프레트 노벨^{Alfred Nobel}은 자연과학적 학문의 성과를 기리기 위해 재단을 세웠고, 사회과학인 '경제학'을 위한 상에 반대한다는 입장을 밝힌 바 있다. 스웨덴 중앙은행이 수여하기 시작한 노벨경제학상은 1968년 처음 생겼으며, 노벨의 유언과 유산에 반하는 것으로 찬탈과 잘못된 명칭이 뒤섞인 결과물이라고 할 수 있다. 우수한 학자 10명 중 9명이 경제학이라기보다는 이재학의 카스트제도에 얽매여 있다. 노벨경제학상은 노벨상도 아니고 경제학도 아니다. 울리케 헤르만^{Ulrike Herrmann}의 '천재적인 PR 쿠데타'[5] 뒤에는 강력한 이데올로기와 사회적 권력관계를 둘러싼 투쟁이 자리 잡고 있다. 공동선 경제는 새로운 경제이론의 토대를 세우고자 하는 것이고, 경제학자들의 실무 경험을 바꾸고자 하는 것이며, 이에 맞는 법의 테두리를 만들어 도덕적이고 포괄적이며 책임감이 강한 경제 행위자와 그런 경제활동이 지속적으로 성공하도록 하는 것이다.

공동선 경제란?

전반적인 대안으로써 공동선 경제는 다음과 같다. 첫째, 견고한 이론적 접근법이자 논리 정연한 모델이다. 둘째, 모든 창의적이고 협력적인 개혁가들에게 열려 있는 더 넓은 범위의 분배 과정이다. 셋째, 민주적 변화 제안이다. 이를 위해 공동선 경제는 민주주의의 이해를 발전시켰는데, 이는 사람들이 4~5년마다 자신이 지지하는 어떤 정당에 표를 던지는 것보다 더 신뢰할 수 있는 일이었다. '주권민주주의'는 공동선 경제의 쌍둥이 형제나 마찬가지다. 깊은 곳까지 도달해 그 가치를 이끌어내는 경제와 정치의 변화를 위해 수많은 사람과 기업, 단체, 학문적 조직이 탄탄한 기반을 갖춘다면 주권민주주의는 공동선 경제의 탄생에 도움을 줄 수 있다.

2010년 8월 처음으로 '공동선 경제' 개념이 등장했고, 이후 프랑스어와 스페인어, 영어, 폴란드어, 핀란드어 등을 포함해 전 세계 12개 언어로 옮겨졌다. 변화의 움직임은 스칸디나비아반도에서부터 라틴아메리카까지 퍼져 나갔다. 수많은 사람이 전 세계적으로 지역 공동체, 일터, 협회, 단체 등에서 활발하게 활동하고 있다. 그리고 이런 움직임은 이제 시작 단계다. 공동선 경제 모델은 생생하게 살아 움직이며, 앞으로 실전 경험과 정신적 자극에 따라 모든 방향으로 계속 발전해 나갈 것이다. '상호 창조적co-creative'이라는 아이디어의 발전을 촉진하는 움직임은 여느 사회적 움직임이 그렇듯 다양하고 복합적 면모를 지니고 있다.

'의식의 굶주림'이 탄생시킨 것

공동선 경제가 다른 아이디어나 이니셔티브와 비교 가능한지 여부를 역사적 관점에서 '조망'하면 라이프아이젠Raiffeisen[6]이 떠오를 것이다. 굶주리던 시기에 베스터발트 지역[7]의 농민들 사이에서 최초의 빵 협동조합이 생겨났다. 그다음에는 주 전체에서 자선단체 연락망이 생겼고 이어 대출기관이 만들어졌다. 오늘날 조합에 소속된 라이프아이젠은행은 180개 지역에 산재해 있다.

공동선 경제는 실질적으로 배가 고프던 때가 아니라 정신적으로 배가 고프던 때에 생겨났다. 그리고 많은 사람이 점점 늘어나는 이른바 '의식의 굶주림'에 대해 이야기하고 있다. 공동선 경제는 의식과 의미, 인간다움, 진정한 이용 가치를 제시한다. 진정한 '오이코노미아'가 무엇인지 알려준다.

당신도 이에 동참하라! 그리고 자신이 이 세상에서 보기 원하는 변화의 일부분이 되어 보라!

포용적 자본주의 시장경제를 찾아서

혼돈과 불확실성이 지배하는 현 시점에서 미래에 대한 조언을 얻기 위해서는 과거를 돌아보는 것도 한 가지 방법이다. 지금부터 400여 년 전 과학혁명이 시작된 이후 축적된 과학 지식과 이를 응용한 기술혁신을 바탕으로 인류는 수천 년 동안 지속되어 온 빈곤의 덫에서 탈출할 수 있었으며, 인간의 평균 수명도 획기적으로 늘어났다. 여기에는 자본주의 시장경제가 생산과 분배, 소비 과정에서 적절한 인센티브를 제공함으로써 개개인이 최선을 다하도록 유도한 것이 큰 역할을 했다. 그런데 자본주의가 태동한 지 300여 년이 지난 지금 인류는 패러다임 전환paradigm shift의 길목에 서 있다. 4차 산업혁명이 진행됨에 따라 인간과 기술의 관계가 역전될 가능성이 높고 코로나19 사태와 같은 팬데믹pandemic이 자연에 대한 인간의 태도에 근본적 변화를 강요하고 있기 때문이다. 이는 곧 현 자본주의 시장경제로서는 더 이상 감당하기 어려운 과제들이 전면으로 부상하고 있다는 것을 시사한다. 우리는 이미 이런 유형의 역전을 경험했다. 이를테면 시장경제에서 실물 부문과 금융 부문의 역전이 그것이다. 과거 금융 부문은 실물 부문을 보조하는 분야였는데 1970년대 중반 이후 일련의 규제 완화를 통해 금융 부문이 실물 부문을 압도하기 시작했다. 월스트리트^{Wall Street}가 메인스트리트^{Main Street}를 지배한다는 주장은 이를 상징하는 표현이다. 마찬가지로 기술과 인간의 관계가 역전된다면 대다수 사람은 소외된 계층으로 전락할 가능성이 농후하다. 이것은 곧 인간중심주의의 종언을 의미한다.

현재 4차 산업혁명을 주도하고 있는 빅데이터, 사물인터넷, 인공지능, 로봇공학, 나노 기술, 유전공학과 합성생물학은 모두 정보기술에 바탕을 두고 있으면서 기존 시장을 완전히 새로운 시장으로 대체할 수 있다는 점에서 파괴적 혁신을 주도하고 있다. 게다가 인터넷 플랫폼을 지배하는 소수의 정보기술기업이 독점적인 시장지배력을 강화하고 있다는 사실을 감안할 때 기술혁신이 마냥 반가울 수만은 없다. 더욱이 정보 기술과 관련된 모든 분야에서 지속적으로 기하급수적 혁신이 이루어진다면 앞으로 10년 후, 나아가 그 이후의 세상이 어떤 모습일지 짐작하기도 어렵다. 일부 전문가는 앞으로 도래할 전혀 새로운 세상을 '특이점^{singularity}'으로 묘사하기도 하는데, 이는 기존의 제도와 법칙이 전혀 적용되지 않는 새로운 질서를 의미하며, 불확실성과 혼돈은 미래의 어두운 면을 대변한다.

글로벌 팬데믹과 자본주의 시장경제

　난데없이 발발한 코로나19 사태는 설상가상으로 문제를 더욱 어렵게 만들고 있다. 1918년 스페인독감 이후 100여 년 만에 등장한 글로벌 팬데믹은 전 세계를 예측 불가능한 공황 상태로 몰아넣고 있다. 그러나 우리는 고작 사회적 거리두기, 격리, 여행 금지, 봉쇄와 폐쇄로 대응할 뿐이다. 이로 말미암아 경제활동이 크게 위축되면서 전 세계가 깊은 경기침체에 직면해 있다. 아무리 전염성이 강하더라도 한낱 바이러스에서 비롯된 쇼크가 자본주의 시장경제의 근간을 흔들어 놓을 만큼 파괴력이 크다는 것은 현 경제 시스템이 얼마나 취약한지를 단적으로 보여준다. 이는 지금과 같이 소비만능주의와 성장지상주의에 의존해서는 더 이상 자본주의 시장경제의 미래를 낙관할 수 없다는 것을 의미한다. 앞으로 코로나19 사태와 유사한 팬데믹이 종종 발생할 수 있다는 전문가들의 경고는 새로운 경제 시스템을 모색하는 것이 절체절명의 과제임을 시사한다.

　글로벌 차원에서 자본주의 시장경제가 상당한 위기에 처했다는 경고 메시지가 일반대중의 이목을 끌기 시작한 것은 2008년 금융위기를 경험한 이후부터다. 그러나 10여 년이 지난 지금도 달라진 것이 거의 없다. 실물경제에 대한 금융자본의 위력은 여전하며 각국 정부는 금리 조정이나 양적 완화, 재정 지출이라는 구태의연한 경기부양책에 의존하고 있다. 이번 코로나19 사태에 직면해서도 같은 방법으로 경기를 부양하고 있는데, 이는 근본적인 처방이라고 보기 어렵다. 해결해야 할 문제의 성격이 달라졌음에도 같은 처방을 사용하는 것은 무지의 발로이거나 직무유기에 해당된다. 그럼에도 그럭저럭 문제가 봉합되어 왔기 때문에 어떤 정부도, 어떤 전문가도 근본적인 해결책을 모색하지 않고 있는 것이 지금의 현실이다.

현재 자본주의 시장경제가 안고 있는 심각한 문제로는 금융자본의 과도한 지배, 정보 기술의 부작용, 일자리 문제, 부와 소득 분배의 불평등 문제를 들 수 있다. 부와 소득 분배의 극심한 불평등이 자본주의의 존립을 위태롭게 하며, 향후 파괴적 혁신에 따른 일자리 소멸 가능성은 불평등 문제를 더욱 악화시킬 수 있다. 이런 상황에서 몇 년 전 출간된 프랑스 경제학자 토마 피케티^{Thomas Piketty}의 역작 『21세기 자본 ^{Capital in the 21st Century}』이 세간의 주목을 받은 것은 자연스러운 현상이었다. 피케티와 같은 맥락에서 현존하는 최고의 경제학자 조지프 스티글리츠^{Jeseph Stiglitz}를 비롯해 불평등 문제의 권위자 앤서니 앳킨슨^{Anthony Atkinson}, 사회역학자 리처드 윌킨슨^{Richard Willkinson} 등 여러 전문가가 일련의 저서와 강연 및 인터뷰를 통해 불평등으로 인한 민주주의의 퇴조, 사회적 불안의 확대, 자본주의의 위기 등의 문제를 집중적으로 다룬 것은 시의적절하다.

또한 글로벌 경제를 선도하고 있는 대기업들이 문제의 심각성을 인지하기 시작한 것은 매우 고무적인 일이다. 이들은 기업이 주주가치 대신 이해관계자 가치를 추구해야 한다는 의견을 공개적으로 표명하기 시작했다. 예를 들어 2019년 8월 19일 미국을 대표하는 대기업 전문경영자 모임인 비즈니스 원탁회의BRT에 속한 전문경영자 181명이 '기업의 목적에 대한 성명서'를 발표했으며, 2020년 1월 21일 다보스 포럼에서는 '다보스 선언 2020'이 공표되었다. 이두 사건의 공통점은 그동안 기업의 목적으로 간주되어 온 주주가치 중심의 기업 경영을 지양하고 이해관계자 가치를 추구해야 한다는 것을 공개적으로 선언했다는 점이다. 기업은 주주가치를 극대화하기 위해 수단과 방법을 가리지 않고 단기적 관점에서 이윤을 추구해 온 관행에서 벗어나 주주를 비롯해 소비자, 종업원, 납품업자, 채권단, 지역사회, 환경 등 다양한 이해관계자들의 가치를 추구하는 조직으로 변신해야 한다는 것이다. 이것은 기존 시스템을 고수하고자 하는 보수 진영 내부에도 현 자본주의 시스템에 대한 위기감이 고조되고 있다는 것을 시사한다.

새로운 경제 시스템을 모색할 때

이런 상황에서 나는 오스트리아 출신의 경제학자이자 운동가인 크리스티안 펠버Christian Felber가 2010년부터 추진해 오고 있는 공동선 경제economy for the common good 운동에 주목하게 되었다. 사회구성원 모두에게 보편적으로 이득이 되는 공동선을 바탕으로 하는 경제 시스템에 반대할 사람은 없을 것이다. 중요한 점은 추상적인 공동선 개념을 구체적으로 실행 가능한 법과 제도로 전환하는 것이다. 펠버는 이 책에서 공동선 경제의 핵심 개념을 바탕으로 이를 실천하는 방법과 실제로 성공한 사례들을 소개하고 있다. 이런 의미에서 이 책은 공동선 경제에 대한 지침서라 할 수 있다. 다만 상당히 파격적인 내용이 담겨 있어서 많이 불편하고 낯설 수 있다. 그러나 앞으로 파괴적 혁신에 따른 미증유의 변화가 예견되고 있음에도 이에 대비하기 위한 구체적인 방안을 제시하는 책을 찾아보기 어렵다는 점, 여기에 코로나19 사태로 시장경제의 근간이 흔들리는 상황을 목도하고 보니 그 필요성을 더욱 절감하게 되었다.

그럼, 여기서 경제적 가치가 개인과 사회 전반에서 갖는 의미에 대해 다시 한 번 생각해 보자. 우리는 개인의 자유와 존엄, 사회 해체의 위험, 더 나아가 기후 변화에 따른 생태계 파괴 등 여러 심각한 문제는 모두 경제적 가치와 관련되어 있다는 점을 직시해야 한다. 경제적 가치는 인간이 추구해야 할 최고 가치는 아니지만 인간다운 삶을 위한 기본 가치임이 분명하다. 따라서 경제적 가치의 창출, 분배와 공유를 위한 최선의 경제 시스템을 모색하는 것은 누구도 부정할 수 없는 시대적 과제다. 이런 관점에서 『모든 것이 바뀐다』는 하나의 가능성을 보여준다. 사회마다 정치적·사회적·문화적 배경이 다르다 보니 각 사회에 적용될 공동선 개념에 차이가 나타날 수 있다. 이를 감안해 공동선 경제는 상당히 신축적인 경제 시스템을 전제로 한다. 예를 들면 1997년 외환위기 이후 국제통화기금의 권고에 따라 형성된 현재의 금융 시스템이 우리나라 실정에 최적이라고 보기 어렵다. 마찬가지로 현재 글로벌 금융 시스템의 대안으로 펠버가 제시한 민주중앙은행이나 민주은행의 아이디어를 우리가 그대로 수용할 이유는 없다. 그러나 우리나라에 적합한 금융 시스템에 대한 공개적인 논의 자체가 공동선의 함양에 기여할 것이다. 또한 이 책에서 펠버가 제시한 사유재산에 대한 제약과 상한선을 기꺼이 받아들일 수 있는 사람은 많지 않을 것이다. 그러나 이를 계기로 사익과 공익의 조화라는 관점에서 사유재산의 본질과 한계에 대해 공개적으로 논의하는 것은 앞으로 전개될 상황을 고려할 때 중요한 의미가 있다.

정신과 물질의 조화를 추구하는 공동선 경제

펠버가 이 책에서 제안하는 공동선 경제 운동은 이보다 훨씬 더 많은 변화를 촉구하고 있다. 나아가 법과 제도의 변화 이전에 이를 지속적으로 추진할 수 있도록 경제 현실에 대한 우리의 의식 전환을 전제로 하고 있다는 점에서 기존의 어떤 주장과도 상당히 다르다. 특히 그가 제시한 공동선에는 인간의 존엄, 연대와 사회정의, 생태적 지속가능성, 투명성과 공동 결정이 핵심 요소로 포함되어 있다. 이는 우리가 삶에서 어떤 의미를 추구해야 하며, 무엇에서 동기부여를 받아야 하는지 스스로 묻게 해준다. 물론 공동선의 핵심 요소는 시대와 사회에 따라 차이가 있다. 공동선을 강조한 최초의 철학자로 알려진 아리스토텔레스가 살았던 당시 아테네 사회의 공동선, 중세 가톨릭 교리에 근거해 토마스 아퀴나스^{Thomas Aquinas}가 제시한 중세 사회의 공동선, 정치철학자 마이클 샌델^{Michael Sandel}이 『정의란 무엇인가^{Justice}』에서 역설한 21세기의 공동선은 다르다. 그러나 시대와 장소를 뛰어넘어 공동선의 공통적 요소가 있다. 나는 펠버가 제시한 공동선이 바로 이런 공통적 요소를 망라하고 있다고 본다. 이 가운데 특히 기술 중심의 미래를 고려할 때 우리가 특별히 관심을 가져야 할 것이 인간의 존엄이다. 추상적인 개념으로서가 아니라 구체적으로 체감할 수 있어야 한다는 의미의 존엄을 어떻게 유지할 것인가는 우리에게 주어진 최대 과제다.

이 책의 핵심 메시지는 2장과 3장, 4장, 5장에 제시되어 있다. 간단히 요약하면 기존의 재무적 대차대조표 대신 새롭게 정의된 공동선 대차대조표를 통해 기업의 성과를 측정해야 하며, 민주은행을 중심으로 하는 새로운 금융 질서를 확립하고, 공동선의 관점에서 돈과 재산의 의미를 새롭게 정의하고 실행해야 한다는 것이다. 나아가 이런 큰 변화를 수용하기 위해서는 우리가 어디에 의미를 부여하고, 어떻게 동기를 유발하고 있는지 되돌아볼 것을 제안하고 있다. 그럼으로써 우리는 시장적 가치와 도덕적 가치의 괴리에 따른 혼란스러운 삶을 극복할 수 있다는 것이다. 다시 말해 펠버는 공동선 경제를 통해 윤리적 시장경제를 실천함으로써 자유시장경제의 원형을 회복하고, 진정한 의미에서 자유와 평등이 조화를 이루는 경제 시스템을 달성할 수 있다고 주장한다.

코로나19 사태를 통해 확인되었듯이 한 사람의 문제가 모두의 문제로 비화될 수 있는 현실에서 개인주의와 경쟁보다는 연대와 협력을 증진하는 것이 모두의 생존과 번영을 위한 전제조건이다. 나는 우리에게 적합한 공동선에 대한 사회적 합의를 통해 비로소 이런 가치를 실현할 수 있다고 생각한다. 이런 의미에서 정신과 물질의 조화를 추구하는 경제 시스템인 공동선 경제는 우리가 지향하는 기본 방향이 되어야 한다. 한 가지 아쉬운 점은 이 책에서는 인공지능 기술을 중심으로 하는 파괴적 혁신과 공동선 경제의 관계에 대해 다루지 않았다는 것이다. 현재 진행 중인 파괴적 혁신은 앞으로 민주주의와 자본주의에 예상하지 못했던 큰 충격을 가져다줄 수 있다. 이 가운데 가장 우려되는 부분은 정치권력과 경제권력이 극소수에게 집중되는 것이다. 전문가들은 이것을 데이터주의Dataism, 데이터 식민주의Data Colonialism, 기술적 봉건주의Technological Feudalism 또는 감시자본주의Surveillance Capitalism 등 다양한 명칭으로 부르고 있다. 명칭이 무엇이든 파괴적 혁신의 부정적 영향이 민주주의와 자본주의의 근간을 뒤흔들 가능성을 배제하기 어렵다. 이런 이유로도 공동선 경제가 인간의 존엄에 바탕을 두면서 친환경적이고 연대와 협력에 바탕을 둔 윤리적 시장경제를 실현하는 방법이 될 수 있다는 것이 내 생각이다.

이 책의 번역에 착수했을 때 참고한 것은 2015년 영어로 출판된 『Change Everything』이었다. 그런데 번역 과정에서 2018년 이 책의 개정판이 독일어로 출판되었다는 소식을 접했다. 출판사에서 독일어 감수자를 선임해 영어판과 독일어판의 차이를 꼼꼼하게 비교 검토하도록 해줌으로써 개정된 내용을 최대한 반영할 수 있었다. 그럼에도 영어판과 독일어판의 미묘한 차이를 충분히 반영하지 못한 부분이 있을 것이다. 그러나 이 책의 핵심 메시지를 전달하는 데는 별 문제가 없다고 생각한다. 이 자리를 빌려 독일어 감수를 담당했던 강민경 씨에게 감사의 말을 전하고 싶다. 부족한 번역이지만 이 책이 한국 사회에 적합한 자본주의 시장경제의 새로운 방향을 모색하는 데 조금이나마 도움이 되길 바란다.

차례

1장 ● 자본주의 시장경제의 근본 문제

존엄은 존재 외에 어떤 '성취'도 요구하지 않는다. 민주사회에서 모든 인간은 동등한 자유와 권리, 기회를 가져야 한다는 점에서 평등은 모든 인간의 동등한 가치에서 비롯된다. 시장경제가 이윤 추구와 경쟁 그리고 그것에서 비롯된 상호 착취에 기초하고 있는 한 인간의 존엄성이나 자유, 그 어떤 것과도 조화를 이룰 수 없다.

2장 ● 공동선 경제의 핵심

이윤을 얻기 위해 이윤을 추구해서는 안 된다. 이윤은 단지 목적을 달성하기 위한 수단일 뿐이다. 이윤이 사회를 통해 어느 정도 통제된다면 현재 자본주의 시스템에서 '과도함', '지나침', '탐욕'으로 여겨지는 길은 끊어지게 된다. 공동선 경제의 핵심은 가치에 기반을 둔 협력 시스템을 지향하도록 경제활동을 전환시키고, 돈을 단지 수단이자 공공재로 전환시키는 것으로 구성된다.

3장 ● 공공재로서의 돈

돈은 '봉사하다'는 원래의 목적으로 되돌아가고, 의미 있는 경제발전과 공동선을 위한 수단이 될 것이다. 누구라도 돈을 가지고 있다는 이유만으로 부자가 될 수 없게 된다. 소득은 일을 통해 얻게 되고, 이런 이유로 근로소득은 여유로운 삶을 영위하기에 충분할 것이다.

4장 ● 재산의 의미

재산에 대해 말하면 인간은 누구나 '좋은 삶'을 영위하기에 충분할 만큼 동등하게 한정된 규모의 재산을 보유할 자격이 있지만 어느 누구도 무제한의 재산권을 가져서는 안 된다. 자유가 중요하긴 하지만 더 중요한 것은 모든 사람이 자유에 대해 동등한 권리를 가질 수 있어야 한다는 점이다.

5장 ● 삶의 진정한 동기부여와 의미

의미는 내재적 동기를 부여하면 사람들이 외부의 인센티브, 즉 보상과 처벌에 따라 행동하게 만드는 외재적 동기보다 훨씬 더 강력한 효과를 갖는다. 만약 내재적으로 동기부여가 되어 어떤 과제를 수행한다면 '경쟁'이 어떻게 진행되는 있는지 이리저리 살피며 일하지 않을 것이다.

6장 ● 조화로운 민주주의로 가는 길

생동하는 민주주의가 창출되려면 정치와 비즈니스의 유착을 끊어내야 하며, 불평등에 대한 제한이 만들어져야 한다. 또한 민주적 참여의 확대와 함께 역사상 유례없는 규제권이 요구된다. 가능한 한 많은 사람이 토론에 참여하고, 의사결정 과정에 관여하며, 가능한 한 여러 수준으로 사회 형성에 도움을 주어야 한다.

7장 ● 공동선 경제의 다양한 모범 사례

민간 비즈니스 영역에 공동선 경제를 이루는 대부분의 요소를 준수하고 있는 수천 개의 기업이 (글로벌 자본주의의 와중에) 존재한다. 이들 기업은 이런 실천이 이루어지고 있다는 것을 증명하는 동시에 다른 여러 모델을 대표한다. 그리고 여기 나오는 사례는 많은 사람에게 영감을 불어넣고 동기부여의 효과를 거두고 있다.

8장 ● 더 나은 변화를 위한 전략

2011년 7월, 공동선 경제를 촉진하기 위한 최초의 협회가 설립되었으며, 지금은 전 세계 곳곳에 자리 잡고 있다. 소통과 조정, 협력, 의사결정을 위한 적절한 인프라를 개발한다면 시민사회를 향상시키고자 하는 재단들이 이 과제를 해결하는 것은 시간문제.

9장 ● 자주 묻는 질문

생물학적 한계와 사회적 한계의 간극은 '초과지급준비금'이라는 개념으로 나타낼 수 있다. 사회적 한계에 도달한 소비는 조건이 없으며 협상 불가능하고 양도 불가능한 기본권이라 정의할 수 있다. 또한 당연히 모든 사람은 기본 욕구를 충족시키는 데 이것이 필요하다. 이 경계를 넘어서는 것은 반대로 협상 가능한 소비권이 될 수 있다.

1장

자본주의 시장경제의 근본 문제

CHANGE EVERY THING

협력하고 타인을 도와 정의가 승리하도록 하는 것은

지구촌 곳곳에서 발견되는 기본적이면서

생물학적 근거를 가진 동기부여에 해당된다.

이런 패턴은 모든 문화적 경계를 초월해 나타난다.[1]

ㅡ 요아힘 바우어(분자생물학자·의사)

인간적 가치 대 경제적 가치

가치는 모름지기 삶의 '길잡이'로 우리를 도와주면서 기본적인 방향을 제공한다. 그럼에도 오늘날 경제를 지탱하고 있는 가치는 대인관계에 일상적으로 적용되는 가치와 완전히 다른데, 이는 참으로 아이러니한 일이다.

우리는 신뢰 구축, 정직, 존경, 존중, 공감, 협력, 상부상조, 공유 등 인간적 가치를 지키며 살아갈 때 일상적 관계가 풍요로워진다. 그런데 '자유'시장경제는 이윤과 경쟁의 집요한 추구에 대한 일련의 규칙에 근거하고 있다. 이 같은 추구는 이기주의, 탐욕, 부러움, 무자비함, 무책임을 조장한다. 이런 모순은 복잡하고 다면적 가치가 공존하는 세상의 결함이라기보다는 일종의 문화적 재앙으로서 은밀하게 우리를 개인과 사회로 갈라놓는다.

가치는 길잡이다

인간적 가치와 시장적 가치 사이의 모순은 치명적이다. 왜냐하면 가치는 공동체 생활의 기초이기 때문이다. 우리는 그런 가치에 따라 삶의 목표를 설정하고, 행동의 방향을 정하며, 의미를 부여한다. 스페인어로 '센티도sentido'는 방향뿐 아니라 의미를 지칭한다. 가치는 삶이 나아갈 길을 제시하는 길잡이와 같다.

그러나 일상생활에서 윤리적 길잡이(신뢰 구축, 정직, 협력, 공유 등)와 시장경제의 길잡이(이기주의, 경쟁, 탐욕 등)가 서로 반대되는 방향을 가리킨다면 우리는 진퇴양난에 빠지게 된다. 예를 들면 우리는 연대와 협력의 정신으로 행동하고 서로 도우며 항상 모든 사람의 복지에 관심을 갖고 마음을 다해야 하는가, 아니면 자신의 이득을 우선시하면서 다른 사람들을 경쟁자로 여기며 부당하게 대우해야 하는가?

입법자들이 잘못된 길잡이를 선호하고, 이로 인해 우리 모두가 고통받는 가치를 조장한다는 것은 심각한 문제다. 어떤 법도 우리에게 이기적이고, 탐욕스러우며, 무자비하고, 무책임해야 한다고 강요하지 않는다. 그러나 법은 우리에게 비즈니스에서 재무적 이윤을 추구하고 서로 경쟁할 것을 유도하고 있으며, 이 원칙은 수많은 법률과 규제, 국제조약, 유럽연합과 세계무역기구에 반영되어 있다. 또한 이런 원칙에 충실했을 때 그것이 기업가적 '성과'로 이어짐으로써 비즈니스에서는 반사회적 행동이 전염병처럼 번져 나가는 결과를 초래할 수 있다.

이기주의에서 공동선으로

비즈니스에서 서로 경쟁해야 하고 가능한 최대의 금전적 이득을 추구해야 한다는 '명령'은 모두에게 좋은 것은 개인의 이기적 행동에서 비롯된다는 역설에 기인한다. 이런 이데올로기는 250여 년 전 최초의 국민경제학자였던 애덤 스미스를 통해 확립되었다. 스미스는 "우리가 식사를 기대하는 것은 정육점 주인이나 양조업자, 빵집 주인의 자비로부터가 아니라 그들의 이해관계에 따른 관심으로부터다"[2]라고 말했다.

나는 여기서 애덤 스미스를 비난하려는 것이 아니다. 당시 그런 생각은 충분히 공감할 수 있는 것이었고 '개인'의 입장에서 이기심을 추구하는 것이 새로웠기 때문이다. '기업'은 대체로 규모가 작고 힘이 없었으며, 지역적으로 밀착되어 있었고, 개인적으로 책임을 져야 했다. 많은 경우 기업의 창업자, 재산의 소유주, 고용주와 종업원 모두 하나의 인격체에 통합되어 있었다(빵집 주인, 목수 등). 자본의 자유로운 이동도 없었고, 익명의 글로벌 기업도 없었으며, 수십억 달러 규모의 투자펀드도 없었다.

스미스는 '보이지 않는 손'이 개인의 이기심을 모든 사람의 최대 복지를 위한 방향으로 유도하기를 바랐다. 형이상학적 관점에서 볼 때(스미스는 도덕철학자였음) 그는 신의 손이라는 뜻에서 보이지 않는 손을 말했을지도 모른다. 스미스에 대해 연구한 전문가들은 대체로 그렇게 생각한다.[3]

오늘날 우리는 보이지 않는 손이 존재하지 않는다는 것을 알고 있다. 그것은 순전히 희망사항일 뿐이며, 경제학이나 경제 정책은 희망을 근거로 작동하지 않는다. 시장은 스스로 참여자들의 이기심 추구를 공동선으로 전환시키지 않는다. "재산의 이용도 공동선에 기여해야 한다"는 헌법적 명령은 기업들에게 공동선 대차대조표처럼 문서로 뒷받침되는 법적 수단이 없으면 효력을 발휘하지 못한다. 실제로 기업들은 헌법적 명령을 준수할 확률보다 위반할 확률이 높은데, 이는 글로벌 경쟁에서 생존의 결정적 요인은 '선한 것'이 아니라 '유익한 것'이기 때문이다. 재무적 이득이 사업의 '핵심'으로 남아 있는 한 스미스의 꿈은 곧 꺼질 비누 거품에 불과하다. 인간의 최고 목표가 자신의 이득을 추구하는 것이고 다른 사람들에게 적대적으로 행동하는 것이라면 현실은 서로가 서로를 이용하는 것을 가르치고, 이것이 옳으면서도 당연한 일로 여겨지게 된다. 그러나 우리가 다른 사람들을 이용한다면 그들을 동등하게 대우하지 않는 것이며, 그들의 존엄성을 무시하는 것이다.

존엄은 최고선이다

빈대학교 경제학과와 경영학과에서 강의를 듣는 학생들에게 인간의 존엄을 어떻게 이해하고 있는지 물었을 때 한동안 어색한 침묵이 흘렀다. 학생들은 공부하면서 존엄에 대해 그 어떤 말도 들어 보거나 배운 적이 없는 것처럼 보였다. 이것은 인간의 존엄이 최고 가치임을 감안할 때 놀라운 일이 아닐 수 없다. 인간의 존엄은 수많은 헌법에서 가장 먼저 언급되는 가치인 동시에 세계인권선언의 기초를 이루고 있다.

존엄은 모든 인간에게 적용되는 동일하고 무조건적이며 양도할 수 없는 가치다. 존엄은 존재 외에 어떤 '성취'도 요구하지 않는다. 민주사회에서 모든 인간은 동등한 자유와 권리, 기회를 가져야 한다는 점에서 평등은 모든 인간의 동등한 가치에서 비롯된다. 그리고 모든 사람이 실질적으로 동일한 (외면적) 자유를 누리는 경우에만 모두를 진정 (내면적으로) 자유롭게 해준다는 조건이 충족된다.* 이마누엘 칸트는 우리가 서로에 대해 동등한 가치를 가진 존재로 존중하고 대접할 때 비로소 일상생활에서 인간의 존엄이 제대로 보호받는다고 말했다.[4]

우리는 품위 있는 교류의 부산물로 여러 가지 이득을 얻을 수 있다. 칸트와 상식에 따르면 누구나 모두에게 최선의 것을 원하며, 신뢰 기반을 구축하고, 타인을 신중하게 대하며, 그들의 말을 경청하고 존중한다면 이것은 자동적으로 이루어진다. 그러나 이런 이득

---

* 여기서 외면적 자유는 liberty, 내면적 자유는 freedom으로 표현할 수 있다. liberty와 freedom을 구분하는 기준이 늘 명확한 것은 아니지만 liberty는 대체로 정치적으로 부여된 권리의 관점에서 접근한 자유로, freedom은 개인적 선택의 관점에서 접근한 자유로 볼 수 있다. 예를 들어 liberal choice, liberal will이 아니라 free choice, free will이라고 표현한다. 반대로 free politician, free democracy가 아니라 liberal politician, liberal democracy라고 표현한다.

을 얻는 것이 교류의 목적이 되어서는 안 된다. 반면 자유시장에서는 동료를 수단으로 이용하는 것이 합법적이면서 관행적이기에 타인의 존엄을 무시하게 된다. 자유시장에서는 목표가 인간의 존엄을 보호하는 것이 아니기 때문이다. 우리의 목표는 개인적 이득을 취하는 것이며, 많은 경우 타인을 이용하고 그들의 존엄을 무시할 때 더 쉽게 이득을 얻게 된다.

따라서 결정적으로 중요한 것은 우리 자신의 태도와 우선순위다. 지금 자신에게 질문을 던져 보라. 당신은 자동적으로 자신에게 영향을 미치고 혜택을 줄 수도 있는 최대선greatest good과 모든 사람의 존엄을 보존하는 데 관심을 갖고 있는가? 아니면 다른 사람들에게 가는 혜택과 상관없이 자신의 복지와 이득에만 주로 관심을 갖고 있는가? 만약 당신이 자신의 이득을 최고 목표로 추구한다면 늘 그렇듯 타인을 목표 달성을 위한 수단으로 여기면서 이용하려고 할 것이다. 이런 이유로 목표와 부산물을 왜곡시켰던 애덤 스미스의 생각은 인간의 존엄을 광범위하게 훼손하고 조직적으로 다수의 자유를 제한시켰다.

자유시장은 정말 '자유'로운가?

소위 자유시장은 모든 시장 참여자가 어떤 종류의 물물교환에서 아무 피해도 입지 않고 철수할 수 있을 때만 자유로울 수 있다. 그러나 이것은 시장에서 이루어지는 거래 중 일부에만 해당된다. 많은 경우 한쪽은 다른 쪽보다 거래에 더 의존적일 수밖에 없어 특정한 거래에 참여할지 여부를 자유롭게 결정하기가 어렵다.[5] 많은 사람은 특정한 날에 식료품을 살 것인지 여부, 아파트를 임대할 것인지 여부를 결정할 수 없다. 많은 기업 역시 대출을 받지 못하면 다음 날 부도가 날지 모르는 상황에서 특정한 날 대출을 받을 것인지 여부를 결정할 수 없다. 농부도 생산한 농산물의 배달 여부를 자유롭게 결정할 수 없다. 농부는 종종 소수의 구매자 중에서 '선택'을 해야 하는데, 이들은 모두 농부를 함부로 대한다. 전형적인 물물교환에는 다음과 같은 사항이 적용된다.

- 일반적으로 고용주는 작업계약을 종료하는 데 있어 훨씬 수월하므로 종업원보다 한층 유리한 상황에서 작업계약 조건을 결정할 수 있다.
- 일반적으로 채권자는 신용계약을 종료하는 데 있어 훨씬 수월하므로 채무자보다 한층 유리한 상황에서 신용계약 조건을 결정할 수 있다.
- 일반적으로 임대인은 임대계약을 맺는 데 있어 훨씬 수월하므로 임차인보다 한층 유리한 상황에서 임대계약 조건을 결정할 수 있다.
- 일반적으로 글로벌 기업은 수천에 달하는 납품업자 가운데 한 사람과 계약을 해지하는 데 있어 훨씬 수월하므로 납품업자보

다 한층 유리한 상황에서 납품계약 조건을 결정할 수 있다.

모든 사람이 존경심과 함께 다른 사람의 존엄을 보호하려는 생각을 가지고 서로를 대한다면 사적 교환관계에서 일어난 불균형은 그다지 문제될 것이 없다. 그러면 힘 있는 사람이 약한 사람의 눈높이에 맞추려고 할 것이며, 그들을 인지하고 그들의 요구와 감정을 자신의 것인 양 진지하게 수용하며, 쌍방 모두가 수용할 때까지 결과에 만족하지 않을 것이다. 그러나 시장자본주의에서 힘 있는 개인은 이득을 추구하기 위해 노골적으로 자신의 우위와 힘의 불균형을 이용하려고 할 것이다. 여기서 시작된 경쟁은 자유시장의 특별한 '효율'을 창출한다.

사회가 개인의 존엄을 조직적으로 보호하지 않는다면 자유도 허용되지 않을 것이다. 존엄을 보호하는 것(인간을 동등하게 대접하는 것)은 모든 사회에서 자유의 전제조건이기 때문이다. 모든 사람이 자신의 이득에만 관심을 갖는다면 더 이상 다른 사람을 동등하게 대우하지 않고 '수단'으로 여기게 되어 결국 모두의 자유를 위태롭게 만들 수 있다. 이런 이유로 이윤 극대화와 경쟁에 기초를 둔 시장경제는 '자유'경제라고 불릴 수 없다. 이것은 본질적 모순이 될 것이다.

신뢰는 효율보다 중요하다

시장에서 동료들이 우리를 이용할 수 있는 지위에 오르자마자 수단으로 대하지 않을까 두려워해야 한다면 조직의 신뢰는 파괴되고 말 것이다. 일부 경제학자는 경제가 온전히 효율에 초점을 맞추고 있기 때문에 이것은 문제가 되지 않는다고 말한다. 그러나 이런 의견에 이의를 제기하지 않을 수 없다. 신뢰는 우리가 알고 있는 최선의 사회적·문화적 선^善이기 때문이다. 사회를 내부적으로 결속시키는 것은 효율이 아니라 바로 신뢰다! 모든 사람을 완벽하게 신뢰할 수 있는 사회를 상상해 보라. 그런 사회가 최상의 삶의 질을 보장하는 사회가 아니겠는가? 반대로 아무도 신뢰할 수 없는 사회를 상상해 보라. 그런 사회에서는 삶의 질이 최악의 수준으로 떨어질 것이다.

여기서 내가 내리는 잠정적 결론이 다소 과격하게 느껴질 수도 있다. 시장경제가 이윤 추구와 경쟁 그리고 그것에서 비롯된 상호 착취에 기초하고 있는 한 인간의 존엄이나 자유, 그 어떤 것과도 조화를 이룰 수 없다. 그런 시장경제는 다른 형태의 경제가 성취할 수 있는 것보다 훨씬 더 효율적이라는 막연한 주장을 근거로 삼고 조직적으로 사회적 신뢰를 파괴한다. 이런 문제를 지적하면 주류 경제학자들은 보통 다음에 나오는 3가지 반응을 보인다.

- 첫째, 시장경제의 대안이 없다. 이것은 공유지식이므로 더 이

상 논의가 불필요하다.

- 둘째, 시장경제를 인정하지 않는 사람은 사회를 다시 빈곤으로 내몰거나, 19세기로 내몰거나, 공산주의로 몰아간다. 그리고 우리는 공산주의가 어떻게 몰락했는지 잘 알고 있다.
- 셋째, 시장경제는 역사가 입증했듯이 가장 생산적인 형태의 경제다. 경쟁은 인간이 최고 수준의 성과를 이뤄내도록 자극한다. 게다가 이것은 인간의 본성에 깊이 뿌리 내리고 있다.

이 가운데서 우리는 시장경제의 세 번째 신화를 면밀히 살펴볼 필요가 있다. 노벨경제학상을 수상한 프리드리히 하이에크Friedrich A. von Hayek는 "대부분의 경우 경쟁은 우리가 아는 가장 효율적인 방법이다"라고 말했다.[6] '노벨상 수상자'가 이 말을 했다면 진실임에 틀림없을 테지만 아쉽게도 노벨경제학상은 없다.[7]* 나는 하이에크를 이런 통찰로 이끈 실증적 연구를 찾으려고 애썼지만 아무것도 발견하지 못했다. 과학 공동체에서는 서로 인용하는 것이 관례이기 때문에 다른 경제학자들도 탐색해 보았는데, 여기서 아무것도 발견하지 못했다. 노벨상을 수상한 경제학자들 가운데 어느 누구도 지금까지 연구를 통해 "경쟁은 우리가 알고 있는 가장 효율적인 방법

---

* 미주에서 설명했듯이 노벨경제학상은 엄밀한 의미에서 노벨상이 아니라는 것이 저자의 입장이다. 노벨경제학상은 스웨덴중앙은행이 수여하는 상으로, 명칭을 그렇게 부를 뿐이라는 것이다. 이는 인류의 평화와 복지에 기여한 사람들의 공적을 기린다는 노벨상의 취지에 비춰 볼 때 노벨경제학상이라 불리는 것이 적절하지 않다는 저자의 생각을 드러낸 것이다. 일리 있는 지적이다.

이다"라는 주장을 입증해 보인 적이 없다. 이 같은 경제학의 주춧돌은 대다수의 경제학자가 믿고 있는 단순한 주장에 불과하다. 그리고 지난 200년 동안 세계의 지배적 경제 모델이었던 자본주의와 자유기업은 이런 믿음에 근거하고 있다.

이 중대한 의문점을 다시 곱씹어 봤을 때 과연 경쟁은 다른 어떤 방법보다 더 강력한 동기부여를 창출해 왔다고 말할 수 있는가? 이와 관련해 교육학, 사회심리학, 게임이론, 신경생물학 등 여러 분야에서 수많은 연구가 진행되었으며, 이들 가운데 369개 연구는 메타 연구*를 통해 평가되었다. 그리고 명백한 결과를 내놓은 여러 연구 가운데 거의 87퍼센트에 달하는 연구가 우리가 알고 있는 가장 효율적 방법은 경쟁이 아니라 협력이라는 것을 보여준다.[8] 협력은 사람들에게 다른 방식으로 동기부여를 하기 때문이다. 경쟁 역시 사람들에게 동기부여를 해준다는 것은 그 누구도 부인할 수 없는 사실이다. 시장자본주의는 이것을 입증해 보였지만 사실상 사람들에게 매우 약한 동기를 부여할 뿐이다. 협력은 성공적인 관계, 인정, 존중, 상호 목표와 상호 성취를 통해 사람들에게 동기를 부여해준다. 이것이 협력의 정의다.

---

* 메타 연구는 문자 그대로 '연구에 관한 연구'를 말한다. 동일한 주제 아래 여러 분야에서 이루어진 연구 결과에서 공통된 부분을 찾아 더 일반적인 주장을 제시하려고 할 때 사용되는 연구 방법이다.

이와 대조적으로 경쟁의 정의는 '목적의 상호 배타적 성취'다. 다른 누군가가 성공하지 못하는 경우에만 나 자신이 성공할 수 있다. 경쟁은 주로 두려움을 통해 사람들에게 '동기'를 부여한다. 이런 이유로 두려움은 시장자본주의에 광범위하게 퍼져 있다. 많은 사람이 직업, 소득, 지위, 공동체에서 자신이 향유하고 있는 사회적 인정과 위치를 잃을까 두려워한다. 사람들이 희소한 재화를 놓고 경쟁할 때 많은 패자를 양산하게 되는데, 이들 대부분은 자신에게 악영향이 미치지 않을까 두려워한다.

그런데 경쟁에 대한 또 다른 동기부여 요소가 존재한다. 경쟁은 두려움 외에 일종의 즐거움, 즉 다른 사람보다 우월하다는 승리의 즐거움을 이끌어낸다. 심리학적 관점에서 볼 때 이것은 많은 문제를 내포한 동기다. 우리 행동의 목표는 다른 사람보다 우월해야 하는 것이 아니라 주어진 과제를 잘 수행하는 데 있어야 한다. 우리는 과제에서 목적을 발견할 수 있고 즐겁게 그것을 수행할 수 있는 존재이기 때문이다. 이것이 바로 우리가 자신의 가치를 이끌어내는 원천이다. 다른 사람들과 비교해 우월하다는 데서 자신의 가치를 찾으려는 사람은 자기보다 못한 다른 사람들에게 의존하는 셈이다. 심리학적으로 말하면 이것은 병적인 자기도취에 해당한다. 다른 사람들이 열등하기 때문에 기분이 좋다는 것은 병적이기 때문이다. 우리가 해야 할 건전한 행위는 자유의지로 선택했고 목적을 발견했기에 즐겁게 수행할 수 있는 그런 일을 통해 자기가치 감각을 키우는 것이다. 만약 우리가 우월한 것 대신 온전히 자기 자신에게 집중한다면 누구도 위험에 처하지 않고, 따라서 패자도 필요하지 않게 된다.

　이것은 목적과 관련된 문제다. 만약 당신이 어떤 과제를 수행할 때 다른 사람보다 더 나은 것을 목적으로 삼지 않고 단지 부산물로 생각한다면 아무 문제도 없다. 당신은 자신이 더 나은 것에 주목하지 않을 것이고, 그것을 '승리'로 평가하지도 않을 것이며, 다른 사람에게 도움을 줄 것이기 때문이다. 반면 자신의 목적이 다른 사람보다 더 잘하는 것이고, 당신이 '승자-패자'의 상황에서 분투하고 있다면 문제가 발생한다. 그리고 이것이 여기서 사용하는 경쟁의 정의이기도 하다.

　목표가 과제를 잘 수행하는 것일 뿐 다른 사람들이 어떻게 하느냐에 관심이 없다면 어떤 경쟁도 필요하지 않을 것이다. 그런데 이것이 바로 신화의 정수다. 즉 경쟁이 없으면 인간은 인센티브를 갖지 않으며, 따라서 과제를 제대로 수행할 동기부여를 받지 못한다는 것이다. 그러나 심리학적 통찰에 따르면 그 반대다. 동기부여가 내면으로부터 나오면('내재적' 동기부여) 외부의 원천으로부터 나오는 것('외재적' 동기부여)보다, 예를 들면 경쟁보다 훨씬 강하다. 경쟁하는 것보다는 뭔가에 헌신함으로써 힘을 얻고 이로 말미암아 큰 성취감을 느낄 때 인간은 최선의 성과를 이뤄낼 수 있다. 이 경우 사람들은 어떤 경쟁도 필요로 하지 않는다.

　정직한 경제학자들이 실제로 '가장 효율적인 방법'에 기초해 시장경제를 구축하고자 하고 과학적 연구의 현황에 주목한다면 구조적 협력과 내재적 동기부여에 시장경제의 기반을 두게 될 것이다. 그런데 주류 경제학자들이 그렇게 하지 않는다는 사실은 과학과 통찰이 아무런 역할을 하지 못하고, 오히려 이념적으로 기존의 지배구조를 뒷받침하고 싶은 욕망이 압도적이라는 사실을 보여준다. 힘을 가진 사람들은 경쟁을 통해 큰 도움을 받는다. 인간으로서 연대連帶 정신으로 협력하고 행동하는 것을 배우지 않는다면 우리는 권력관계에 의문을 제기하기보다는 권력과 사회 엘리트의 영역으로 비집고 들어가려고 할 것이다. 그렇게 행동하는 과정에서 대다수는 실패하고, 사회적 분위기는 점점 더 악화될 것이다. 끊임없이 타인을 이용하고 자신의 이득을 위해 그들을 착취하고 무시하면서 사회적 신뢰와 결속은 약화되고 파괴될 것이기 때문이다.

자본주의의 10가지 위기

자유기업이론이 지지해 온 예측, 약속과는 반대로 경쟁의 최고 목표로서 (스미스가 말한) 이기심의 추구는 다음으로 이어진다.

1. 권력의 집중과 남용
자본주의 체제에 내재한 성장 압력, 즉 계속 커지고 더욱 강력해짐으로써 궁극적으로 '글로벌 플레이어'의 위상을 획득하고자 하는 압력은 시장지배력을 남용하며, 시장을 폐쇄시키고, 혁신을 저지하고, 경쟁자들을 집어삼키거나 시장 밖으로 내모는 거대 기업의 출현으로 이어진다. "넘쳐나는 활동자금", "적대적 기업 인수", "당신의 경쟁자를 살해하라"[9] 같은 시장 관용구는 이득 추구와 관련해 궁극적으로 무엇이 걸려 있는지 드러내 보여준다.

2. 경쟁의 억압과 카르텔 구축

소수의 경기자만 남는다면 적대적 갈등이 전략적인 것으로 전환될 수 있지만 이것이 본질적 협력은 아니다. 이윤 극대화라는 목적에는 변함이 없기 때문이다. 만약 힘이 있어 카르텔 형성과 과점이 가능하다면 경쟁보다 훨씬 효과적이므로 이를 신호할 것이다. 경쟁은 패자를 만들어내지만 협력은 승자만 만들어낸다. 이것이 주변 기업들이 할 수만 있다면 협력하려고 하는 이유다(이것은 협력의 우월성에 대한 경솔하고도 매력 없는 증거다. 여기서 매력이 없다고 한 것은 이런 경우 협력은 목표가 아니라 잘못된 목적, 즉 다른 기업들을 이용하려는 목적을 달성하려는 수단이 되기 때문이다).

최근 은행에 제공된 구제금융은 현재의 경제 모델이 경쟁과 자유기업의 문제가 아니라 (정부를 이용해) 이윤과 권력을 확보하려고 하는 것이 문제임을 보여준다. 이것이 비즈니스 엘리트와 정치 엘리트가 담합해 경쟁을 제거하려는 이유다. 어쨌든 경쟁이 목적이 아니라는 점은 명백하다.

3. 위치 경쟁

국가는 기업을 유치하고 이윤 추구의 조건을 개선하기 위해 조직적으로 노력한다. 그 결과 임금 덤핑, 사회 덤핑, 재정 덤핑, 환경 덤핑 그리고 지역의 중소기업보다 글로벌 기업의 특별대우로 이어진다. 이에 덧붙여 금융 비밀 보장과 금융 감독 완화 등 특별 제안이 제공되는데, 이것이 '위치 선정의 이득'으로 간주되기 때문이다. 만약 기업의 이기심이 국가에 침투한다면 이른바 '세계화'라는 흐름 가운데 민족주의가 번성할 것이다.

4. 비효율적인 가격 결정

가격은 종종 시장 참여자들의 합리적인 행동에 따른 합리적 결과라기보다는 역학관계의 표현으로 나타난다. 수요와 공급을 통해 창출되는 힘은 종종 불평등하게 분배되고, 이로 말미암아 가격에는 실제 비용과 가치보다 힘 있는 자의 이해관계가 반영된다. 어린이와 환자, 노인 돌보기나 정원 가꾸기는 종종 금전적 보상을 전혀 받지 못하는 반면 사회에 부정적 영향을 미침에도 헤지펀드를 유지하는 데 천문학적 비용이 소요된다.

5. 사회 양극화와 두려움

시장경제는 힘의 경제다. '자유경쟁'의 규모가 클수록(더 세계적일수록) 참가자들 사이에서 힘의 불균형은 더 커지고, 이를 통해 부자와 가난한 자 사이의 불평등과 격차는 더욱 커진다. 미국에서 최고 대우를 받는 전문경영인은 법정 최저임금보다 35만 배 더 받고 있다.[10] 이것은 '합리적 가격 결정'이나 효율 또는 정의와 아무런 관련이 없다. 이것은 전적으로 힘의 문제다. 그 결과 사회에서 신뢰는 감소하고 두려움이 증가한다. 미국에서 사람 사이의 신뢰는 1980년대 60퍼센트에서 2004년에는 40퍼센트 이하로 하락했다.[11] 독일의 불안지수Anxiety Index는 1991년 24퍼센트에서 최근 몇 년간 45퍼센트로 상승했다.[12]

6. 기본적 욕구 충족의 실패

기근에 시달리는 사람들이 폭발적으로 증가한 것은 세계화된 시장자본주의가 기본적 욕구조차 제대로 충족시키지 못하고 인권을 보호하지 못한다는 사실을 여실히 보여준다. 1990년대 초 8억 명에 가까운 사람이 굶주림으로 고생했다. 그런데 UN 식량농업기구FAO에 따르면 2009년에는 10억 2,300만 명의 사람이 굶주렸다고 한다. 2011~2013년 이 숫자는 8억 4,300만 명으로 감소했다.[13] 기본적 욕구의 충족은 자본주의의 목표가 아니다. 이윤을 극대화하는 것이 자본주의의 목표다. 많은 경우 이것은 기본적 욕구(영양이 가장 먼저이고, 그다음이 건강관리 및 주거와 교육)가 충족되지 못하는 상황으로 이어지게 하는 한편, 욕구가 존재하지 않는 구매력은 새로운 욕구의 '발명'을 필요로 한다(예를 들면 중독성 있는 음식, 성형 수술, SUV 등). 자본주의는 조직적으로 창조성과 투자를 잘못된 방향으로 이끈다.

7. 생태 파괴

자본주의의 최상 목표가 금융자본(공동선이 아니라)을 늘리는 것이다 보니, 환경 보호 같은 목표는 우선순위에서 밀려난다. UN은 「밀레니엄 종합 보고서」에서 1950~2000년 지구 생태계(바다, 들판, 강, 산, 숲)의 건강 상태가 대부분 악화되었다는 것을 확인했다. 생태계는 한계점에 근접하고 있으며, 조만간 붕괴될 것으로 보인다. 그러면 우리 인간의 삶을 지탱하는 데 필요한 생태계의 '역할'은 위험에 처하게 되고 기후 안정성, 습도와 온도 조절, 질병과 해충 통제, 토양 비옥도와 흡수 능력에 충격을 가하게 된다. 자본주의는 인간의 삶과 경제의 자연적 기반보다 금융자본을 증식하기 위해 맹목적으로 애쓴다는 점에서 파괴적이다.

8. 의미의 상실

자본주의의 목적이 물질적 가치를 축적하는 것이다 보니 기본적인 물질적 욕구를 충족시키는 데 따른 부작용을 빠르게 키워 다른 모든 가치(관계와 환경의 질, 시간 번영, 창조성, 자주성)를 자본주의에 예속시킨다. 1995~2005년 유럽연합의 근로 시간은 다시 8퍼센트 증가했다.[14] 갤럽 여론조사에 따르면 미국에서 직원의 70퍼센트는 직장과 소원하며, 심지어 적극적으로 분리되어 있다.[15] 많은 사람이 갈수록 자신의 진정한 욕망과 이상으로부터 더욱 소외되는 반면 소비에 중독되고 있는 실정이다. 미국에서는 이미 쇼핑 충동이 전국적인 유행병처럼 번진 상태다.[16] 오스트리아에서는 14~24세 젊은 이들 가운데 거의 절반이 '쇼핑 중독에 빠질 수 있는 위험한 상태'에 처해 있는데, 그들 중 10퍼센트는 '매우 위험한 상태'라고 한다.[17] 자본주의 용어로 말하면 이것은 일종의 성공이라고 말할 수 있다. 미국 경제는 어린아이들을 상대로 한 홍보에 110억 달러 이상을 지출하고 있으니 말이다.[18]

9. 가치의 침식

오늘날 비즈니스 세계에서는 가장 반사회적인 사람들이 최고위직을 차지하고 있다. 그 이유는 금전적 목적의 최적화만을 중요하게 여기기 때문이다. 인간적이고 사회적이며 생태적인 다른 목표들을 걸러내는 데 '더욱 유능한' 사람들이 문화적으로 '선택된다'. 오늘날에는 이기적인 사람들이 특히 '성공'하기에 용이하다. 만약 비즈니스 세계가 조직적으로 이기주의와 경쟁을 보상해주고, 이런 역동적인 인센티브 제도에서 승진하는 사람들이 성공한 사람으로 간주된다면 이런 가치는 정치와 미디어에서 시작해 궁극적으로는 대인관계에도 영향을 미쳐 사회의 전 영역으로 확산될 것이다. 독일의 사회심리학자 에리히 프롬Erich Fromm은 "자본주의적 특성이 사회적 특성을 형성한다"[19]라고 말했다.

10. 민주주의의 폐쇄

이윤과 이기심에 대한 추구가 최상의 목표인 경우 비즈니스의 주역들은 이 목표를 달성하기 위해 최선을 다할 것이다. 대인관계

뿐 아니라 개인적 재능과 환경자원도 이런 목적을 위한 수단으로 이용될 것이다. 민주주의 역시 그렇게 이용되리라는 것은 두말할 필요도 없다. 애덤 스미스 시대 이래로 '이기심'의 윤리는 공동선에 대한 혜택이 부산물로 주어지기를 바라면서 이기심을 공동선보다 상위에 놓았다. 그러나 현실은 아주 다르게 전개되고 있다. 상당한 힘을 가진 글로벌 기업들과 은행들, 투자펀드들은 로비 활동, 미디어 소유권, 정당 후원을 성공적으로 활용하고 있으며 의회와 정부가 공동선보다 그들의 특별한 이해관계에 헌신하도록 정부-민간 파트너십을 활용하는 데도 성공하고 있다. 따라서 민주주의는 '자유시장'의 마지막이면서 가장 큰 피해자가 되고 있다.

나는 이미 다른 곳에서 이에 대한 광범위한 분석을 발표했다.[20] 따라서 여기서는 이런 지적을 그만두고 대안의 윤곽을 제시하고자 한다.

2장

공동선 경제의 핵심

CHANGE EVERY THING

모든 경제활동은 공동선에 기여해야 한다.

— 독일 바이에른 자유주 헌법 151조

경제활동의 목표

경영이나 경제학과 학생들에게 경제활동의 목표가 무엇이냐고 물으면 대부분 돈이나 금전적 이득, 이윤이라고 대답한다. 그다음 "누가 그렇게 말했는가?"라고 물으면 학생들은 "우리는 그렇게 배웠다"라고 대답한다. "그렇게 가르친 선생들은 무엇을 근거로 그렇게 말했는가?"라고 물으면 침묵이 흐른다. "이득이나 이윤 증가를 경제활동의 목표로 간주하는 정당한 이유는 무엇인가?"라고 물어도 침묵만 이어질 뿐이다.

이 문제와 관련된 증거를 민주주의 국가의 헌법에서 찾았다. 우선 독일 바이에른 주 헌법에는 "모든 경제활동은 공동의 복지에 기여해야 한다"[1]라고 쓰여 있다. 처음에는 분명 오류가 있을 거라고 생각했다. 그러나 다른 헌법에서도 같은 주장을 발견했다. 독일의 기본법에서 "재산은 책임을 포함한다"라는 내용을 확인할 수 있었다. 이를테면 "그 사용 또한 일반대중의 복지에 기여해야 한다"[2]는 것이다. 이탈리아 헌법에는 "공적·사적 경제활동은 공동선을 지향해야 한다"[3]라고 되어 있다. 콜롬비아 헌법에는 "경제활동과 사적 계획은 공동선의 한계 안에서 자유롭다"[4]라고 되어 있다. 아일랜드의 헌법은 다음과 같이 말한다.

공동선을 추구하는 아일랜드 국민으로서 우리는 우리 자신에게 이 헌법을 바친다. 정부의 모든 권한은 국민으로부터 나오며, 국민의 권리는 공동선의 요건에 따라 국가 정책과 관련된 모든 질문을 결정한다. 따라서 국가는 공동선이 위태로울 때 법으로 권리의 행사를 제한함으로써 이들 간의 조화를 도모할 수 있다. 국가는 공동체의 물질적 자원의 소유권과 통제가 최대한 공동선에 기여하도록 개인과 다양한 계층에 분배되는 방향으로 정책을 추진해야 할 것이다.[5]

그리고 미국 헌법 전문에는 '일반 복지의 증진'이라는 문구가 포함되어 있다. 민주적인 국가들의 헌법에는 경제활동의 목표에 대한 광범위한 합의가 반영되어 있다. 바로 공동선의 증진이다. 내가 본 헌법에는 어떤 경우에도 경제활동의 목표가 금전적 이득을 얻는 것이라고 쓰여 있지 않았다. 멀리 고대 그리스로 돌아가 보면 아리스토텔레스는 금전적 이득에 초점을 맞추는 것을 '비정상적'이라고 했으며, '오이코노미아'와 '크레마티스티케'를 구분했다.[6]* 서구

---

* 아리스토텔레스(384~322, BCE)가 오이코노미아와 크레마티스티케를 구분한 것은 지금에도 의미가 있다고 하겠다. 오이코노미아는 문자 그대로 집안 살림을 관리한다는 뜻으로, 경제적 자원의 효율적 배분과 관리에 대한 것이다. 반면 크레마티스티케는 금전적 거래를 통해 오직 이익만 추구하는 경제활동에 대한 것으로, 오늘날의 재테크에 해당된다. 이런 의미에서 아리스토텔레스가 오이코노미아를 장려하고 크레마티스티케를 경계해야 한다고 말한 것은 지금까지도 그 의미가 있다.

에서는 2,000년 넘게 경제활동의 목표에 대한 합의가 있었다. 이미 알고 있겠지만 공동선 경제는 어떤 새로운 것을 제안하고 있는 것이 아니다. 단지 기존의 경제 질서 안에서 헌법에 따른 경제적 목표가 실행되어야 한다고 제안하는 것뿐이다.

시스템의 방향 전환

공동선 경제의 과제를 수행하려면 현재의 시장경제가 새로운 방향으로 작동해야 한다. 이는 이윤과 경쟁 추구에서 공동선과 협력 추구로 궤도를 수정해야 한다는 뜻이다. 법적 인센티브 체계도 '이기심의 극대화' 대신 '공동선'을 길잡이로 수용해야 한다. 이 경우 기업은 최대한 공동선에 기여하는 것을 목표로 한다. 여기에 특별히 새로운 것은 없다. 개별 경제 주체는 헌법이 제시하는 목표와 조화를 이루면 된다. 이것이 자유시장의 윤리적 방향 전환을 위한 첫 번째 단계다.

경제적 성과의 재정의

두 번째 단계는 다음과 같다. 만약 공동선이 민주적으로 정의된 목표라면 이 목표가 어느 정도 달성되었는지를 근거로 경제적 성과를 측정하는 것만이 논리적이다. 그리고 그 성과는 국민경제 수준(거시적 수준), 개별 기업 수준(중간 수준), 개별 투자 수준(미시적 수준) 등 모든 수준에서 측정되어야 한다.

오늘날 우리는 경제적 성과를 거시적 수준에서는 국내총생산으로 측정하고, 기업의 수준에서는 금전적 이윤으로 측정하고, 개별 투자의 수준에서는 '투자 수익' 또는 '자기자본 수익'의 관점에서 측정한다. 이들 3가지 표준 성과 지표의 공통점은 모두 '금전적' 지표라는 것이다. 그러나 돈은 경제활동의 목표가 아니라 단지 수단일 뿐이다.

여기서 "프로젝트의 성과를 측정하는 데 있어 프로젝트에 투입된 총금액이라는 관점, 프로젝트의 목표와 달성이라는 관점 가운데 어느 쪽이 더 의미가 있는가?"라는 중요한 질문이 제기된다. 현 경제 질서 아래 생겨난 여러 문제의 중심에는 목표와 수단에 대한 이런 혼동이 자리하고 있는 것 같다. 즉 현재 시스템의 성과를 측정하는 데 목표와 수단이 뒤섞인 방법이 사용되고 있다. 자본주의, 즉 아리스토텔레스가 말한 크레마티스티케에서는 이윤을 극대화하는 것이 최고 목표다. 공동선을 촉진하는 것이 이 목표를 달성하는 수단으로 사용될 수 있지만, 모든 경우에 그런 것은 아니다. 공동선 경제에서는 공동선을 향상시키는 것이 최고 목표이고, 자본은 이를 달성하기 위한 소중한 수단이 될 것이다. 어떤 경우에는 이 목표에 도달하기 위해 부의 축적이 사용될 수 있지만, 다른 경우에는 전혀 필요하지 않을 수도 있다. 돈의 사용이나 돈의 증가, 그 어떤 것도 필수적인 것은 아니다. 기업과 투자, 국민경제의 성과는 이윤의 관점이 아니라 공동선의 촉진이라는 관점에서 측정된다.

경제적 성과를 측정하는 매개변수로서 금전적 지표의 약점은 돈이 상품의 교환 가치(물건을 사고파는 데 적용되는 가치)를 표현하는 데는 최선의 수단이지만 그 자체로는 아무런 가치가 없을 뿐 아니라 상품의 사용 가치를 표현할 수도 없다는 것이다. 그러나 우리의 주된 관심사는 상품의 사용 가치 내지 유용성이다. 교환 가치는 우리에게 온기를 제공하지 못할 뿐 아니라 자양분이 되어주지 못한다. 우리는 음식, 의복, 주거, 관계, 온전한 에코 시스템 같은 사용 가치를 필요로 한다. 국내총생산과 금전적 이득은 사용 가치의 유용성에 대한 신뢰할 만한 정보를 제공해주지 않는다. 예를 들어 한 국가에서 국내총생산의 증가가 과연 다음 사항에 대해 신뢰할 만한 뭔가를 암시해주는지 의문이다.

- 굶주림이나 노숙으로부터 자유로운가?
- 전쟁 중인가, 평화로운 상태인가?
- 민주주의인가, 독재인가?
- 자원 소비에 있어 쇠퇴하고 있는가, 성장하고 있는가?
- 공정한 분배를 달성했는가?
- 여성에 대해 동등한 권리를 보장하는가, 그들을 차별하는가?
- 신뢰 또는 두려움이 증가하는 사회를 만들고 있는가?

어떤 사용 가치를 고려한다고 해도 우리는 국내총생산의 증가로는 실제 중요한 것을 측정할 수 없다!

경제학 교과서에 따르면 경제활동의 목표는 인간의 욕구를 충족시키는 것이다. 이것이 '비즈니스'라고 불리는 모든 거대한 사업의 '궁극적 목적'이다. 그리고 인간의 가장 중요한 욕구들이 충족된다면 "모두를 위한 번영"(전 독일 수상 루트비히 에르하르트의 표현)이라는 유명한 비전, '일반적 복지' 또는 간단히 말해 공동선이 달성된다. 지금까지 구호는 "비즈니스의 비즈니스는 비즈니스다"였지만, 우리의 대답은 다음과 같다. "비즈니스의 목적은 공동선이다."

수단이 아닌 목표 측정을 위한 지표

복지 지표로서 국내총생산GDP의 취약점은 오래전부터 인식되어 왔으며, 1970년대부터 허먼 데일리의 '지속가능한 인간 복지 지수'[7]와 같은 번영의 대안 지표에 대한 탐구가 시작되었다. 런던에 본부를 둔 싱크탱크 신경제학재단은 '지구촌 행복 지수'[8]를 만들었다. OECD는 '더 나은 삶의 지수'[9]를 개발했고, 독일 의회의 엔쿠에테위원회Enquete Commission는 '성장과 복지, 삶의 질'에 대한 'W3' 지표를 정의했으며,[10] 프랑스 대통령 사르코지는 국내총생산의 대안을 모색하기 위한 '스티글리츠-센-피투시위원회Stiglitz-Sen-Fitoussi Commission'를 만들었다.[11] 이런 다양한 시도 아래 가장 큰 진전을 이루어낸 나라는 '국민총행복Gross National Happiness 지수'를 개발한 부탄이었다. 여기서 어떤 복잡한 수학적 모델이 개발된 것이 아니라 매 2년마다 6,000가구를 조사 대상으로 선정해 다음과 같은 질문에 답하도록 했다.

- 당신은 삶 전반에 걸쳐 어느 정도 만족하는가?
- 당신의 가족 구성원은 얼마나 행복한가?
- 당신은 이웃을 신뢰하는가?
- 당신은 주변 인물 가운데 몇 명한테서 도움을 받을 수 있는가?
- 당신은 매일 휴식, 명상, 기도를 위한 시간을 갖는가?
- 오염된 강물로 당신의 삶이 얼마나 피해를 입었는가?

많은 경제학자가 여전히 "행복은 측정될 수 없다"라고 주장한다. 그러나 삶의 질에 대한 모든 측면, 즉 건강과 만족도, 여가 시간 활용, 공동체와의 관계, 환경 등을 망라하는 135개 질문을 통해 국내총생산을 사용하는 것보다 '행복'을 측정하는 데 좀 더 가까이 다가갈 수 있다. 개인적인 생각으로 어떤 국민경제에서든지 공동선 생산Common Good Product을 측정하기 위해서는 대략 20개 지표로 충분하다. 그런 지표들을 개발하는 것은 공동선 운동의 핵심 프로젝트에 해당된다.

다음에 묘사된 공동선 공동체가 출발점이 될 수 있다. 분산된 집회에서 시민들에게 가장 적절한 삶의 질을 대변하는 20개 지표를 말해 달라고 부탁한 뒤 이것을 통해 '공동체적 삶의 질' 또는 '공동선 지수'를 이끌어낼 수 있다. 나중에는 공동선 생산을 측정하기 위한 수백 또는 수천 개의 지역 지수가 국내와 유럽연합, 더 나아가 국제적 수준에서 종합될 수 있다.

우리는 비즈니스 경영 차원에서 이런 훈련을 반복하고자 한다. 다음 사항과 관련해 기업이 얻는 이윤의 규모가 신뢰할 만한 지표를 제공할 수 있느냐 하는 것은 의문이다.

- 기업이 일자리를 창출하는지, 아니면 규모를 줄이는지 여부
- 작업 조건이 인간적으로 변하고 있는지, 아니면 스트레스가 늘어나고 있는지 여부
- 기업이 환경에 관심을 기울이는지, 아니면 환경을 착취하는지 여부
- 기업의 소득이 공평하게 분배되는지 여부
- 기업이 무기를 제조하는지, 아니면 그 지역의 유기농 식료품을 생산하는지 여부

대답은 분명히 "아니다". 재무적 이윤은 심지어 한 가지 사용 가치의 구현, 즉 한 가지 기본적 욕구의 충족이나 한 가지 헌법적 가치의 실현과 관련해 신뢰할 만한 정보를 거의 제공하지 못하고 있는 실정이다. 따라서 국내총생산의 증가는 경제활동의 목표를 측정하는 데 조직적으로 실패하고 있다!

공동선 경제에서 국민경제의 성과는 공동선 생산을 통해 측정될 것이다. 방법론적 측면에서 건전한 방식으로 그리고 대부분 국가의 헌법에 따라서(영국은 헌법이 없는 매우 이례적인 국가임) 기업의 성과는 공동선 대차대조표Common Good Balance Sheet를 통해 측정될 것이다. 오늘날 일자리가 줄어들고 환경이 파괴되는 가운데서도 기업은 '성공적'일 수 있지만 민주주의는 약화되고 의미 없는 생산물은 계속 만들어지고 있다. 달리 말하면 모든 사회적·생태적 문제를 악화시키는 데 기여하고 있음에도 기업은 성공적이라고 간주될 수 있다는 말이다. 애덤 스미스가 신봉했던 자동 메커니즘, 즉 각자 자신을 돌본다면 모든 사람이 혜택을 받을 수 있다는 메커니즘은 존재하지 않는다. 이윤과 공동선 사이에는 모종의 연관성이 있을 수 있지만 반드시 어떤 연관성이 있다고 자신할 수는 없다. 반면 공동선 대차대조표는 신뢰할 만한 연관성을 만들어낼 것이다. 보이지 않는 손에 대한 애덤 스미스의 기대는 보이는 손, 즉 사회에 대한 기여의 관점에서 경제활동의 성과를 측정하고 보상하는 방법을 통해 실현될 것이다.

공동선 측정의 기준

공동선이 모든 경제활동의 목표라면 공동선 대차대조표를 이용해 이에 상응하는 경제활동을 측정하는 것이 논리적으로 맞다. 그러면 공동선 대차대조표가 비즈니스의 주된 대차대조표가 되고, 지금까지 주된 대차대조표로 간주되어 온 재무적 대차대조표는 보조 대차대조표가 될 것이다. 재무적 대차대조표는 여전히 기업이 어떻게 비용과 투자, 공급을 감당하며 금융자원을 활용하는지 나타내 보여주겠지만 중요한 기업가적 '성과'를 측정할 때는 사용되지 않을 것이다.

과거에도 그랬듯 공동선 고취를 위해 분투하는 기업들 역시 재무적 손실을 원하지 않을 것이다. 시장경제에서 활동하는 기업들은 이윤이 생기지 않으면 순식간에 몰락할 수 있기 때문이다. 그러나 이윤을 얻기 위해 이윤을 추구해서는 안 된다. 이윤은 단지 목표를 달성하기 위한 수단일 뿐이다. 이윤이 어느 정도 사회를 통해 통제된다면 현재 자본주의 시스템에서 '과도함', '지나침', '탐욕'으로 여겨지는 것들은 제거될 것이다. 재무적 대차대조표에 대해서는 뒤에서 좀 더 논의하도록 하겠다.

공동선 대차대조표는 공동선에 기여하는 핵심적인 헌법적 가치가 어떻게 기업을 통해 성취될 수 있는지 측정한다. 앞서 언급했듯이 대차대조표를 통해 '측정되는' 5가지 가치는 새로운 것이 아니다. 이것은 민주국가에서 가장 일반적인 헌법적 가치로 인간의 존엄, 연대, 정의, 생태적 지속가능성, 민주주의다.

공동선 대차대조표는 기업의 이해관계자들과 관련해 이런 기본 가치들이 어떻게 살아있는지 측정한다. 이해관계자들은 기업 활동에 영향을 받는 모든 대상 또는 이들과 직접적인 관계가 있는 대상으로 구성된다. 납품업자와 투자자, 직원, 고객, '경쟁자', 지방정부, 미래 세대, 환경이 여기에 해당한다. 우리는 공동선 대차대조표를 보다 투명하게 만들기 위해서 가로축에 5가지 기본적 가치를 입력하고, 세로축에는 이해관계자들을 입력하는 공동선 매트릭스를 작성했다.

현재 매트릭스의 각 항목에서 20개 공동선 지표를 측정하는데, 몇 가지 예를 들면 다음과 같다.

- 제품/서비스가 인간의 욕구를 충족시키는가?
- 작업 조건이 얼마나 인간적인가?
- 생산 공정이 얼마나 환경친화적인가?
- 판매 활동이 얼마나 윤리적인가?
- 다른 기업들과 관련해 기업의 행동이 얼마나 협력적인가?
- 이윤은 어떻게 분배되는가?
- 여성이 동등한 처우와 보수를 받고 있는가?
- 의사결정 과정이 얼마나 민주적인가?

과연 어떤 기관이 공동선이 의미하는 바를 '정의' 내릴 수 있을까? 2가지 질문에 대해서는 각양각색의 대답이 가능하다. 기업의 사회적 책임에 대한 여러 가지 기준과 수단 덕분에 이미 명확하게 정의되고 측정 가능한 다양한 지표가 정교하게 다듬어졌다. 예를 들면 '표준화 기구^{GRI}'와 'SA8000 사회적 표준'에서부터 'OECD 기업 지배구조 지침'과 'ISO 환경 관리 시스템'까지 다양하다.[12] 이들 모두 동일한 목표와 가치를 추구한다. 기업의 행위는 어느 정도로 사회적 책임을 지는가? 기업의 생산과 분배 과정은 얼마나 생태적으로 지속가능한가? 기업의 이윤 분배는 얼마나 공정하게 이루어지는가? 직장의 근무 여건은 어떤가? 공동 결정은 어떻게 이루어지는가? 기업은 정치적 책임(기업의 시민의식)을 지지하는가? 민주사회가 이런 지표들을 정의할 때 분명하게 초점을 맞출수록 그 결과는 더 정확하고 차별화될 것이다. 이것은 많은 사람이 최선을 다해 배우고 개선했을 때 여러 물리적 측정 도구가 점점 더 정교해지는 것과 같다.

매트릭스 개발팀은 점수를 부여해서 명확하게 측정할 수 있는 39개 지표를 개발했다. 이는 20개 공동선 지표와 19개 부정적 지표를 합친 것이다. 개별 지표는 첫 단계, 상급 단계, 체험 단계, 모범 단계 등 4단계로 구성되어 있다. 몇 년에 걸쳐 개발된 안내서에는 여러 쪽에 걸쳐 개별 지표의 개념, 정의, 측정 방식, 사례, 원천에 대한 정보가 실려 있다.[13] 이 안내서는 다른 공동선 경제와 관련된 문서가 그렇듯 여전히 작업 중인데 크리에이티브 코먼스*의 정신에 입각해 오픈 소스 방식으로 점점 더 많은 사람을 통해 개발되고 있다.

---

* 크리에이티브 코먼스(creative commons)는 일정한 기준 아래서는 창작물을 마음대로 활용해도 좋다는 허가 표시를 말한다.

측정 수단으로서의 공동선이란?

그러면 '누가' 공동선을 정의하는가? 공동선 운동의 내부에서 이것은 오직 민주적 토론과 의사결정 과정을 통해 이루어져야 한다는 믿음이 형성되어 있다. 왜냐하면 이 개념의 구체적 의미는 선험적으로 존재하지 않으며, 시간이 경과하면서 변하기 때문이다. 역사적으로 말하면 이 개념은 아리스토텔레스와 그의 스승이었던 플라톤까지 소급된다. 그리고 이 개념은 13세기에 "공동선은 한 사람의 선보다 낫다Bonum commune est melius quam"[14]라고 한 토마스 아퀴나스를 통해 엄격하게 적용되었다. 이후 공동선 개념은 '북극성'처럼 기독교의 사회윤리에 깊이 스며들었다.[15] 그러나 전통이 아무리 숭고할지라도 모두에게 좋은 것이 무엇인지 가장 잘 안다고 주장하는 독재자나 전체주의 체제가 이 개념을 이론적으로 내세울 수 있다. 실제로 우익 독재와 좌익 독재 모두 공동선 개념을 이용했는데, 이는 카리스마를 가진 모든 개념의 피할 수 없는 운명이다. '자유', '사랑', '신' 등의 개념이 종종 남용되어 온 것은 분명하지만 이런 행위를 막을 수는 없다. 우리는 그냥 이들 개념을 민주적으로 정의할 뿐이다.

공동선 경제를 위한 모델에는 3가지 수준에서 성공의 측정 수단으로 적용 가능한 공동선의 '정의'가 필요하다. 여기서 3가지 수준은 투자, 기업, 국민경제를 말하며 다른 경제적·정치적 조치는 그런 정의를 필요로 하지 않는다. 공동선 생산을 개념화하는 데 필요한 기본적 작업은 공동선 공동체에서 이루어질 수 있다. 공동선 신용도 평가는 현재 다른 윤리적 은행들과 협력하는 가운데 공동선 은행Bank for the Common Good을 통해 개발되고 있다. 그리고 공동선 대차 대조표는 국제적으로 성장하고 있는 공동선 경제 운동의 핵심인데, 2009년 아탁*이라고 불리는 활동가 조직에 관여한 15명의 사업가로 구성된 작은 모임과 함께 시작됐다.

2010년 8월 공표된 대차대조표의 최초 버전은 공동선 경제 운동이 추진되기 전에 개발되었다. 2010년 10월 6일 공동선 경제 운동을 위한 킥오프 파티가 열렸을 때 100여 명 참석자에게 이 버전이 공개되었다. 2011년에는 24개 기업이 자발적으로 이 대차대조표를 작성하는 데 동의했다. 편집위원 4명의 도움을 받아 예비 개념이 개선 과정을 거쳤는데, 여기에 관련된 선구적 기업들의 요청에 따라 사용자의 편의를 위해 지표가 50개에서 17개로 축소되었다. 버전 3.0은 2011년 최종 결정된 유효한 공동선 대차대조표로, 60여 기업이 작성에 참여했다.

그리고 2012년과 2013년에 공동선 대차대조표 버전 4.0과 4.1이 등장했고, 2017년 5월에는 버전 5.0이 등장했다. 이 운동과 함께 편집위원도 늘어나 지금은 편집위원 한 명이 지표 하나씩을 담당하고 있다. 각 편집위원은 전문가 집단과 관심을 가진 개인들을 조정

---

* 아탁(ATTAC)은 'Action for a Tobin Tax to Assist the Citizen'의 약어로, 1998년 원래 통화투기에 대해 토빈세를 부과하는 것을 목표로 설립된 민간 조직이었다. 이후 아탁은 세계화의 문제점과 국제금융기관들의 정책을 모니터하는 조직으로 발전했다.

하면서 주어진 기준과 관련된 의견을 반영하고 있다. 지금까지 수백에 달하는 개인과 기업, 기관이 참여했다. 앞으로 수천 그리고 궁극적으로는 수만의 기업과 개인, 기관이 인터넷과 공공행사를 통해 선구자로서 경험과 전문지식을 제공하고 이로써 공동선 대차대조표 또한 앞으로 계속 미세하게 조정될 것이다. 그러나 이것이 민주적 정당성을 부여하는 것은 아니다.

일단 그것이 대표성이 있고, 정확하며, 사용자 친화적이라는 의미에서 건전하다고 판단이 서면 우리는 다른 준비 작업을 염두에 둔 가운데 법을 제정하는 과제를 맡는 경제 총회economic convention의 구성을 위해 선거를 요청할 수 있을 것이다. 그 법은 민주적 주권을 통해 합의되고 채택된 형태 그대로 헌법에 반영될 필요가 있다. 사실 법이나 헌법 조항이 이처럼 매끈하고 깔끔하게 작성된 사례는 찾아보기 어렵다. 또한 공동선 대차대조표는 언제라도 수정할 수 있으며 새롭게 조정될 수 있다. 그런데 이런 조치는 늘 주권자들이 제안하고 결의한 사항이 적체되지 않는 가운데 취해져야 할 것이다.

그럼 잠시 기본 아이디어로 돌아가 보자. 민주사회는 기업에 대해 10~30개에 이르는 핵심적 요구사항을 제시하고, 이와 관련된 책임을 요구하며, 인센티브 수단을 통해 그것을 실천에 옮기도록 이끌어야 한다. 만약 이런 일이 이루어지지 않는다면 유일한 대안은 제재를 가하고 법령을 공표하는 것인데, 이는 좀 더 경직된 형태의 규제라고 할 수 있다. 현재 사용되는 규제 방식은 종종 그렇게 인식되지 않는다. 그럼에도 이런 규제에 기인한 '이윤 추구', 의무

공동선 매트릭스 5.0

가치 / 이해 관계자	인간의 존엄	연대와 사회정의	환경적 지속가능성	투명성과 공동 결정
A: 공급자	A1 공급 사슬에서 인간의 존엄	A2 공급 사슬에서 연대와 사회 정의	A3 공급 사슬에서 환경적 지속가능성	A4 공급 사슬에서 투명성과 공동 결정
B: 소유주와 지분, 금융 서비스 제공자	B1 금융자원 관련 윤리적 태도	B2 금융자원 관련 사회적 태도	B3 환경 관련 기금의 용도	B4 소유권과 공동 결정
C: 직원	C1 직장과 작업 환경에서 인간의 존엄	C2 자율적인 작업 조정	C3 직원의 환경 우호적 행동	C4 조직 내 공동 결정과 투명성
D: 고객과 비즈니스 파트너	D1 윤리적인 고객 관리	D2 다른 기업과의 협력과 연대	D3 제품과 서비스의 사용과 처분이 환경에 미치는 충격	D4 고객 참여와 제품 투명성
E: 사회적 환경	E1 제품과 서비스의 목적, 사회에 미치는 영향	E2 공동체에 대한 기여	E3 환경적 충격의 축소	E4 사회적 공동 결정과 투명성

적 '재무 보고', '경쟁(흡수합병과 '파산'을 포함하는)'은 특정한 행동을 하도록 인센티브를 제공하거나 심지어 강요까지 하는 극도로 효과적인 규제 질서를 만들어낸다. 이로 말미암아 사회에 피해를 주고 신뢰를 파괴하며 관계를 약화시키는 행동과 전략이 만연하는 유감스러운 결과가 발생할 수 있지만, 그 원인은 잘못된 법 체계에 있다기보다 인간 본성의 결함으로 설명되는 경우가 대부분이다. 이처럼 공동선 대차대조표는 시장에서 잘못 설정된 것과 '시장 관련 법'을 수정하고 이런 법이 인간관계의 가치, 민주사회의 가치와 조화를

이루도록 하기 위한 시도다.

보편적 대차대조표에 대한 요구사항

공동선 대차대조표는 갈수록 늘어나는 다양한 상품 표시(유기농
식품, 공정무역 등), 환경 관리 시스템EMAS, ISO, 품질 관리 시스템EFQM(균형
성과표), 행동 강령(OECD 지침), 지속가능성 보고서GRI와 융합될 것이
다. 그런데 처음 제안되었던 기업의 사회적 책임 수단은 대체로 비
효율적이라는 것이 입증되었다. 모든 기준은 구속력이 없었고, 누
구도 법적 감시를 받지 않았다. 유감스럽게도 주된 대차대조표(재무
적 대차대조표)와 갈등을 빚기 시작하는 순간, 그런 기준은 소용없는
것이 되고 만다. 그것이 기업의 중추신경, 즉 널리 알려진 기업의
'핵심'을 공격하고 현재 시스템 역학의 틀 안에서 기업에 피해를 주
기 때문이다. 구속력 없는 보조 대차대조표를 위해 재무적 이익을
줄이려는 기업은 경쟁에서 밀려나게 된다. 이는 기업 집단이 그런
보조 대차대조표가 모두 본질적으로 구속력이 없어야 한다고 주장
하는 이유이기도 하다. 그래서 이런 대차대조표는 효과적이지 않은
상태로 남게 된 것이다. 공동선 대차대조표가 실제 영향력을 가진
최초의 '차세대 기업의 사회적 책임 수단'이 되길 바란다. 이를 위
한 전제조건은 다음 10가지 필수 요건을 충족하는 것이다.

1. 구속력

자발적으로 일하는 것이 목표를 달성하도록 해주지 않는다는 것은 기업의 여러 가지 사회적 책임 수단을 통해 입증되었다.

2. 전일적 접근

생태적 측면이나 직장의 질을 측정하는 것으로는 충분하지 않다. 모든 기본적 가치가 중요하다!

3. 측정 가능성

결과의 객관적 측정이 가능해야 한다.

4. 비교 가능성

모든 기업은 동일한 목표/지표에 대해 책임을 져야 한다. 그렇지 않으면 성공적인 기업이라는 보상이 따르지 않는다.

5. 이해 가능성

비즈니스 컨설턴트와 공동선 회계감사관뿐 아니라 소비자나 직원, 관심을 가진 일반인 역시 공동선 대차대조표를 이해할 수 있어야 한다.

6. 홍보

공동선 대차대조표는 QR 코드와 연결되어야 하며, 온라인에서

다운로드할 수 있어야 한다.

7. 외부 회계감사

이것은 기업의 여러 사회적 책임 수단 가운데 일부처럼 기업이 스스로 평가하는 것을 막기 위한 것이다.

8. 법적 결과

공동체에 더 많이 기여하면 누구든지 성과에 대한 정의의 원칙에 따라 보상을 받아야 한다.

9. 의무

자발성이 목표로 이어지지 않는다는 사실을 수많은 기업의 사회적 책임^{CSR} 도구가 이미 증명해주었다.

10. 총체적 모델

기업의 성과 측정은 일정한 법칙에 따라 더 큰 경제 모델에 결합되어야 하며, 결합 지점에서 시너지 효과가 나타날 수 있다.

공동선 대차대조표는 10가지 요건을 모두 충족할 수 있기 때문에 지속가능성, 분배 정의, 의미 있고 건강을 증진하는 노동이라는 관점에서 윤리적으로 경제를 재편하는 바람직한 효과를 거둘 수 있다.

공동선 경제 운동은 이런 접근방식을 현재 유럽연합의 지침에 통합시키기 위해 노력하고 있는 중이다. 2014년 유럽연합 의회는 '비재무적 보고'에 관한 지침을 공표했다.[16] 이에 따르면 500명 이상을 고용한 기업은 핵심적인 재무적 수치 이상의 정보를 공표할 의무가 있다. 그 지침의 첫 번째 버전에 따르면 기업은 제공되는 여러 가지 수단 중 하나를 선택할 수 있지만, 반드시 그래야 하는 건 아니다. 공동선 경제 운동은 미래의 비재무적 보고 형식이 '윤리적 대차대조표', '사회적 대차대조표', '공동선 대차대조표' 중 어떤 것으로 불리든 간에 이 같은 10가지 핵심 요건을 유럽연합의 지침에 포함시키기 위해 노력하는 중이다.

시장 투명성을 창출하라

다음은 공동선 경제가 어떻게 작동하느냐에 대한 것이다. 목표 달성의 정도에 따라 회계감사관은 개별 대차대조표의 지표에 일정 점수를 부여한다. 개인이 경영하는 기업, 공공 자선단체, 공익기업, 중소기업, 상장주식회사를 막론하고 모든 기업은 최대 1,000점의 공동선 점수를 얻을 수 있다. 우선 공동선 대차대조표의 결과는 모든 생산물과 서비스에 상표 형태로 나타낼 수 있는데, 다음의 예처럼 5개 범주로 나뉘고 색깔로 구분된다.

- 마이너스: 레벨 1, 붉은색
- 0~250점: 레벨 2, 오렌지색
- 251~500점: 레벨 3, 노랑색
- 501~750점: 레벨 4, 연두색
- 751~1,000점: 레벨 5, 녹색

소비자들은 이것을 통해 구입하고자 하는 제품을 만든 기업의 공동선과 관련된 실적에 대한 정보를 얻을 수 있다. 공동선을 나타낸 색깔은 상품의 바코드나 QR 코드 옆에 표시될 수 있다. 만약 소비자가 모바일폰으로 코드를 스캔하면 전체 공동선 대차대조표가 화면에 나타나게 된다. 또한 일반인도 의무적으로 이런 자료에 접근하도록 해야 한다. 이를 통해 소비자들은 한 상품이 '단지' 생태적으로 지속가능한 방법에 따라 생산되고 있는지, 그 기업이 여직원에게 동일한 노동에 대해 동일한 임금을 지불하고 있으며 가정친화적인 근무제도를 운영하는지 여부를 즉각적으로 확인할 수 있게 된다.

교과서를 보면 시장경제의 '합리성'과 '효율'은 모든 시장 참여자가 어떤 정보든 간에 '완전하게', '체계적으로' 활용한다는 전제 아래 정당화된다고 했다. 그러나 오늘날 이것은 사실이 아니다. 슈퍼마켓이나 백화점 선반에서 무작위로 어떤 상품을 집는다면 누가 어떤 작업 조건 아래서, 환경에 어떤 영향을 미치면서 그것을 제조했는지 전혀 알 수 없다. 또한 그 상품을 제조하는 과정에서 여성이 남성과 동등한 대접을 받았는지, 경쟁자들과 협력했는지 아니면 피해를 주었는지, 정당하게 세금을 납부했는지 아니면 로비스트를 고용하거나 정당을 지원하면서 조세피난처에 이윤을 숨겼는지 알 수 없다.

시장경제이론의 관점에서 평가했을 때 시장경제가 합리적이지도 효율적이지도 않은 이유는 전제조건인 투명한 정보가 결여되어 있기 때문이다. 광고에서 상품의 효과나 내용물, 원산지와 관련해 허위 정보를 제공하는 일이 빈번하게 일어나고 있다. 공동선 대차대조표는 실제의 시장경제가 이론적 이상에 근접하도록 해줌으로써 시장을 보다 효율적으로 만들어줄 것이다.

공동선에 대한 기여 보상하기

이제 결정적 단계에 도달했다. 이것은 공동선 대차대조표의 결과를 차별화된 법적 대우와 연결시키는 것이다. 한 기업이 더 많은 공동선 점수를 얻을수록 '정당한 대가'라는 보수적 의미에서 더 많은 법적 특혜를 누려야 한다. 공동체를 위해 많은 일을 한 사람은 누구든 그렇게 하지 않은 사람보다 사회로부터 더 많은 보상을 받아야 하기 때문이다. 이미 적절한 인센티브 수단들이 존재한다. 이들 수단은 공동선을 지향하면서 이룩한 성과의 관점에서 조직적으로 사용되어야 하는데, 다음과 같은 예들이 여기에 해당된다.

- 공공 구매와 공공기관의 물품 조달에 대한 우선권
- 낮은 세율
- 낮은 관세율
- 좋은 조건의 은행 융자
- 공공 조달과 계약에서 우선권 부여(국내총생산에서 5분의 1에 해당!)
- 공립대학과의 연구 협력
- 직접 펀딩 등

오늘날 모든 기업은 헌법적 가치를 달성하거나 위반하는 정도와 무관하게, 윤리적 성과나 결함에 대한 고려 없이 동일한 조건 아래 시장에서 활동한다. 이런 '동등한 대우'의 효과로 말미암아 더 무자비하고 무책임한 기업들이 시장에서 승자가 될 가능성이 높아졌다. 이들은 재화와 서비스를 더 낮은 가격에 공급할 수 있기 때문이다. 비윤리적 기업들이 보상을 받는데, 이것은 경제의 잘못된 '길잡이' 때문이다.

공동선 경제에서는 '같은 것'만이 동등하게 취급될 것이다. '다른' 것은 다르게 취급될 것이다. 말하자면 탁월한 성과에는 이에 상응하는 보상이 주어질 것이다. 이런 법적 이점은 공동선을 지향하는 기업들이 높은 비용을 감당하는 데 도움을 줄 것이다. 그 결과 공정한 방법으로 제조되고 거래되는 윤리적이고 지속가능하며 지역에서 만들어진 상품은 불공정한 방법으로 제조되고 거래되는 비윤리적이고 지속가능하지 않은 일회용 제품보다 저렴해지게 된다. 이런 방법을 통해 윤리적이면서 책임감을 가진 기업들은 시장에서 조직적으로 강력한 기반을 구축해야 하고, '시장의 법칙'은 사회의 기본적 가치들과 조화를 이룰 것이다.

매우 관대한 보상으로 말미암아 기업이 상당한 이윤을 얻는다면 이것을 특정 목적에만 사용되도록 해야 한다. 그렇게 할 때 이기심을 충족시키기 위해 이윤을 극대화할 이유가 사라진다. 그러나 공동선 점수를 극대화함으로써 혜택을 누리게 될 것이다. 공동선 대차대조표가 우수할수록 기업이 생존할 가능성이 높아질 수 있다. 지금의 상황과 대조적으로 기업의 재무적 대차대조표는 생존 문제에 있어 더 이상 결정적 요인이 되지 못할 것이다. 그리고 반윤리적 기업은 결코 긍정적인 재무적 결과를 성취할 수 없게 될 것이다.

인센티브 효과는 강화된다. 기업의 공동선 대차대조표는 납품업자, 하청업체, 신용기관, 다른 협력 기업들의 공동선 대차대조표가 모두 좋은 점수를 받아야 하는 정도로 개선될 것이다. 융자 은행의 공동선 회계감사뿐 아니라 소비자의 결정, 법적 이득, '보다 성공적인' 납품업자와 하청업체, 신용기관으로서의 우선적 지위라는 요인들의 상호작용을 통해 공동선을 함양하는 강력한 인센티브가 작동할 것이다. 그리하여 마침내 사회는 비즈니스 영역에서 '목표'를 달성하게 된다.

공동선의 회계감사

종종 "누가 대차대조표를 감사하는가?"라는 질문을 받는다. 만약 기업 스스로 대차대조표를 작성하는 것이 허용된다면 기업 스스로 대차대조표를 평가할 것이다. 기업의 일거수일투족을 감시하고 감독하는 거대 국가를 만들 필요가 있을까?

이 질문에 대한 대답은 "그런 국가를 만들 필요가 없다"다. 이런 경우 시장은 스스로 규제할 것이다! 이런 사실을 확인시켜 주기 위해 오늘날 재무적 보고에 사용되고 있는 절차를 살펴보는 것에서 시작하겠다. 기업이 작성한 재무적 대차대조표는 내부 감사를 거쳐 외부의 공인회계사에게 보내진다. 만약 대차대조표가 '입증되면' 정부가 개입해 세금을 징수하고 국세청이 이 과정을 마감한다.

공동선 대차대조표의 경우 예상되는 절차 역시 이와 비슷하긴 하지만 훨씬 더 쉽다. 공동선 대차대조표는 기업(이상적으로는 모든 직원이 함께 참여해야 함)을 통해 작성되며, 내부 회계감사를 받고 나서는 (예를 들면 공동선 임원을 통해) 공동선 회계감사관에게 외부 회계감사를 받아야 한다. 이것이 전부다. 일단 공동선 회계감사관이 대차대조표를 확인하고 나면 기업은 자동적으로 일정한 조세와 관세 범주로, 더 나아가 일정한 신용조건 등급으로 분류될 것이다. 정부는 공공조달과 입찰 초청에 관여하는 것 외에는 별로 할 일이 없다. 이때 정부는 우선 공동선 대차대조표를 살펴보고 난 뒤 입찰 가격을 확인할 것이다.

공동선 회계감사관에 대한 법적 승인과 자질 보증 외에 국가는 한 가지 다른 기능, 즉 임의추출 방식으로 감시 기능을 수행하게 된다. 기업이 공동선 대차대조표를 조작하거나 회계감사관을 매수하거나 이 사람이 조작된 대차대조표를 승인하는 일이 발생할 경우 감독 절차가 진행되고, 부패한 회계감사관은 누구라도 처벌받게 될 것이다. 그러나 첫 번째 위반에 대해 무거운 벌금을 물리고 두 번째 위반에 대해 면허를 취소한다면 회계감사관들은 그런 범죄를 저지를 것인지 여부를 신중하게 고민할 수밖에 없다. 재무적 대차대조표와 달리 사기성 있는 조작과 관련해 공동선 대차대조표는 다음과 같은 여러 가지 이점을 가진다.

- 공동선 대차대조표는 공적 특성을 가지며, 누구나 접근할 수 있다.
- 공동선 대차대조표는 사용되는 기준이 간단하고 인도적이어서 누구나 이해할 수 있다.
- 다양한 이해관계자 집단은 공동선 대차대조표의 정확성에 대해 구체적 관심을 갖고 있어 조작 시도가 곧바로 드러난다.
- 논의되고 있는 다른 측면은 '동료 평가'다. 기업과 연관된 모든 사람은 회계감사관에게 자신들의 작업과 관련된 다양한 정보를 제공함으로써 평가 과정에 참여할 수 있다.

기업들은 어떤 이점을 기대하면서 가능한 최고의 공동선 점수를 얻는 데 '본질적' 관심을 보일 것이다. 그럼에도 개별 기준은 '자발적으로' 실행되어 국가 회계감사 공무원과 국가 관료제(예를 들면 공동선 부서)는 필요하지 않을 것이다. 공동선 대차대조표는 어떤 의미에서든 추가적 규제를 남발하지 않으면서도 기업의 행동을 통제하게 된다.

재무적 대차대조표의 경우 협의와 검사가 분리되는 것처럼 공동선 회계감사의 경우에도 이런 서비스는 분리되어야 한다. 공동선 회계감사관의 보증을 위해서는 법적 조직이 필요한데, 이를 통해 이들이 행하는 작업의 질을 보장할 수 있게 된다. 이 점은 재무적 회계감사관의 경우도 마찬가지다.

주제의 복잡성에 비춰 볼 때 개인 회계감사관 대신 회계감사팀이 필요하다고 생각할 수도 있다. 이것 역시 검사의 결과를 개선하고 진행 과정에서 뇌물을 효과적으로 차단하는 데 기여하게 될 것이다.

수단으로서 이윤

지금까지 공동선 대차대조표에 대해 알아보았다. 그렇다면 재무적 대차대조표는 어떻게 될까? 어찌 됐든 기업들은 계속 재무적 대차대조표를 작성할 것이다. 왜냐하면 공동선 경제는 (자본주의적이라기보다는 협력적이고 윤리적인) 시장경제의 일부를 구성하기 때문이다.

지금과는 다른 환경과 전제조건 아래서지만 이런 시장경제에도 사기업, 돈, 시장에서 생산된 상품 가격이 존재할 것이다. 그러나 재무적 이득은 더 이상 목표가 아니므로 재무적 대차대조표는 보조 또는 수단으로서 대차대조표가 될 것이다. 이는 실제로 교환의 수단으로 여겨져야 하고 목적이 되어서는 안 되는 돈과 전적으로 유사하다고 하겠다.

교환의 목적은 욕구를 충족시키는 것이다. 재무적 대차대조표는 이를 위한 핵심 조건을 충족시켜 주긴 하지만 기업 활동의 실제 목적은 아니다. 공동선 대차대조표는 기업가적 추구의 목적과 사회적 과제를 대변하게 된다. 재무적 이득의 목적은 역전되어 목표가 아니라 수단이 되어야 한다.

이것은 도대체 무엇을 의미하는가? 우리는 공동선 경제의 이 중요한 측면을 부각시키기 위해 열심히 노력해 왔다. 이윤은 기업에 혜택을 주거나 해를 끼칠 수 있으므로(공동선을 증진하거나 위축시킬 수 있으므로), 이윤의 사용은 바로 이 기준에 따라 차별화될 것이다. 공동선을 위축시키는 재무적 이윤의 사용은 제한되어야 하는데, 이런 방법을 통해 자본주의의 '과도한 본성(축적을 위한 축적)'은 의미 있는 방향으로 전환될 것이다. 적대적 인수 합병, 힘의 과시, 착취, 환경 파괴, 위기를 조장할 목적으로 하는 재무적 이윤 사용 모두가 중단되어야 한다. 반면 사회적·생태적 부가가치를 창출하고 투자와 협력을 증진하는 데 재무적 잉여를 사용하는 것, 간단히 말해 사람들은 공동선의 증진을 지지하는 데 그치지 않고 이를 촉진시키려고 할 것이다.

이윤의 용도와 관련된 이런 구별은 일상 어디서나 이루어지고 있다. 나는 음식을 만들 때 필요에 따라 채소를 자르기 위해 칼을 사용할 수 있지만 사람을 살해하는 데는 사용하지 않는다. 법은 도구의 허용된 사용과 허용되지 않은 사용, 도구와 무기의 사용에 있어 조건과 한계를 규제한다. 기업이 벌어들인 이윤에 대해서도 마찬가지 논리가 성립된다. 공동선 경제에서 그런 수단(일반적으로 돈)은 정확하게 그와 같은 위치에 있기 때문이다. 즉 돈은 단지 수단일 뿐 목적이 될 수 없다. 만약 수단이 아니라 목적이 된다면 돈은 치명적 무기가 될 수 있다.

허용 가능한 이윤의 사용 범위

1. 투자

국민경제에서 투자는 대부분 재무적 잉여, 즉 기업의 이윤을 통해 조달된다. 이 원칙은 미래에도 그대로 지켜져야 한다. 투자는 공동선을 증진하고 삶의 질을 향상시키는 유익한 효과를 창출하기 때문이다. 그러나 수단과 목적을 분명히 구분할 필요는 있다. 투자는 칼처럼 다른 용도로 사용될 수 있기 때문이다. 예를 들면 투자는 재생 가능한 에너지를 만들고, 유기농 식품을 생산하며, 교육과 의료 서비스를 제공하는 데 사용될 수 있지만 열대우림을 파괴하고 불태우며, 대규모 가축농장을 설립하고, 연료를 많이 소비하는 SUV 차량을 만들거나 핵무기를 생산하는 데 사용될 수도 있다. 따라서 미래에는 사회적·생태적 부가가치를 만들어내는 분야에 국한시켜 투자가 이루어져야 한다.

이를 달성하려면 (오늘날 관례적으로 행해지는 재무적 비용 계산과 유사하게) 모든 투자에 대해 공동선 계산이 이루어져야 한다. 이런 방법으로 추가적인 공동선 수단(기업의 전반적 성과를 측정하는 수단 외에)은 투자 결정에 선행 효과를 미칠 것이다. 그러면 비인간적 생산 환경이 만들어지고 환경 파괴를 초래하고 고위험 기술이 먼저 개발되는 것을 막을 수 있다.

이 아이디어의 핵심은 이미 오래전부터 정치 영역에서 자리 잡고 있었다. 사회의 다양한 모임은 사회적 충격, 지속가능성, 차별 없는 평가 등을 제안해 왔다. 이것 역시 기업의 투자 결정에 적용되어야 하는데, 법이 민주사회의 발전 방향을 결정하듯 투자 결정은 기업과 국민경제의 방향을 결정하기 때문이다. 이런 결정을 할 때는 가능한 한 신중해야 하는데, 오늘날 결정을 내릴 때 유일하게 고려하는 재무적 이윤 가능성뿐 아니라 보다 복잡한 평가에 근거해 이루어져야 한다. 외부 자금을 빌리는 경우 계획된 투자에 대한 내부 공동선 회계감사 외에 은행이 수행하는 외부 회계감사가 필요하다. 이 책의 초판이 출판된 이후 '공동선을 위한 프로젝트 은행'의 형태로 모양을 갖추기 시작한 민주은행Democratic Bank은 신용 신청자의 재무 상태뿐 아니라 공동선에 대한 부가가치를 평가한다.

따라서 미래의 비즈니스 계획은 지금의 계획과 아주 다를 것으로 예상된다.

2. 준비자산

시장경제에서 이윤이나 손실을 보지 않은 채 사업연도를 마감할 수 있는 기업은 없다. 비즈니스 경기는 좋기도 하고 나빠지기도 한다. 그래서 2가지 수단, 즉 손실 이월(조정과 세금신고용으로 사용)과 미래 손실에 대비한 준비금이 존재하는 것이다. 2가지 수단은 기업에 일정 수준의 자유재량을 제공하기 위해 미래에 사용된다. 그러나 준비금은 2가지 결정적 조건에 따라야 한다. 먼저, 준비금은 예를 들면 5년 기한과 매출액의 극히 일부로 제한해야 한다. 둘째, 준비금을 재무적 투자 목적으로 사용해서는 안 된다. 준비금이 유동자산의 형태로 존재한다면 통화 공급에서 빠져나가는 것을 막기 위해 민주은행처럼 공동선을 지향하는 은행에 예치시켜야 한다.

3. 자본의 증가

재무적 잉여의 세 번째 허용 가능한 용도는 차입금, 즉 은행 대출금을 상환하는 것이다. 평균 자기자본 비율을 살펴보면 재무적 잉여를 이런 식으로 사용해도 현재 상황에 어떤 큰 변화가 발생하지 않는다. 대부분의 기업은 부채가 많거나 아주 많은 반면, 그들이 벌어들인 이윤은 부채를 전부 상환할 만큼 많지 않기 때문이다. 이런 기업의 경우에는 변할 것이 그리 많지 않다. 그러나 공동선 경제에서는 기업 부채의 2가지 부정적 측면이 사라질 것이다. 모든 융자에 대한 공동선 평가는 파괴적 투자에 대한 재정적 지원을 막을 수 있다. 또한 이자는 해당 은행의 영업 비용과 회복탄력성 비용*을 감당할 수 있을 정도의 고정 수수료로 대체되어 공동선 평가는 이자로 말미암아 경제에 미칠 성장 압력을 완화시켜 줄 것이다.

4. 직원에 대한 배당금

예상보다 성공적으로 한 해를 마감한다면 성공에 기여한 모든 사람은 금전적 보상을 받을 수 있다. 그러나 소득은 법정 최저임금의 일정 배수로 제한되며, 고용주에게도 이 원칙이 적용된다. 그 한계를 정하는 문제는 경제 총회와 민주적 주권을 통해 해결될 것이다.

5. 다른 기업에 대한 융자

다른 기업과 소비자, 납품업자를 돕고 싶은 사람이라면 누구든 무이자 융자를 해줄 수 있다. 협력이 조직적으로 촉진되기 때문에 이런 형태의 직접적인 (재무적) 연대도 촉진될 것이다. 이로 말미암아 현금 거래가 더 저렴해지고 기업은 은행을 이용할 때 발생하는 수수료와 이자를 지불해야 하는 번거로움에서 벗어날 수 있다.

---

* 회복탄력성 비용(resilience costs)은 충격을 받고 난 뒤 원래 상태로 돌아오기까지 소요되는 비용을 말한다.

허용 불가능한 이윤의 사용 범위

지금까지 언급한 이윤의 용도는 과거에도 허용되었다. 결정적으로 다른 점이 있다면 다음과 같은 용도는 더 이상 허용되지 않는다는 것이다.

1. 재무적 투자

기업은 재무적 운용이 아니라 제조나 서비스로부터 수입을 얻어야 한다. 미용사는 머리를 깎고 피부관리사는 피부 미용을 위해 일하는 것이지 돈으로 돈을 벌기 위해 일하지 않는다. 농부는 돈으로 돈을 벌기 위해서가 아니라 건강한 식품을 생산하고 농업 생태계를 안정적이면서 다양하게 유지하기 위해 일한다. 은행은 저축된 돈을 합리적으로 책정된 이자를 지불하는 융자로 전환하기 위해 있는 것이지 돈으로 돈을 벌기 위해 있는 것이 아니다. 오늘날 기업은 더 이상 순채무자가 아니며 순채권자로 변했는데, 기업은 더 이상 생산을 통해 수입을 얻는 것이 아니라 주식 거래와 이자율 비즈니스 등 카지노에서 베팅하듯 수입을 얻기 때문이다. 많은 기업이 '작은 작업대를 가진 큰 은행'으로 불리고 있다. 예를 들면 거대 제약회사 로슈Roche는 "작은 약국이 붙어 있는 큰 은행"으로 불린다.[17] 공동선 경제에서 돈은 더 이상 이윤(아리스토텔레스가 말한 '크레마티스틱스')을 얻는 수단이 아니라 오직 생산을 위한 수단이 되고, 금융 카지노는 과거지사가 될 것이다. 기업의 금고에 보관 중인 것을 제외한 금융자산은 비영리 은행에 예치되어 돈은 공동선 서비스에 투입되고, 돈이 필요한 기업들에게 신속하면서도 낮은 이율로 전달될 것이다. 공동선 경제에서 돈은 사적 자산일 뿐 아니라 공공 기반시설의 일부로 여겨지면서 공공재가 될 것이다.[18]

2. 일하지 않는 소유주에 대한 배당금

자본주의의 핵심은 일부 사람(자본 소유주와 힘 있는 사람)이 다른 사람들(자본 비소유주와 힘없는 사람)의 노동으로 창출한 부가가치를 합법적으로 전용하는 데 있다. 이것이 바로 마르크스가 우리에게 가르쳐준 것이다. 소수의 사람이 거대 자본을 소유하고 다수의 사람이 적은 액수를 소유하는 일이 어떻게 발생했으며, 이와 관련해 조직적 관점에서 무엇을 할 수 있느냐 하는 것이 문제다. 이에 대한 논쟁에서 까다로운 점이 있다면 거대 자본을 획득하는 데 여러 가지 방법이 있다는 것이다. 그중 일부는 다른 사람을 배려하는 개인적 노력, 책임 부담 등 사회적 가치와 조화를 이룬다. 반면 다른 것들은 무자비한 탐욕과 권력에 대한 욕망, 사기, 행운, 손가락 하나 까딱하지 않고 상속받은 엄청난 규모의 재산처럼 사회적 가치와 극단적으로 모순된다. 부가가치를 창출하는 과정에 참여하지 않는 사람들에게 기업의 소득에 근거한 배당금을 지불하는 것은 종종 개인적 참여와 책임을 촉진시키는 데 실패함으로써 오히려 다음과 같은 위험한 성향을 조장한다.

- **권한과 책임의 분리**

  의사결정을 내리는 기업의 소유주와 직원들을 분리시켜 어떤 책임도 지지 않는 무제한의 자유를 부여함으로써 비도덕적 행동을 조장한다. 예를 들면 수익성 있는 사이트가 폐쇄되고, 수천 개의 일자리가 사라지며, 장기투자는 외면당한다.

- **착취 수준에 이른 불공정한 분배**

  익명성은 불균형과 과잉을 조장한다. 최근 여러 나라에서 임금은 정체된 데 반해 이윤율은 증가했다. 2010년 프랑크푸르트 주식시장에 상장된 30개 기업 가운데 7개 기업은 주주들에게 지난해 이윤보다 더 많은 금액을 배당금으로 지급했다. 우리는 배당이 아니라 징발徵發로 이행하고 있는 셈이다. 동시에 대기업들은 갈수록 더 적은 세금을 내면서 심지어 세액 공제까지 받는다.

- **의미 없는 동기**

  이윤은 설립자가 개인적 관심이나 창의적 관심을 갖고 있지 않는 기업을 설립하는 동기가 될 수 있다.

- **힘의 집중**

  일하지 않는 기업을 소유하고자 한다면 나는 수백 개의 기업을 소유할 수 있으며, 이들 기업은 나를 부유하고 더 힘 있게 만들어줄 수 있다. 이때 수반되는 자산과 힘의 증가는 목적이 아니라 목표가 된다. 기업에 의한 재산의 불공평한 분배는 자산뿐 아니라 소득의 불평등한 분배를 가져오는 주요 원천이다.

일이 소득의 유일한 원천이 되도록 하고 의사결정 권한을 기업 내에 존속시키는 것은 성과라는 측면에서 더 많은 책임을 지도록 만들고 더욱 공정한 일이 될 것이다. 이런 이유로 다음과 같은 제안이 가능하다.

1) 자본은 단지 수단이어야 한다. 자본의 증가는 기업을 경영하거나 설립하는 목적이 되어서는 안 된다.
2) 이런 수단은 지금보다 더 공평하게 분배되어야 한다. 특히 '기회 균등'의 관점에서 시작 시점, 즉 개인이 직장생활을 시작하는 초기에 분배되어야 한다.
3) 자본의 획득은 기본적으로 개인의 성과, 책임과 연계되어야 한다.
4) 투자 수익은 일을 통해 기여한 사람들에게 이익이 돌아가도록 해야 한다.

이런 이유로 기업에서 일하는 사람만 기업이 벌어들인 수입으로부터 소득을 얻는 것이 맞다. 공동선 경제에서는 최고임금과 최저임금이 법으로 정해질 것이다. 예를 들면 최고임금은 최저임금의 7배, 10배, 12배 또는 20배가 될 수 있다. 더 오래 일한 사람은 누구든 더 많이 받을 수 있겠지만, 특별 근무나 야간 근무를 제외한 모든 경우에는 최대 격차가 정해진다. 이때 최대 격차는 주권자인 국민을 통해 민주적으로 결정된다.

배당금을 제한하는 주된 목적은 불평등과 권력 집중의 핵심적 원천을 없애기 위해서다. 독일어에서 배당금에 해당되는 단어 'ausschuttung'이 시사하듯, 자본이 기업으로부터 '유출된다면' 기업과 직원의 이해관계에 반해 소유주들이 그런 행위를 하려는 '인센티브'가 증가한다. 선택된 소수가 의사결정을 내리고, 심지어 기업에서 일하지 않는데도 열매를 수확하게 된다.

대부분의 기업은 외부 사람들에게 배당금을 지불하지 않기 때문에 이로 말미암아 변하는 것은 없다. 그런데 여기서 종종 오해가 발생하기도 한다. 오늘날 대다수의 소규모 기업은 스스로를 '이윤 지향적'으로 간주하며 영업 잉여로부터 얻는 소득을 '이윤'으로 해석한다. 이런 성향은 앞으로도 유지될 수 있으며, 그래야 할지도 모른다. 그러나 이런 소득은 기업에서 일하는 사람들에 대한 보수, 즉 기업가에 대한 보수로 간주되어야 한다. 앞서 언급한 문제는 기업에서 일하는 기업가들에게 배당금이 지불된다는 것이 아니라 일하지 않는 사람들에게 배당금이 지불된다는 것이다. 대다수 '비즈니스 파트너십'은 거의 '이윤'을 창출하지 않기 때문에 기업가의 소득은 법정 최저임금의 허용된 최대 배수보다 상당히 낮은 수준에 머물러 있을 것이다. 그러면 그들은 '이윤 제한'에 전혀 영향을 받지 않게 된다.

앞서 언급한 이유로 미래에는 배당금이 존재하지 않을 것이다. 여기서 가장 큰 영향을 받는 대상은 주식회사다. 주식회사와 관련해 다음 몇 가지 요인은 널리 알려지지 않았다. 첫째, 주식은 기업이 자금을 조달하는 데 있어 갈수록 적게 기여한다. 1990년대 전반기에 미국 주식시장에서 기업으로 유입된 자금보다 빠져나간 자금이 더 많았다. 프랑스의 경우 대차 잔액이 0이었다.[19] 둘째, 혁신적인 스타트업들은 주식으로 자본을 조달하는 경우가 거의 없고 보통 친척들의 도움을 받는다.[20] 셋째, 주식회사의 경우 재산과 책임 사이의 연관성이 거의 사라졌다.

주식회사는 원래 특별히 위험을 감수하는 기업으로 설립되었다. 소유주는 모든 책임을 부담했으며, 전 재산을 증권의 형태로 기업의 처분에 맡겨야 했다. 1856년 미국은 기업가가 기업에 투자한 금액의 한도 내에서 개인적으로 책임을 지도록 제한했다.[21] 오늘날 점점 더 많은 납세자가 이를테면 망해 가는 은행이나 자동차 제조업체를 구제할 필요가 있을 때 주주들을 대신해 책임을 지고 있다. 이들 소유주는 휘청거리는 기업에 추가 자본을 투입해야 하는 의무를 지는 대신 초라한 경제적 성과와 무책임에 대해 오히려 납세자들로부터 보상을 받는다. 이로 말미암아 주식회사는 무책임하고 무자비하게 행동하면서 민주주의를 훼손시키는 분위기를 조장하고 있다.

이 문제와 관련해 종종 다음과 같은 질문이 제기된다. "투자에 따른 재무적 수익을 더 이상 기대할 수 없을 때 사람들은 왜 이런 기업이 자신들의 저축을 마음대로 처분하도록 그냥 지켜보기만 하는가?", "누가 자진해서 신용 제공자의 위험을 감수하겠는가?" 이 질문에 대한 조직적 대답은 다음과 같다. 공동선 경제에서 기업은 다음에 나오는 4가지 다른 방법으로 '외부로부터' 자본을 조달할 수 있다.

1) 공동선 지향 은행으로부터 외부 자금 조달

은행은 배당금이나 저축에 대한 이자를 지급하지 않음으로써 융자가 평균적으로 저렴할 것이다. 융자 비용은 은행의 영업 비용을 감당하는 정도일 것이기 때문이다. 더욱이 글로벌 금융 카지노가 폐쇄되어 사람들의 자산이 은행으로 몰려 대규모 자금 활용이 가능해질 전망이다.

2) 지분

일반인이 비즈니스에 참여할 수는 있지만 어떤 재무적 이득도 얻지 못하며, 주식시장에서 지분을 처분하지도 못한다는 점에서 종전과 다르다. 그러나 이들에게는 3가지 이점이 있다. 첫째, 의미의 관점에서 이들은 목적의식을 가진 기업을 만드는 데 도움을 줄 것이다. 둘째, 가치의 관점에서 이들은 탁월한 공동선 대차대조표를 가진 기업에만 투자할 것이다. 셋째, 공동 결정의 관점에서 이들은 지분만큼 발언권을 가짐으로써 좋은 기업을 만드는 데 도움을 줄 것이다.

앞서 언급한 3가지 이점 외에도 이들은 필요할 때 투자한 돈을 회수할 수 있다. 어쨌든 돈은 선물이 아니다. 기업의 관점에서 그런 자본은 이자를 지급하지 않은 무비용 자본으로 여길 것이고, 따라서 은행 융자보다 훨씬 저렴할 것이므로 기업은 이런 자본을 유치하려는 강력한 인센티브를 가질 것이다. 대신 기업은 투자자들에게 대단히 매력적으로 보일 필요가 있다. 돈은 더 이상 자석처럼 끌어당기는 요소가 될 수 없기 때문에 뭔가 다른 것이 있어야 하는데, 그것이 바로 사회적 목적과 윤리적 가치다! 사회적으로 가장 목적의식이 있고 윤리적으로 추동된 기업들은 충분한 자본을 조달할 수 있으며, 이를 도와주는 수단이 바로 공동선 대차대조표다. 이때 전체 시스템이 올바른 방향으로 움직이기 시작할 것이다.

경제 규모에 비례해 금융자산이 꾸준히 증가할 것이므로 민간 금융자산 중 점점 큰 비중이 '의미의 추구'를 시작할 것이다. 달리 말하면 개인 금융자산의 규모가 점점 증가할 것이므로 그중 일부를 아무런 대가 없이 기업이 사용하도록 허용할 것이다.

3) 기부에 따른 지분

이는 젊은 직원이 기업에 '민주적 지참금'*을 기부하는 방식으로 공급되며, 기업은 이런 방법으로 지분을 늘릴 수 있다.

4) 비용 없는 외부 자금 조달

기업끼리 무이자 융자를 제공할 수 있으며, 그렇게 함으로써 보

---

* 민주적 지참금(democratic dowry)은 처음 사회생활을 시작하는 젊은이들에게 상속의 관점에서 사회가 제공하는 자본금을 의미한다. 이와 관련된 것은 4장을 참조하라.

상을 받게 된다. 필요 이상의 자금을 보유한 기업들은 은행으로부터 더 이상 이자를 받지 않을 것이다. 그들의 이윤은 연대의 경험과 공동선 대차대조표의 개선을 상징한다.

공동선 경제에서 돈은 지금과 다른 역할을 하게 될 것이다. 교환의 수단으로써, 자신이 소유한 기업의 지분으로써 돈은 보통 사유재로 남겠지만 다른 기업들을 위한 신용이나 자본 역할을 하게 되어 공공재로서의 성향을 띠게 될 것이다.

3. 적대적 인수 합병

재무적 잉여의 허용 불가능한 세 번째 사용 범위는 다른 기업들을 강제로 인수하는 것이다. 새로운 방향 설정을 통해 기업들의 가장 흔한 적대적 인수 동기가 사라질 것이다. 만약 기업들이 더 이상 이윤 지향적이지 않는다면 신속하게 그리고 거의 자동으로 성장 지향이라는 목표를 포기하게 된다. 그러면 큰 이윤을 얻기 위해, 경쟁자를 따라잡기 위해, 경쟁자에게 잡아먹히지 않으려고 몸집을 키울 필요가 없어진다.

일반적으로 말해 금전적 성장은 더 이상 비즈니스의 목표가 되지 않을 것이다. 성장은 새로운 경제적 성과 지표들로 측정되는 공동선에 최대한 기여해야 한다는 새로운 목표를 위한 수단으로 여겨질 것이기 때문이다. 투자, 수익 증가 또는 우호적 합병이 이런 목표에 기여한다면 환영받을 만하다. 그러나 계획된 합병의 경우에는 관련된 두 기업의 거취에 대해 불분명한 다수의 직원과 관리자,

소유주가 승인해야 할 것이다. 이것은 오늘날 최대 지분을 가진 사람들의 독재로 관례가 되어버린 적대적 인수를 사라지게 만들 수 있다.

4. 정당 기부

기업이 정당이나 국회의원을 재정적으로 후원하는 일이 금지될 것이다. 오로지 개인만 최대 금액까지 후원하는 것이 허용된다.

반대로 법인 재산세는 폐지될 수 있다. 국가는 '큰' 이윤에 관심을 가져서는 안 되며, '목표'로써 이윤을 추구하는 데 참여해서도 안 된다. 그리고 혜택을 제공하는 수단에 과세하는 것은 어쨌든 정말 이해하기 어려운 일이다. 아니면 대안으로 법인 이윤세는 공동선 대차대조표의 결과에 따라 조정될 수 있을 것이다.

재무적 성장 충동의 종료

재무적 이윤에 대한 태도가 달라지면 성공을 추구하는 기업가의 에너지를 다른 방향으로 돌릴 수 있다. 이윤 극대화는 바람직하지 않을 뿐 아니라 달성 가능하지도 않다. 더 이상 '이윤 분배'는 없을 것이다. 소득의 경우 하방과 상방 한계가 설정되며, 적대적 인수가 금지되고, 성과는 공동선 대차대조표로 측정된다.

이들 조치의 총체적 효과를 통해 비즈니스에서의 성장 충동, 즉 금전적 지표에 따른 성과 측정(재무적 이윤 추구)과 경쟁의 결합에서 비롯된 충동은 사라질 것이다. 만약 내가 다른 기업들과 경쟁한다면 내 이윤 마진은 이들보다 높아야 할 것이다. 그렇지 않을 경우 내 기업에 대한 평가가 나빠지고, 내 기업의 금융 비용이 증가하며, 곧 다른 기업에게 잡아먹힐 것이기 때문이다. 재무적 이윤이 기업의 생존에 얼마나 결정적인가 하는 것이 종종 과소평가된다. 기업의 성공은 품질, 혁신, 효율, 윤리, 용의주도함, 규모, 유연성 등 영향력을 가진 다양한 요인을 통해 결정된다고 한다. 그러나 결정적 조건은 바로 재무적 이윤이다. 결국 가장 중요한 것은 품질, 혁신, 규모, 마케팅, 사회적 책임, 다른 요인들과 무관하게 재무적 이윤이 기업의 성패를 좌우한다는 사실이다. 그리고 성장은 다른 기업들보다 더 많은 이윤을 얻는 데 기여함으로써 적대적 인수 시도를 막거나 다른 기업들을 인수하는 데 도움을 준다. 시스템이 이윤과 경쟁을 추구하도록 설정되어 있다면 성장은 시스템에 있어 본질적인 것이다. 따라서 재설정이 필요하다. 만약 성과가 더 이상 재무적 이윤과 동일시되지 않고 기업들이 서로 잡아먹고 먹히는 것이 허용되지 않는다면 기업들은 차분하고도 안정된 방법으로 어떤 규모가 '최적'이며, 어떤 목적의식이 있는지 알게 되고, 이를 성취하기 위해 노력할 것이다. 자본주의적 시스템의 동역학이 사라지고, 모든 사람은 성장하게 되며, 서로 잡아먹으려는 일반적 충동으로부터 해방될 것이다!

최적의 규모

"유한한 세계에서 기하급수적 성장이 영원히 지속되리라고 믿는 사람은 미친 사람이거나 경제학자다." 이는 여러 상을 수상했던 경제학자 케네스 볼딩Kenneth Boulding이 한 말이다.[22] 그의 동료들 가운데 상당수는 이 의견을 받아들이지 않았다. "우리는 이것을 바로잡아야 한다. 지속가능한 발전은 최대로 가능한 장기 경제 성장과 동의어다." 이것은 빈경제대학 정치경제학 과장이었던 에릭 슈트라이슬러Eric Streissler가 주장한 것이다.[23]

성장 주제와 관련해 내가 가장 가치 있는 통찰로 간주하는 것은 정치학자 레오폴트 코르Leopold Kohr의 "자연에서 성장은 최적 규모에 도달하는 수단이다"라는 말이다.[24] 이것은 비즈니스가 정확하게 어디에 초점을 두어야 하느냐에 대한 것이다. 기업은 최적의 규모에 도달하기 위해 노력해야 한다. 오늘은 성장 그 자체가 목표지만 내일은 성장이 단지 수단이 될 수도 있다. 만약 뭔가가 너무 작다면 커지려고 하는 것은 괜찮다. 그러나 기업이 '너무 커져 망할 수 없는' 은행처럼 비대해지면 규모의 최적 변화는 마이너스여야 한다. 공동선 경제에서는 사용자 가치(공동선 가치)가 증가하는 한 마이너스 성장은 큰 문제가 되지 않는다. 그러나 지금의 지배적인 경제 질서에서 이것은 커다란 재앙으로 여겨질 텐데, 규모의 축소가 경기 후퇴와 불황의 동의어이기 때문이다.

다른 모든 생명체와 마찬가지로 유기체로서 인간은 성장의 의미 있는 역할을 잘 보여준다. 우리는 물질적으로 '최적 규모'까지 성장하는데, 일정한 수준에 도달하면 이런 유형의 성장은 멈춘다. 그러면 발전은 비물질적 영역, 즉 정서적·사회적·지적·영적 성숙으로 이동해 간다. 인간은 일생을 통해 물리적으로 계속 성장하지 않기 때문에 '성공적'이지 않다고 말할 수 없다. 또한 덜 행복하다고 말할 수도 없다.

구조적 협력

공동선 경제를 통해 제기된 가장 익숙해지기 어려운 정신 훈련은 경쟁에서 협력으로의 패러다임 전환이다. 이런 전환이 일어난다면 기업은 더 이상 다른 기업들에 대해 적대적으로 행동할 필요가 없다. 그리고 패러다임 전환으로 그들에게는 보상이 주어진다.

일부 사람은 분명 이런 주장을 받아들이기 어려울 수 있다. 경쟁자들은 서로 피해를 주거나 심지어 상대를 제거하려는 것이 '정상'으로 간주되고 있기 때문이다. 따라서 실제로는 '반대 청원counter-petition'에 대해 말하는 게 적합할 것이다. '경쟁'은 라틴어 '함께cum'와 '찾다petere'에서 왔는데, 그 뜻은 '협력'이라는 단어에 훨씬 더 가깝다. 경쟁은 시장 참여자들이 모두를 위한 최선의 해결책을 함께 찾는다는 의미를 갖고 있다. '서로에게 적대적인 상태에서 해결책을 찾는 것'이 효율적일 수 없다는 것은 분명한 사실 아닌가? 집단 지능은 어떤 개인의 지능보다 높다. 위대한 기술적 발전은 대부분 한 개인이 아니라 다수의 기여에서 비롯되었다. 과학적 진보는 역사의 전개 과정에서 수많은 연구원과 사상가의 협력이 가져온 결과물이다.

물론 공동선 경제에서도 경쟁은 사라지지 않을 것이다. 공동선 경제는 시장경제의 한 형태이기 때문에 부분적으로 현재와 같은 시장의 토대에 기반을 둘 것이다. 예를 들어 사기업(시장)과 교환의 수단으로서 돈이 그것이다. 기업을 설립할 권리와 파산할 가능성이 있는 한 항상 '반대 청원'의 가능성은 피하기 어렵다. 만약 반대 청원이 장려되고 조장된다면 경제는 싸움터가 될 것이다. 반면 법적 인센티브 구조가 반대 청원에 불이익을 안겨준다면, 시장의 주요 영역에서 반대 청원은 거의 사라질 것이다.

공동선 경제에서도 경쟁은 가능하다. 이론적으로 온전히 연대에 기반을 둔 경제에서도 경쟁은 가능하다. 협동조합이 원래의 정신을 위반해 서로 경쟁을 시작할 수 있다. 이것은 누구나 협동조합을 설립할 동등한 자유를 가지고 있기 때문이다. 적대적 기업이 많으면 많을수록 이들은 서로에 대해 더욱 공격적으로 행동하게 되고, 그 결과 공동선 대차대조표는 더욱 초라해질 것이다. 그들의 행동이 협력적이고 서로에게 도움을 준다면 공동선 대차대조표의 결과는 더 좋아지고, 다른 기업을 희생시키기보다 자신에게 이득이 되면서 생존 가능성은 더 높아질 것이다. 현재의 승리-패배 질서는 승리-승리 질서로 대체될 것이다.

기업들은 어떻게 서로 돕게 될까? 이웃이나 친구의 관계에서처럼 여러 가지 방법이 있는데, 예를 들면 다음과 같다.

- 오픈 소스 원칙과 크리에이티브 코먼스 라이선스*에 따라 지식을 공유함
- 노동력을 이용해 서로 도움을 줌
- 계약을 양보함
- 무이자 융자와 유동성 균등화를 제공함

또한 기업들은 적대적 대립을 끝내는 것으로 서로 도울 수도 있다. 예를 들면 다음과 같은 것을 삼가면 된다.

- 대중매체를 통해 광고하는 것(대신 투명하고 평등한 상품 정보 시스템 구축)
- 시장을 장악하고 확보하기 위해 가격 덤핑을 감행하는 것
- 특허 차단을 이용하는 것
- 서로 적대적 인수 합병을 시도하는 것

만약 기업들이 상호 지원을 통해 보상받게 된다면 구조적 대립과 현재 실행되고 있는 파괴적 경쟁, 흡수합병 등 만행은 최소 평화

---

* 크리에이티브 코먼스 라이선스(creative commons license)는 창작자가 자신의 창작물에 대해 일정한 조건 하에 자유 이용을 허용하는 라이선스다.

로운 공존으로 전환될 것이다. 그리고 최선의 경우에는 법적 지원을 받아 적극적인 협력으로 대체될 것이다. 이것이 카르텔화로 가는 길이라고 믿는 사람은 누구든 현재의 자본주의 논리에 계속 의존하려고 할 것이다. 오늘날 카르텔은 그 자체가 목적이 아니라 이윤을 늘리는 수단이다. 만약 이윤이 제한되고 공동선을 함양하는데 사용된다면 수단으로서 카르텔화는 모든 의미를 상실하게 된다. 반면 협력은 보다 성공적으로 기업가 정신의 목적을 성취하기 위한 효율적 수단이다. 협력은 더 이상 비즈니스의 궁극적 목표와 모순되지 않고, 오히려 그것과 조화를 이루게 된다.

최적의 규모를 추구하고, 그에 따라 성장 자체를 목적으로 하는 것을 포기한다면 많은 기업이 더욱 자발적으로 협력에 참여하게 될 것이다. 이는 최적 규모에 도달한 기업은 자신의 노하우를 알려주고 계약을 양보하는 데 별 다른 어려움이 없기에 가능한 일이다. 우리는 진화에서 더 많은 종이 진화하고 있으며, 존재하는 종의 개별 표본이 반드시 더 커지는 것은 아니라는 사실을 배웠다. 하버드 대학교의 수학자이자 생물학자인 마틴 노왁Martin Nowak은 "협력은 진화의 최고 설계자다"[25]라고 말했다.

파산

돈과 사적 지분 외에 공동선 경제가 시장경제의 한 형태로 여겨지는 것을 보여주는 세 번째 측면은 파산의 가능성이다. 그러나 경쟁에 기반을 둔 자본주의 경제와 비교했을 때 다음과 같은 이유로 파산의 가능성은 낮다.

1) 기업을 설립하는 동기로서 이윤이 사라져 이윤 추구를 목적으로 설립된 기업들만 파산의 가능성을 보일 것이다.
2) 민주적 기업에서 직원들은 단결하는 경향이 있으며, 함께 일을 처리하는 방법을 통해 보다 효과적으로 파산을 막을 수 있을 것이다.
3) 가장 중요한 점은 기업들이 더 협력하고 덜 경쟁할 것이다(이들은 경쟁을 강요당하지 않으며, 협력에 대해 보상받게 될 것이다).

협력을 거부하거나 법으로 정한 최저 기준을 겨우 충족하는 기업은 초라한 성과를 거두게 되고, 더 큰 파산의 위험에 직면하게 될 것이다. 초라한 공동선 대차대조표 점수로 말미암아 이런 기업은 소비자와 투자자들의 신뢰를 얻지 못하고 법적 이득을 상실하게 되어 협력을 잘하고 책임감 있는 다른 기업들과 비교해 상대적으로 심각한 불이익을 받게 된다. 부도덕한 임금 착취자와 공해 유발자, 조세 회피자들이 비용 면에서 이득을 얻고, 그로 말미암아 경쟁력을 갖게 되는 지금과 정반대의 상황이 만들어질 것이다. 지금은 힘과 규모가 종종 질과 가치를 누르고 이긴다.

협력적 시장 규제

공동선 경제는 계획경제가 아니라 시장경제다. 이런 경제가 실행
된다면 미래에도 시장 변동은 있을 것이다. 특정 분야에서 수요가
갑자기 감소하거나 신설 기업이 시장에 진입하면서 공급이 증가하
는 일이 발생할 수도 있다(기업의 관점에서 수요 증가와 공급 감소는 큰 문제
가 되지 않을 것이다). 수요 감소나 기술혁신으로 더 적은 수의 기업이
나 더 적은 노동력이 요구된다면 공동선 경제에는 무슨 일이 벌어
질까?

이에 대해 오늘날 고전적 반응이 어떠할지 살펴보자. '가혹한' 경
쟁이 갈수록 심해지고, 모든 경쟁자는 그중 일부가(최악의 경우 모두가
동시에) 포기한 뒤 파산을 선언하거나 인수될 때까지 다른 경쟁자보
다 낮은 가격을 책정하려고 할 것이다. 이처럼 지금의 시장 경쟁은
승리-패배의 경제 질서다.

공동선 경제에서는 그와 같은 영향을 받은 분야에 속해 있으면
서도 기꺼이 협력하려는 기업은 누구든 '위기 또는 협력위원회'를
소집할 수 있고, 다음과 같은 조치를 취하는 것이 공동선에 유익한
지 여부를 논의할 수 있다.

1) 모든 근로 시간을 비례적으로 단축한다.
2) 직장을 비례적으로 축소하고 재훈련 조치를 취한다.
3) 기업의 규모를 크게 줄이거나 새로운 과제에 대비하도록 함

께 노력한다.

4) 기업을 폐쇄하거나 영향을 받게 될 사람들을 위해 대안적 직장을 설립한다.

5) 두 기업이 자발적으로 더 작은 하나의 기업으로 합병하는 것을 용이하게 해준다. 여기서 한 가지 조건은 합병한 기업의 규모가 지나치게 커서는 안 된다는 것이다. 이것은 '주관적(민주적)' 기준뿐 아니라 '객관적(사회적/법적)' 기준에 따라 평가되어야 한다.

그리고 기업들은 상황에 대처하는 다른 방법을 발견할 수도 있다. 지역경제의회가 조직적인 해결책을 찾는 데 참여하는 것도 권장할 만한 방법이다. 다른 분야에서 노동력이 긴급하게 필요한 경우라면 재훈련 조치를 강구할 수도 있다.

모든 옵션을 사용해도 일부 기업이 퇴출되는 것을 항상 막을 수 있는 건 아니다. 공동선 경제에서도 실패하는 프로젝트가 나올 수

자본주의와 공동선 경제 공동체의 경쟁

	최악의 경우	최고의 경우
자본주의	무조건적 경쟁 때문에 모든 기업이 파산할 수 있음	가장 좋지 않은 재무적 대차대조표 결과를 낸 기업만 파산하게 됨
공동선 경제	가장 좋지 않은 공동선 대차대조표 결과를 낸 기업만 파산하게 됨	구조적 협력 덕분에 모든 기업이 살아남을 수 있음

있다. '위험'의 가능성이 여전히 남아 있기 때문이다. 오늘날에는 초라한 재무적 결과를 낸 기업이 도태되는 반면(품질, 생태적 마음 챙김, 사회적 책임과 관계없이) 공동선 경제에서는 초라한 공동선 대차대조표를 가진 기업, 즉 공동체를 위해 뭔가를 하고 다른 기업들과 협력하거나 다른 기업의 도움을 받는 것을 꺼리는 기업이 사라지게 될 것이다.

지금과 결정적 차이가 있다면 기업들은 연대의식을 무장한 채 나아가고, 모두 한 배에 타기 위해 노력한다는 데 있다. 지금은 다른 기업들을 배 밖으로 내던지거나 그들을 집어삼키는 것이 허용된다.

공동선과 세계화

내 강의를 들은 뒤 많은 사람은 윤리적 기업들이 글로벌 경쟁을 통해 즉각적으로 시장에서 퇴출될 것을 염려하면서 공동선 경제가 작동하도록 하는데 '전 세계'가 참여해야 한다고 주장했다. 이런 시각은 이데올로기 신봉자들과 현행 경제 질서로부터 이득을 얻는 사람들이 행한 세뇌가 성공적임을 보여주는 증거다. 이들은 현 경제 질서를 '자연적' 또는 '대안이 없는' 것이라고 묘사하면서 그런 불공정한 경쟁, '자유무역'과 자본의 자유로운 이동의 정치적 근원을 인식하지 못하고 있다. 자유무역제도에서는 가장 윤리적인 기업이 큰 손해를 본다. 이것이 바로 현재 시스템의 오류다. 올바른 행동과 헌법에 대한 충성으로 오히려 벌을 받는 것이다. '자유무역'은 유럽연합이 민주적으로 성취한 법과 가치를 존중하고 준수하는 기업보다 이를 무시하고 위반하는 기업을 선호한다. 만약 시장에서 동일한 조건 하에 두 종류의 기업이 경쟁한다면 누가 승리할지는 의문의 여지가 없다. 자유무역은 장소 재배치와 일자리 수출에 대한 정치적 유혹이다. 민주국가가 자신의 규칙과 규제를 훼손하면서까지 그런 규제 없는 국가들과 자유무역협정을 체결한다는 것이 얼마나 자존감을 낮추는 일인지…. 자유무역은 헌법을 위반한 것이다!

나는 가능한 해결책 2가지를 알고 있다. 첫 번째는 글로벌 규제 접근이다. 경제적 자유가 허용되기 전에 노동 관행, 사회문제, 소비자 보호, 환경, 과세와 투명성의 기준에 대한 공통 체계가 수립되어야 한다. 이를 위해 국제법의 중심에 있는 UN이 최상의 규제기관이 되어야 한다.

구체적으로는 UN 시민협약과 사회협약(둘 다 인권협약임), 국제노동기구ILO 노동 기준, 기후변화협약을 포함하는 다자간 환경협정, 문화 다양성 보호를 위한 UNESCO 협약, 재정 자료에 대한 자동 정보 교환 등이 실행될 수 있을 것이다. UN 회원국들은 앞선 사항을 준수하는 모든 국가에게 자유무역을 허용하는 것이다. 그리고 비준되지 않은 개별 협정에 대해서는 예를 들어 다음과 같이 별도의 관세를 부과할 수 있다.

UN 시민협약	+ 20% 관세
UN 사회협약	+ 20% 관세
UN 기후변화협약	+ 20% 관세
기타 UN 환경협정	+ 10% 관세
ILO 단일 핵심 노동 기준	+ 5% 관세
UNESCO 협약	+ 10% 관세
재정 자료에 대한 자동 정보 교환	+ 20% 관세

두 번째 접근은 인센티브에 근거한 공동선 경제를 지향하는 것인데, 모든 기업에게 의무적으로 공동선 대차대조표를 작성하게 한다. 결과가 좋을수록 '더 공정하게' 무역이 이루어지고, 더 '자유롭게' 시장에 접근할 수 있다. 자유무역은 가장 공정한 기업들의 특권이 될 것이다. 기업이 덜 공정하고 덜 윤리적이라면 더 높은 윤리적 보호관세가 부과될 것이다. 이로써 불공정한 경쟁과 위치 경쟁은 끝나게 된다. 두 번째 접근의 가장 큰 장점은 유럽연합은 UN 협정이 체결될 때까지 기다릴 필요가 없다는 것이다. 대신 전 세계에서 가장 크고 강력한 경제지역으로서 유럽연합은 어렵지 않게 독자적으로 모험을 단행할 수 있다. 최선의 해결책은 2가지 접근을 병행하는 전략이다. 차별화된 관세제도를 통해 국내 시장을 보호하는 한편, UN 체제 아래서 공정하고 구속력 있는 무역 규제를 촉구하는 것이다. 이것은 사실 새로운 접근이라고 말할 수 없다. 어쨌든 유럽연합은 현재 효력을 발휘하고 있는 자유무역 조건을 통해 인

권을 침해하고 발전을 저해하며 지속가능성을 무시하는 국가들을 압박할 수 있는 조직이다. 따라서 여기서 제시한 비전의 전제조건은 유럽연합의 철저한 민주화다.

이런 원칙을 지키지 않는 국가들이 있으면 유럽연합은 선구적인 국가 그룹과 시작하면 된다. 이른바 공동선 지역이다. 이것은 공통의 사회적·생태적 규제와 조세 규제에 동의한 공정무역 지역이 되고, 그런 규제가 없는 국가들로부터 자신들을 보호하게 될 것이다. 이것은 헌법을 보호하는 완전히 합법적인 형태의 보호가 될 수 있다!

사회보장과 직장 휴가

파산의 가능성이 남아 있는 한 사람들은 돈벌이가 되는 직장과 소득의 원천을 잃을 수도 있다. 이것이 공동선 경제에서 모든 사람에게 10년마다 1년씩 쉬면서 이 기간에 다른 방법으로 성취감을 발견하도록 하는 이유 중 하나다. 40년간 일한 사람들의 경우 그 기간은 4년에 달할 것이다. 만약 모든 사람이 참여한다면 10퍼센트 정도 고용시장에 대한 압력이 줄어들게 되어 유럽연합에서 현재와 같은 수준의 실업은 대체로 해결될 수 있다. 쉬는 사람들은 '휴가'로 처리된다. 예를 들어 이 기간에 사람들은 지난 5년 평균 소득의 80퍼센트나 다른 민주적 방법으로 책정된 소득을 받을 수 있다. 모든 사람이 이런 '근로 휴가'를 가도록 허용한다면 다른 사람을 부러워하지 않아도 된다. 모든 사람은 동등한 권리를 가지게 되고, 누구도 다른 사람을 재정적으로 후원하지 않아도 된다. 삶의 기회는 현재 실업 상태에 있는 많은 사람의 자존감을 높여줄 뿐 아니라 전반적으로 삶이 자유로워졌다는 느낌을 고취시켜 줄 것이다. 왜냐하면 새로운 기술을 배우고, 가족들과 함께 시간을 보내며, 예술 활동을 하고, 자연을 오롯이 즐기며, 다른 열정을 받아들이는 데 이 기간을 사용할 수 있기 때문이다. 생산적인 노동과 돈벌이가 되는 고용의 중요성은 감소하는 반면, 인생의 다른 목적에 대한 평가는 상승할 것이다.

개인적으로 이 4년의 휴가가 지금보다 높은 수준의 사회보장을 제공할 거라고 확신한다. 시스템에서 이 조건을 충족하지 못하는 사람의 숫자가 점점 감소하기 때문이다. 공동선 경제에서 기업은 이윤을 늘리기 위해 직원을 줄이려고 애쓰지 않을 것이다. 전반적으로 새로운 직원은 지금보다 기업에서 더 크게 환영받을 것이다. 게다가 기업들은 실제로 직업을 찾으려고 적극적으로 움직이는 사람을 돕기 위해 협력할 것이다. 어쨌든 그렇게 하도록 하는 법적 인센티브가 준비되어 있을 테니 말이다.

시스템의 동역학은 '얻는 것'보다 '주는 것'에 우선순위를 두기 때문에 그 결과는 부족이 아니라 풍요로 귀결된다. 이에 덧붙여 대다수 근로자는 자신들이 일하는 기업이 성공하는 데 도움을 주고 거기에 참여할 수 있기 때문에 더 높은 수준의 동기부여를 갖게 된다. 생산 과정에 대한 동기부여 역시 증가하는데, 작업 시간과 작업 환경이 전반적 측면에서 더 인간적으로 변할 것이기 때문이다. 이런 변화된 조건에 비추어 볼 때 실업 수당과 긴급 지원, 소득 보조의 필요성은 상당히 줄어들 것이다.

연대소득

그럼에도 예를 들어 최저임금의 3분의 2 범위에서 열심히 일자리를 찾고자 하지만 발견하지 못한 사람들을 위한 일종의 연대소득을 고려해야 한다. 공동선 경제를 실천해 보면 이런 소득이 필요한지 여부가 드러날 것이다. 공동선 경제에 대한 민주적 접근을 계속 유지하면서 보장된 기본소득이나 '공동선 통화'[26]*가 경제 질서의 일부가 될 수 있다. 최선의 대안을 발견하고 이를 실행에 옮겨야 한다!

특별한 어려움이나 제약이 있어 돈이 되는 일자리를 얻을 수 없거나 부분적으로 가능한 사람들을 위해 품위를 유지하면서 살아가는 데 충분할 정도의 보장된 기본소득이 있어야 한다.

---

* 공동선 통화(Gradido)는 생명의 자연경제(natural economy of life)를 추구하는 단체에서 제안하고 있는 대안 통화로 자연과의 조화를 통해 모든 사람의 번영과 평화, 생태계 보호를 지향한다.

안전한 연금

연금과 금융시장을 결합한 것은 신자유주의시대에 있어 가장 큰 정치적 실수 중 하나였다. 대다수 사람이 자본소득으로부터 이득을 얻으려는 희망(상대적으로 대수롭지 않은 정도임에도)을 갖다 보니 자본주의 사회에서 이해관계의 근본적 갈등 중 하나, 즉 모든 자본소득의 가장 큰 몫을 무단으로 차지하는 소수의 사람과 자본소득을 만들어내고 그 대가를 지불해야 하는 다수의 사람 간에 만연한 갈등이 모호해졌다.

연금을 사유화한 것은 연금을 더 안전하게, 사회적으로 더 공평하게 또는 덜 비싸게 만들어주지 않는다. 사실은 3가지 점에서 모두 정반대다. 나는 이 문제에 대해 연구했고, 다른 곳에서 이미 논의한 바 있다.[27] 이런 이유로 다음과 같은 대안을 제안하고자 한다. 공동선 경제에서 평판이 나쁜 세대 간 계약은 개선되어야 하며, 역사적으로 효과가 검증된 분담금 기반 모델은 더욱 강화되어야 한다. 소득 수준, 생산성 증가, 노동 참여율, 실업, 노동소득 분배율, 분담금 비율, 세금 보조금, 건강 상태, 연금 가입 연령, 기대 수명 등 10개 이상의 규제 조치에 의존할 것이라는 선동적 세뇌로 말미암아 반대 믿음이 널리 퍼져 있음에도 분담금 기반 연금은 분명 실행 가능하다.

이윤 기반 모델로는 해결하기 어려운 문제인 인구구조의 변화는 분담금 기반 모델이 사용된다면 몇 가지 조치를 조정함으로써 완벽하게 완화시킬 수 있다.[28] 지난 100여 년에 걸쳐 인구는 빠르게 고령화되었지만 민간 보험회사들이 최대의 신화(인구구조라는 시한폭탄)를 퍼트리고 이용하기 전까지는 이로 말미암아 연금에 어떤 재무적 문제도 발생하지 않았다. 공동선 경제 아래서 이윤 지향적 은행이나 보험회사는 더 이상 존재하지 않을 것이다. 금융 시스템은 공공재가 될 것이다. 이것이 (분담금 기반) 연금이 안전한 한 가지 중요한 이유다. 육아 혜택이나 출산 급여 등 사회보장의 다른 측면을 위해 공동선 경제에서 복지국가는 그대로 유지된다.

요약하면 공동선 경제의 핵심은 가치에 기반을 둔 협력 시스템을 지향하도록 경제활동을 전환시키고, 돈을 단지 수단이자 공공재로 전환시키는 것으로 구성된다. 또한 그것은 '반대 청원' 대신에 협력하도록 격려하고, 윤리적 기업가와 투자가 그리고 소비자에게 우선권을 주며, 사회보장의 수준을 낮추지 않으면서 삶의 다른 사회적 차원과 비교해 돈벌이가 되는 일자리의 중요성을 낮추는 것으로 이루어진다. 완전한 경제 질서의 일부 핵심 요소인 재산과 금융 시스템, 특히 은행이 여전히 빠져 있는데, 다음에 나올 두 장에서 이 문제를 다루려고 한다.

3장

공공재로서의 돈

CHANGE EVERY THING

돈은 목적이 아니라 목적을 위한 수단이다.

− F.W. 라이프아이젠(독일 농촌신용조합의 개척자)

공동선 경제는 현재 작동하고 있는 것과 전혀 다른 금융 시스템을 필요로 한다. 사회적 이득과 공동선의 관점에서 볼 때 금융 시스템의 자유화와 세계화로 말미암아 은행은 놀랄 만큼 비효율적으로 변했다. 그리하여 은행은 저축을 융자로 전환해 지역 기업과 가계, 공동체가 이용할 수 있도록 해준다는 핵심 임무에서 지나치게 벗어나고 말았다. 이익 중심의 글로벌 은행들은 핵심 임무를 제대로 수행하지 못하고 있는데, 여기에는 다음과 같은 사항이 포함된다.

- 저축을 보장할 수 없다.
- 높은 이자율로 융자하거나 전혀 안 한다('금융 긴축'을 실시한다).
- 영국을 비롯한 몇몇 국가에서는 계좌 관리 수수료를 인상하고, 고객이 주식이나 채권 구매를 거절하면 당좌계좌를 폐쇄시킨다.
- 지점 네트워크를 줄이는 등 기본 고객 지원 서비스를 축소하고 있다.

대신에 은행은 다음과 같은 비즈니스를 해왔다.

- 외부에서 자본이나 자금을 들여와 이용하는 레버리징^{leveraging}, 파생상품 발행, 신용거래, 통화투기 등으로 금융 시스템의 안정성을 훼손한다.
- 기존 저축을 융자로 전환하는 것에 불과하지만, 은행통화를 창출해 통화 공급을 증가시킴으로써 금융 거품을 만든다.
- 고수익 펀드, 과도한 보너스와 배당금, 탈세 교사, 대규모 조직 건립과 권력 집중에 대한 지원 행위를 통해 대중에게서 부자들에게 자원을 재배분한다.
- 은행의 소유주(주주)가 재무적 손실을 책임지는 대신 납세자의 돈으로 은행을 구제하도록 만들어 국가를 어려움에 처하게 한다.

자세히 살펴보면 '글로벌 금융시장' 자체가 모순임이 드러난다. 자유화된 시장에서 은행은 글로벌 차원에서 경쟁력 있는 규모를 갖추려고 노력한다. 이것은 세계무역기구 체제에서 유럽연합 내부 금융시장과 금융 서비스를 원하는 세계시장의 분명한 목표이기도 하다.[1] 그러나 이를 통해 은행은 스스로를 '너무 커서 망하지 않게' 만들었다. 이는 결과적으로 몇몇 기본적인 시장 규칙이 적용되지 않게 되었다는 것을 뜻한다. 예를 들어 시스템 은행*은 영원히 존속

---

* 시스템 은행(system bank)은 중앙은행을 정점으로 하면서 글로벌 금융 네트워크에 편입된 현재의 상업은행 시스템을 뜻한다.

하도록 저주받았기 때문에 결코 파산하지 않고, 공정한 경쟁은 사라지고 말았다.

또한 다음과 같은 이유로 흔히 말하는 그런 '시장'은 더 이상 존재하지 않는다.

- 예금은 국가가 보장한다.
- 국영 중앙은행은 은행의 재융자에 대한 책임을 진다.
- 시스템 안정은 국가가 보장한다.
- 시스템 은행이 파산하는 경우 책임을 지는 것은 주주가 아니라 납세자다.

설상가상으로 '글로벌 은행'의 힘은 조직 분할과 규제, 조세로부터 스스로를 보호할 수 있을 정도로 커져 버렸다. 이들은 시장도 민주주의도 원치 않는다. 이들이 공동선에 가하는 손실은 이들이 제공하는 이득보다 더 크다. 이들은 경제적인 것뿐 아니라 정치적으로도 시스템과 관련되어 있으며, 이런 이유로 민주주의에 피해를 준다.

그러므로 공동선 경제는 전혀 다른 금융 시스템에 기반을 두게 된다. 신용으로서 돈은 공공재가 되고, 금융시장은 폐쇄될 것이다. 다음은 '글로벌 금융 카지노'에 참가한 '개인의 게임 테이블'에서 벌어지게 될 일이다.

1. 자산관리

펀드는 더 이상 존재하지 않을 것이다. 사람들은 공동선을 지향하는 협동조합 은행인 민주은행이나 예금과 대출만 취급하는 저축은행에 금융자산을 예치하고, 자본소득이 아니라 근로소득으로 살아가게 된다. 대신 그들의 자산은 안전하면서도 안정적으로 유지되고, 그들의 금융자산은 무제한 보장될 것이다.

2. 주식시장

지역 공동선 주식시장이 중앙의 자본주의 주식시장을 대체할 것이다. 이 시장은 기업에 자금을 제공하겠지만 기업을 거래하지는 않는다. 배당금은 비금전적이며 경제활동의 (수단보다) 가치와 목적에 부합할 것이다. 미래의 주식회사에는 시민 참여, 윤리강령 약속, 실제 목적 및 사용가치를 창출하는 자발성과 능력을 갖춘 지역 기업(예를 들어 식품과 에너지 분야) 그리고 글로벌 기업(예를 들어 소프트웨어와 하이테크 분야)이 포함될 것이다.

3. 국채

국채가 여전히 존재해야 한다면(개인적으로 다른 곳에서 공공 부채의 재원을 조달하는 대안을 제안했음)[2] 더 이상 거래되지는 않고 대신에 민주적으로 결정된 이자율 조건으로 보유하게 된다. 민주중앙은행은 무이자로 공공 부채(설정된 한도까지)의 재원 조달을 책임질 것이다.[3]

4. 투자은행

대출채권 증권화, 신용부도스와프^{CDS}, 상품 및 통화 파생상품은 더 이상 존재하지 않게 된다.

5. 신용평가기관

주식, 채권, 신용 및 파생상품이 더 이상 거래되지 않거나 존재하지 않는다면 신용평가를 할 필요가 없고, 신용평가기관은 설 자리를 잃게 된다.

6. 선물거래와 상품시장

상품 가격은 생산자와 소비자, 미래 세대의 대표들로 구성된 위원회에서 민주적으로 결정되는데, 이들은 동등한 자격으로 참여해 모두를 위한 인도적 가격을 협상할 것이다.

7. 통화시장

세계 무역통화(또는 준비통화)로 '글로보^{globo}'나 '테라^{terra}'가 도입되고, 모든 통화 간 환율은 새로운 세계 무역통화에 융통성 있게 고정될 것이다(존 메이너드 케인스의 제안에 따라).[4] 민주은행은 균일한 환율로 통화 거래를 하게 된다.

이런 방법으로 글로벌 금융 카지노, 즉 글로벌 금융시장의 주요 '게임 테이블'은 폐쇄될 것이다. 소득과 자본의 좀 더 공정한 분배를 위한 추가 조치와 함께 민주은행, 지역 공동선 주식시장이 금융 시장의 핵심 기능을 수행하게 된다.

민주은행의 목표와 서비스

민주은행은 이윤 획득보다 공동선에 충실할 것이다. 민주은행의 가치와 목표는 공동선 경제가 추구하는 것과 동일하다. 특히 지역의 경제활동과 사회적·생태적으로 지속가능한 투자가 촉진된다. 민주은행은 다음과 같은 핵심 서비스를 제공할 것이다.

1) 예금에 대한 무제한 보장
2) 개별 주민을 위한 저비용 당좌계정(긍정화폐* 개혁과 함께 손실로부터 완전히 안전할 수 있음)
3) 경제적 상환 능력이 있고 투자를 통한 생태적·사회적 부가가치 창출의 경우 기업과 가계에 저렴한 융자 제공
4) 민주우체국, 민주철도회사, 공용 인터넷 도크와 시너지 효과를 가지면서 훌륭한 개별 고객 서비스를 제공하는 본격적인 지점 네트워크 구축

---

* 긍정화폐(positive money)는 금융개혁을 추진하는 민간 차원의 운동으로, 2010년 영국에서 시작되었다. 이 운동의 핵심은 상업은행으로부터 통화 발행권을 회수해 정부만 통화 발행의 주체가 되어야 한다는 것이다. 따라서 중앙은행은 당연히 정부의 대리인 역할을 해야 한다.

5) 국가에 대한 저렴한 추가 융자와 국채의 중개

6) 통화 교환

이런 목표와 서비스는 주권자인 국민이 투표를 통해서만 바꿀 수 있다는 조항과 함께 헌법에 명기될 수 있을 것이다. 정부와 의회는 민주은행의 업무에 관여하지 않는다. 주권에 따른 은행 규제에 반하는 (유럽연합이나 세계무역기구의) 지시나 규제는 폐지되어야 한다.

투명성과 안전성

민주은행이 수행하는 모든 비즈니스는 은행의 대차대조표에 나타난다. 조세피난처에 지점이나 특수 목적을 가진 조직을 설립하는 것은 금지된다. 민주은행은 화폐(조지프 후버와 제임스 로버트슨이 명명한 '긍정화폐' 참조) 발행이 허용되지 않을 것이다.[5] 민주은행의 역할은 예금주와 차입자 사이에서 돈을 다루는 업무로 제한된다. 은행은 법적 지분 규제를 준수할 의무가 있지만 오랜 세월에 걸쳐 유효성이 입증된 전통 은행 시스템의 '선의善意' 원리에 입각해 운용되며, 위기 상황에서는 경기 방어적 대출 정책을 채택하는 것이 허용된다.

만약 기업들이 더욱 어려워진다면 민주은행은 좀 더 관대해질 수 있다. 민주은행은 이렇게 행동할 수 있는 충분한 자본을 보유하

게 되고, 이기심의 극대화를 추구하는 방식과 반대로 거시경제적
목적을 달성할 것이다.

융자와 재융자, 파산

은행은 비용(평균적으로 대출금의 1퍼센트 미만인 대손예상액을 포함해)을
충당하기 위한 대출 수수료를 통해 자체적으로 자금을 조달할 것
이다. 민주은행의 직원들은 높은 수준의 사회보장과 포괄적인 공
동 의사결정 권한을 가지게 된다. 이들은 모든 '민주적 공유지'*와
더불어 품위 있는 삶을 영위할 것이다. 은행 내에서 최고·최저 보
수의 격차는 10대 1 정도로 예상된다. 이 같은 최대 불평등 정도는
2013년 초 스위스의 아르가우^Aargau 주 의회에서 모든 공영은행에
적용하기로 합의된 상태다.

은행은 개인과 기업, 국가로부터의 예금을 기반으로 융자를 승인
하게 된다. 이런 금융자산은 국내총생산과 연계되어 지속적으로 증
가하여 재융자 목적을 위해 이용 가능한 신용이 충분할 것이다.

만약 공동체, 지역 및 연방의 저축이 사회적·생태적 목적을 가진
융자 신청을 감당하기에 충분하지 않다면 저축액이 융자액을 초과

---

* 민주적 공유지(democratic commons)는 민주적으로 관리되는 공유자산(common resources)
을 뜻한다. 이에 대해서는 4장에서 다룰 것인데, 대표적인 민주적 공유지로는 철도, 우체국,
공익회사, 유치원 등이 있다.

하는 다른 은행이 그렇지 않은 은행에게 그 차액을 분배해줄 수 있다. 이때 중앙은행은 이런 분배에 따른 위험에 대해 법적 책임을 지게 되고, '궁극적 대부자'로서 행동할 것이다. 민주은행의 지점은 어떤 곳이더라도 다음과 같은 이유로 파산할 가능성이 아주 낮다.

1) 은행은 이윤 지향적이지 않기 때문에 저위험 비즈니스로 여겨진다.
2) 은행의 비즈니스 활동은 '보수적인' 신용 비즈니스로 제한되며, 증권과 다른 파생상품을 거래하지 않는다.
3) 융자를 승인하는 데는 법적 안전 규정이 적용된다.
4) 이사회가 법을 준수하지 않는다면 개인적으로 법적 책임을 져야 한다.
5) 직접민주주의 원칙에 입각해 선출된 감독위원회는 이사회를 감시하고 활동을 통제한다.
6) 이사회는 주권자들에게 책임을 지며 언제라도 해임될 수 있다.

그럼에도 수많은 융자가 동시다발적으로 손실을 입는다면 개별적 파산 사례가 발생할 수 있다. 이때 중앙은행은 유상증자를 통해 파산을 막는다. 민주은행은 학교와 대학교, 철도, 병원처럼 '너무 중요해 망할 수 없는' 것이 된다. 이런 기관들은 오늘날에도 파산하지 않는다.

이자와 인플레이션

융자나 저축에는 전통적 의미의 이자율이 적용되지 않을 것이다. 차입자들은 은행이 사회적 프로젝트를 위한 펀드에 투자하거나 지급에 소요되는 비용을 감당할 정도의 융자 수수료를 지불하게 된다. 그 외에 융자 비용은 은행을 위해 이윤을 창출하거나 예금주들에게 소득을 제공하지 않는다.

현재 오스트리아에서 설립 추진 중인 '실제' 공동선 은행의 경우 처음에는 예금에 대해 적정한 이자를 지급할 것이다. 그러나 이 은행은 곧 고객들에게 예금이자를 받지 않도록 권장하고, 그렇게 될 경우 융자 비용을 절감해 사회적·생태적으로 가치 있는 프로젝트를 추진하게 된다.

여러 차례 발표를 통해 이자를 완전히 없애는 것을 선호하는 3가지 이유를 자세히 설명했다.

첫 번째, 인구의 약 90퍼센트는 예금이자보다 대출이자를 더 지불하기 때문에 이자율 시스템으로 손해를 본다. 그러나 은행은 이런 비용에 대한 정보를 제공하지 않아서 대부분의 사람은 알지 못하고 있다. '세계 저축의 날'에 우리는 그저 저축예금에 대한 이자를 들을 뿐이다. 신용 사용자들이 재화를 구매하는 금액에 신용 비용이 추가로 포함되어 우리는 일상적인 구매를 통해 이런 이자를 지급하고 있음에도 은행은 이 사실을 은폐한다. 이것은 은행이 대차대조표의 한쪽만 보여주는 것과 같다. 세계 저축의 날 민주은행

은 '개인별 이자 계산기'를 나눠줄 것이다. 이를 통해 당신이 순이
자를 얻는 소수의 엘리트 집단에 속하는지, 아니면 순이자를 지급
하는 대다수의 패배자에 속하는지 여부를 계산할 수 있다. 그러면
곧 이자에 반대하는 합헌적인 다수를 만나게 될 것이다.

두 번째, 저축에 대한 이자뿐 아니라 모든 종류의 자본소득은 성
장에 대한 충동을 부채질하는데, 신용 사용자들은 빌린 것보다 더
많은 돈을 갚아야 하기 때문이다. 그러나 지구의 수용 능력은 이미
한계치를 넘어섰다. 인류의 생태 발자국은 이미 지구가 장기적으로
감당할 수 있는 것보다 크다. 조직적인 성장 추동자들은 경제 질서
로부터 추방되어야 한다.

세 번째, 수학적으로 말해 저축예금에 대한 이자수익은 장기적
으로는 인플레이션 수준을 감당할 수 없다. 금융자산의 증가가 실
질 국내총생산의 증가를 초과하는 모든 연도에(이것은 저축률 또는 자
본수익률이 성장률을 초과할 때마다 발생함) 금융자산에 대해 동일한 규모
의 이자를 지급하려면 더 큰 비중의 국내총생산이 소요된다. 이 점
에 대해 좀 더 자세히 설명하겠다. 금융자산이 현재 실질 국내총생
산보다 100배 더 크다면 1퍼센트의 명목 이자율로 금융자산에 대
한 이자를 지급하려면 국내총생산의 전체가 필요하다. 만약 1.5퍼
센트의 인플레이션이 일어난다면 더 이상 금융자산의 가치를 유지
할 수 없게 된다. 수학적으로 말해 금융자산과 국내총생산 간 비율
이 일정 수준을 넘어서면 더 이상 이자 청구에 대한 상환이 이루어
질 수 없다.

그러므로 민주은행은 특별히 저축에 대한 이자, 일반적으로 자본에 대한 수익이 국민경제와 사회 전반에 미치는 영향을 대중에게 알려줌으로써 사회가 '나태한' 자본소득의 종언에 대비하도록 도움을 줘야 한다. 저축한 사람들과 이들의 투자 사이에 '안개의 장벽'을 세우기 위해 "당신의 돈이 당신을 위해 일하게 하라"는 문구를 사용하는 대신 민주은행은 "당신의 돈으로 무슨 일이 벌어지고 있는지 보라"고 격려할 것이다.

공동선 경제에서는 더 이상 성장에 대한 충동질이 없어 정말로 인플레이션이 사라질 수 있다. 그렇다면 통화의 평가절하 문제가 해결되고 '인플레이션을 보상하기 위해' 저축예금에 대한 이자를 지급할 필요가 없어져 융자는 더욱 저렴해질 것이다.

사회적·생태적 신용 평가

융자가 승인되면 지역의 상황에 대한 지식과 기업의 주체들은 중요한 역할을 수행해야 한다. 융자 신청은 더 이상 경제적 수익성의 관점이 아니라 사회적·생태적 부가가치의 관점에서 평가되어야 한다. 이런 공동선 신용 평가에는 경제적 신용 평가에서와 마찬가지로 법적 규제가 적용된다. 공동선 신용 평가의 원칙은 공동선 은행 프로젝트가 기존의 수단을 바탕으로 개발하고 있는 공동선 대차대조표에 사용되는 원칙과 유사하다. 특히 대규모 사회적·생태적 부가가치를 창출하는 계획 투자에는 무료로 융자가 제공된다. 심지어 '마이너스 이자', 즉 융자액 전액을 상환하지 않아도 되는 투자가 이루어진다. 대조적으로 겨우 법적 최소 요건을 충족하는 프로젝트에 투자하는 차입자들은 상대적으로 높은 비용을 부담해야 할 것이다. 사회적·생태적 가치를 훼손하는 프로젝트(예를 들어 대규모 동물용 축사나 원자력발전소)는 비록 수익성이 높더라도 융자를 받지 못할 것이다. 이와 관련된 윤리 지침은 경제 총회를 통해 정교하게 다듬어지고, 주권자들을 통해 결정된다. 이런 방법으로 금융시장은 마침내 사회적으로나 생태적으로 지속가능한 발전을 위한 방향타 역할을 하게 된다. '윤리적 투자'가 법적 기준이 되는 것이다.

생태-사회적 벤처캐피탈과 공동선 주식시장

수익성이 불확실한 프로젝트는 주식시장과 벤처캐피탈 시장에서 재원 조달 대안을 찾기 원하지만, 그런 시장은 어떤 의미에서든 사회적·생태적 의식이 결여되어 있다. 민주은행의 위험관리 부서는 이런 기능을 수행함으로써 사회적·생태적 부가가치를 창출하는 혁신에 독보적으로 기여할 수 있다. 개별 민주은행은 생태-사회적 벤처캐피탈로 사용하기 위해 저축예금의 일부를 확보할 수 있다. 민주적으로 선출된 윤리위원회는 어떤 프로젝트가 자금을 지원받을 만한 가치가 있는지 결정하고 융자를 승인하게 되는데, 프로젝트에 세심한 주의를 기울여야 한다.

보다 시장 지향적인 두 번째 가능성은 해당 지역의 모든 은행으로부터 지원받을 수 있는 지역 공동선 주식시장을 설립하는 것으로, 그 메커니즘은 다음과 같다. 윤리적이지만 재무적 신용 평가를 통과하지 못한 신용신청서는 지역 공동선 주식시장으로 넘어간다. 만약 기업이 좋은 목적에 기여하고, 사용 가치를 창출하며, 윤리적 행위를 입증하는 증거를 제출한다면(공동선 대차대조표를 통해) 사람들이 직접 프로젝트에 참여할 수 있다. 이런 기준을 고려한 뒤 프로젝트의 성공에 확신을 갖게 된 지역 기업들은 직접 주식시장으로 직행할 수 있다. 그런 기업가들의 이득은 무료로 지분(여기서 지분은 equity share를 의미하며 일정 주식을 보유하게 된다는 의미임)을 얻을 수 있다는 점이다. 재무적 투자자들의 이득은 사용 가치와 사회적·윤리적 목적을 가진 프로젝트에 발언권을 가질 수 있다는 점이다. 미래에는 이것이 투자 동기가 된다.

보완성, 민주주의, 규제와 투명성

민주은행은 계열사 구조를 가지며, 융자는 대부분 공동체 수준에서 승인된다. 민주은행은 자동적으로 그런 결정을 수용한다. 지역 수준에서 이사회는 감독 책임을 맡은 민주은행위원회와 마찬가지로 직접민주주의 원칙에 입각해 선출된다. 민주은행위원회는 성 평등 임원과 미래를 위한 옴부즈맨*뿐 아니라 직원 대표와 소비자, 채무자, 지역 소상공인으로 구성된다. 모든 조직은 동일한 수의 남성과 여성으로 구성되며 인종 다양성의 목표를 반영할 것이다.

국가나 연방 수준의 은행은 대규모 투자와 정부 융자에 대해 책임을 지겠지만 지역 수준의 은행도 일정 부분 자금 조달의 책임을 질 것이다. 과잉 저축예금은 필요에 따라 상위 수준, 즉 국가나 연방 수준으로 이월될 수 있다. 과잉 재산의 경우 금융자산은 사회적으로 목적의식을 가진 용도가 없다면 그냥 은행에 예치될 수 있다.[6]

지역은행의 대표들 가운데서 국가 수준의 집행위원과 감사위원이 선출될 것이다. 그다음에는 연방 수준의 집행위원과 감사위원이 선출될 것이다. 본점은 유동성 균등화와 대규모 융자에 대해서만 책임을 지며 증권과 파생상품 등 다른 자산들은 거래하지 않는다. 국가와 연방 수준의 은행은 지역 수준의 은행에 대해 위계적 서열을 갖지 않으며, 민주은행연합의 자율성을 띤 한 부분으로 동등한 권리를 가진다. 선출된 모든 대표는 주권자들에 대해 책임을 지며, 언제라도 이들의 결정에 따라 해임될 수 있다. 또한 민주은행의 모든 조직은 공개적으로 모임을 가진다.

공동 결정과 결합된 투명성은 민주은행의 가장 중요한 특징이

---

* 옴부즈맨(ombudsman)은 정부나 의회를 통해 임명된 관리로, 시민들이 제기한 각종 민원을 수사하고 해결해주는 사람을 말한다. 세계 최초의 옴부즈맨은 1809년 스웨덴 의회 옴부즈맨이다.

될 것이다. 투명성은 신뢰를 만들어낸다. 모든 신용거래를 포함하는 대차대조표는 몇 가지 명확한 예외적 경우를 제외하고 일반인도 열람할 수 있다. 그러나 개인계좌와 현금이체는 데이터 보호를 받는다. 세금 관련 데이터만 자동적으로 조세 당국에(현재 여러 나라에서 근로소득에 적용되고 있듯이) 전송된다. 민주은행이 경쟁적 불이익을 받지 않도록 이런 규제를 모든 은행에 적용해야 한다.

민간은행과의 관계

민주은행이 불공정한 경쟁에 직면하지 않도록 하려면 다른 은행들이 오롯하게 협동조합이나 저축은행 등 비영리 조직으로 남아 있어야 하며, 투자은행은 더 이상 존재해선 안 된다. 과도기를 거치는 동안 공동선을 지향하는 은행에는 다음과 같은 정부 보장과 혜택이 제공되어야 한다.

- 예금 보장
- 중앙은행을 통한 재금융
- 정부와의 비즈니스
- 파산 시 유상증자

반면 이런 정부 차원의 모든 지원이 철회된 가운데 이윤 지향적

은행은 자유시장에서 자기 뜻대로 하도록 남겨질 것이다. 두 번째 과도기가 진행되면 요건이 강화되는데, 다음과 같은 공동선 원칙에 따라 엄격하게 운용된다는 가정 아래 민주은행과 저축은행, 협동조합은행에만 정부 지원이 이루어진다.

- 배당금 금지
- 저축이자 금지
- 모든 계획 투자에 대한 공동선 평가
- 높은 민주적 기준

유럽연합 전역에 윤리적 은행의 연합이 결성되면 과도기 국면에 접어들 수 있으며, 공동선을 지향하는 데 대한 보상으로 회원들에게는 규제 완화라는 혜택이 돌아가게 된다. 윤리적 은행은 결국 보상을 받게 될 것이다.

중앙은행과 글로벌 기업

중앙은행은 새롭고 투명하면서도 민주적 방식으로 조직될 수 있다. 민주은행 시스템의 일부로서 중앙은행은 주권자인 국민의 재산이다. 이때 운영위원회는 사회 각 분야의 대표로 구성된다. 중앙은행은 통화 창조의 독점권을 가지며 한정된 통화량을 정부의 재량에 맡긴다. 즉 국내총생산과 통화 공급의 관계는 거의 일정하게 유지되는데, 이는 인플레이션의 가속화를 방지하기 위해 한정된다는 뜻이다. 민주중앙은행은 2가지 채널을 통해 정부에 자금을 지원할 수 있다.

- 국내총생산의 최대 50퍼센트에 이르는 무이자 융자
- 통화 공급 M1*의 차원에서 민간은행 통화를 공공 중앙은행 통화로 전환하는 데 따른 특별한 이득(영국의 경우 2014년 국내총생산의 78퍼센트에 해당함)
- 정부 예산에 대한 기부로서 통화 공급의 확대(국내총생산 증가에 맞춰)

"주권적 화폐개혁sovereign-money reform"[7]에서 상세하게 설명했던 첫 번째 방법만으로도 영국의 공공 부채를 국내총생산의 89퍼센트(2014년)에서 11퍼센트로 줄일 수 있다.[8] 나머지는 영국은행의 무이자 융자로 전환될 것이다. 이런 방법으로 정부는 2014/15년 480억 파운드에 달하는 국가채무에 따른 이자 부담액을 절감했으며, 이 금액은 계속 증가해 2010년대 말에는 650억 파운드에 달할 전망이다.[9] 긍정화폐 개혁 이후 주조세 이득과 전환 이득을 통해 영국은

---

* 통화량 측정 기준으로는 전통적으로 M1, M2, M3가 사용되고 있는데, 최근에는 M4가 추가되었다. M1은 시중에서 유통되고 있는 현금과 은행에 예치되어 있는 요구불예금의 합계를 말한다.

예산 균형을 맞출 수 있을 것이다!¹⁰

민주은행의 글로벌 협력 부서는 개발 지원이라는 틀 안에서 저렴하거나 무비용 융자를 승인할 것이다. 이에 따른 비용은 국세 재원이나 법적으로 제한된 통화 창조를 통해 충당된다. 글로벌 협력 부서는 사회적·생태적 부가가치를 창출하고 지속가능한 발전을 촉진하며, 이를 성공적으로 입증한 모험적 수출에 수반되는 채무불이행 위험을 떠안을 것이다. 이런 프로젝트를 재정적으로 지원하는 수단은 국세 재원에서 나온다.

글로벌 통화 연합과 '글로보'

중앙은행은 존 메이너드 케인스^{John Maynard Keynes}가 제안한 아이디어에 따른 글로벌 통화 협력에 참여할 것이다.[11] 다음은 이 통화 협력의 핵심 요소다.

- 국제무역을 위한 공통의 회계 단위, 즉 글로벌 준비금이나 글로벌 무역통화(예를 들면 글로보나 테라)가 창조된다.
- 이것은 다수의 통화 또는 상품 바스켓에 기반을 두게 된다.
- 국가통화는 존속될 것이다. 글로벌 준비금이나 글로벌 무역통화의 환율은 중앙은행 글로벌위원회를 통해 고정되며, 가능한 모든 투기로부터 보호받게 된다.

- 실질적인 경제적 기본 데이터(인플레이션, 생산성, 경상수지)에 변화가 있으면 국가통화는 경제적 동등성$^{economic\ parity}$을 유지하기 위해 글로벌 무역통화에 대비해 평가절하되거나 평가절상된다('그리스 사태'는 평가절하를 통해 막을 수 있었을 것이며, 미국과 중국 간 불균형은 결코 그처럼 커지지 않았을 것이다).
- 평가절상/평가절하에 저항하는 주체는 그가 누구든지 간에 무역수지 균형으로부터의 일탈에 대한 벌칙 이자를 지불해야 하며, 그 규모는 일탈 지속 기간과 그 규모에 따라 증가할 것이다.
- 국가 간 지불 거래는 중앙은행이 운용하는 공공 청산소*를 통해 독점적으로 처리되는데, 이를 통해 효과적으로 조세 회피를 막을 수 있다.

조지프 스티글리츠 컬럼비아대학교 교수가 의장으로 있는 UN 총회 의장 산하 '국제통화금융 시스템 개혁을 위한 전문가위원회'는 케인스가 "시기가 무르익은 아이디어"라고 제안했던 안을 지지한다.[12]

---

* 공공 청산소(public clearing offices)는 국가 간 대금 결제가 원만하게 이루어지도록 지원하는 사무소로, 청산소라는 용어는 경제학에서 사용되고 있다.

지역화폐

글로보는 국제적 수준에서 '보완통화'의 역할을 맡게 된다. 또한 보완통화는 지역의 경기순환을 촉진하고, 위기 상황에서 지역의 회복력을 향상시키기 위해 지역적 수준에서도 유통될 수 있다. 지역 중앙은행의 역할을 하기 위해 민주은행은 '지역 보완통화'를 발행할 수 있을 것이다. 지역의 민주적 주권자들은 논의되고 있는 지역 통화가 지역적으로 한정된 강제력을 갖는 법정통화가 되어야 하는지 여부를 결정해야 한다.

결론을 내자면, 환율과 상품 가격, 이자율(신용에 대한 요금의 형태로)은 정치적으로 결정되고, 금융시장은 더 이상 존재하지 않게 된다. 글로벌 금융 카지노는 폐쇄되며, 거품 형성은 모든 사람의 머릿속에서 과거의 일로 기억될 것이다. 주식시장은 지역 공동선 기관으로 전환되며, 이를 통해 지분은 지역에서 흘러나와 가장 쓸모 있는 기업으로 이동하게 된다. 이런 방법으로 돈은 원래 가진 뜻인 '봉사하다'는 목적으로 되돌아가고, 의미 있는 경제발전과 공동선을 위한 수단이 될 것이다. 그리고 누구라도 돈을 가지고 있다는 이유만으로 더 이상 부자가 될 수 없게 된다. 소득은 일을 통해 얻게 되고, 이런 이유로 근로소득은 여유로운 삶을 영위하기에 충분할 것이다.

무엇을 기다리고 있는가

2010년 4월 운동가 총회에서 아탁 오스트리아*는 민주은행에 대한 프로젝트 보고서를 채택했다.[13] 이 보고서에는 포괄적인 공공은행의 아이디어가 기술되어 있다. 현재와 같은 민주주의에서는 조만간 이런 아이디어가 실행되기 어렵기 때문에 아탁은 유사한 은행 프로젝트를 위한 모델이 될 수 있는 원형prototype을 민간에서 설립할 것을 시민사회에 촉구했다. 민주은행 프로젝트는 2010년 6월 처음으로 제안되었고, 실제로 발족한 시점인 2010년 10월 이래로 200명 정도가 여기에 참여했다.

'공동선을 위한 은행 프로젝트'라고 명명된 이 프로젝트를 통해서 이후 3년 동안 단체가 조직되었고, 2014년 말에는 협동조합이 설립되었다. 2017년 중반에는 이 협동조합에 대략 5,500명의 소유권자가 포함되었고, '삼각 형태의 시스템'이 마련되었다. 하나는 재무 서비스 공급자, 다른 하나는 금전과 경제 교육을 위한 아카데미, 나머지 하나는 공동선을 추구하는 금전과 재무 시스템을 위한 정치적 행위자다. 가장 먼저 얻게 된 큰 성과는 공동선 테스트의 개발인데, 이는 2017년 크라우드 펀딩 프로젝트의 일환으로 진행되었다. 그다음 중도 목표는 개인과 단체, 기업을 위한 공동선 계좌를

---

* 아탁 오스트리아(ATTAC Austria)는 글로벌 차원에서 세계화에 반대하는 모임인 아탁의 오스트리아 지부를 말한다.

만드는 것으로, 이 목표는 윤리적인 '올라운드[all-round]' 은행의 기초
가 된다. 어쩌면 이것이 지역화폐나 주권 자금을 위한 첫 은행이 될
지도 모른다.

4장

재산의 의미

CHANGE EVERY THING

재산은 그저 목표로 가는 수단일 뿐 목적 그 자체는 아니다.

— 존 스튜어트 밀(철학자)

공동선 경제는 완전히 윤리적인 시장경제이면서 진정한 자유시장경제다. 여기서 자유시장경제는 다음 3가지를 뜻한다. 첫째, 모든 사람과 시장 참여자는 동일한 자유와 권리, 기회를 누릴 수 있어야 한다. 둘째, 여러 사람의 다양한 자유가 침해당할 위험이 있다면 한 사람의 경제적 힘을 제한해야 한다. 셋째, 권력과 지배뿐 아니라 자유의 기반이 될 수 있는 재산에 대해서는 다양성이 핵심이다. 사유재산과 공공재산, 사회재산, 공유재산, 사용권이 공존해야 한다. 어떤 형태의 재산에도 절대적 우선권이 주어져서는 안 된다.

현행 경제 질서에서 사유재산의 절대적 지위는 민주주의에 가장 큰 위협이 되고 있다. 제한 없는 재산권을 통해 대단히 부유하고 강력한 힘을 갖게 된 일부 사람과 기업은 자신들의 이득을 위해 미디어를 지배하고 정치에 개입한다. 이것은 동등한 권리와 기회, 모두를 위한 참여 가능성이라는 기본적인 민주주의 원리와 모순된다. 또한 한 사람의 자유는 다른 사람의 자유를 침해하는 곳에서, 즉 평등을 침해하는 곳에서 그쳐야 한다는 기본적인 자유 원리에도 반하는 것이다. 이는 권력이 남용되지 않도록 하려면 국가와 사회, 비즈니스에서 너무 불평등한 분배가 이루어져선 안 된다는 사실을 보여준다. 최근 여러 저자가 이와 관련된 문제를 다루었는데 대표

적인 저서로 로버트 라이시Robert Reich의 『슈퍼자본주의Supercapitalism』,
게르하르트 쉬크Gerhard Schick의 『파워 이코노미Powereconomy』, 리사 헤어
초크Lisa Herzog의 『자유는 부자의 것이 아니다Freedom Does Not Only Belong to the
Rich』, 리처드 윌킨슨Richard Wilkinson의 『평등이 답이다The spirit level』, 가장
최근에는 토마 피케티의 『21세기 자본』이 있다.* OECD 의장 앙헬
구리아Angel Gurria나 세계경제포럼 설립자 클라우스 슈밥Klaus Schwab 등
두드러진 자본주의 옹호자들조차 경제적 불평등이 부상하는 데 따
른 위험을 지적하면서 규제를 요구하고 있다.[1]

'음의 되먹임' 메커니즘

권력분립 원칙의 이면에 있는 핵심 아이디어는 정부의 권력은
분할되어야 하며(예를 들면 입법과 행정, 사법으로), 어떤 기관도 지나치
게 강력해져서는 안 된다는 것이다. 오늘날 우리는 이 원칙을 경제
에 적용해야 하는 긴박하고도 불가피한 상황에 처해 있다. 경제 분
야에서 권력이 지나치게 집중되어 있어서 (재산에 근거한) 한 사람의
과도한 자유가 다른 사람들의 자유를 위협하기 때문이다. 불가피

---

* 저자가 인용한 저서들 외에 불평등 문제를 중심으로 자본주의 체제의 문제를 다룬 대표적 저
  서로는 앤서니 앳킨슨(Anthony Atkinson)의 『불평등을 넘어(Inequality)』, 로버트 라이시의 『자
  본주의를 구하라(Saving Capitalism)』, 조지프 스티글리츠의 『경제 규칙 다시 쓰기(Rewriting
  the Rules of the European Economy)』, 리처드 윌킨슨과 케이트 피킷(Kate Pickett)의 『불평등
  트라우마(The Inner Level)』 등이 있다.

한 권력의 분리를 달성하기 위해 나는 '음의 되먹임^{negative feedback}' 메커니즘을 제안한다. 여기서 음의 되먹임은 시스템 이론에서 유래한 용어로, 시스템 내에 만연한 성향(예를 들어 온난화)이 반대 성향(이 경우 냉각)으로 말미암아 상쇄된다는 뜻이다. 그렇지 않으면 시스템은 과열되어 폭발하고 말 것이다. 음의 되먹임은 복잡한 생명 시스템을 안정적으로 유지해준다. '양의 되먹임'은 성향이 서로 강화되는 것을 뜻한다. 예를 들어 북극의 빙하가 녹으면 대륙의 표면이 어두운 색으로 변하고, 그로 말미암아 지구가 점점 따뜻해져 결국 기후변화가 가속화된다. 부와 규모의 꾸준한 증가로 개인은 더 부유해지고 기업은 더욱 커지는 것이 갈수록 쉬워지기 때문에 자본주의는 양의 되먹임을 갖고 있는 시스템이다. 첫 100만 유로는 달성하기가 가장 어려운데, 일단 달성하면 두 번째 100만 유로를 만드는 것은 한결 수월해진다. 개인이 1억 유로에 도달한다면 그(또는 그녀)는 마지막 100만 유로가 어느 정도의 가치인지 모를 것이다. 10억 유로를 축적한 사람이 더 이상 부유해지지 않으려면 하루 평균 22만 유로를 소비해야 한다.[2] 음의 되먹임은 처음 100만 유로는 달성하기가 가장 쉬워서 대다수가 이를 성취할 수 있지만, 더 부유해지고 커지는 것이 갈수록 어려워지다가 결국에는 완전히 불가능해진다는 것을 뜻한다. 이것은 다음과 같은 음의 되먹임으로 가능하다.

- 소득 불평등의 제한
- 사유재산 취득의 한도

- 사유재산의 형태로 보유한 기업자산 규모의 제한
- 상속권의 제한

소득 불평등의 제한

강연에 참석한 청중에게 두 사람이 한 시간 동안 일한 뒤 받을 수 있는 금액의 최대 격차가 얼마 정도 되어야 하는지 물으면 일관된 반응을 보인다. 그들은 보통 한 사람이 다른 사람보다 2배, 5배, 때로는 10배 정도 더 받을 수 있다고 말한다. 만약 20배 정도 많으면 어떠냐고 물을 경우 사람들은 대부분 고개를 가로젓는다. 그리고 같은 노력에 대해 두 사람이 얻을 수 있는 소득의 최대 격차에 대해 물으면 이에 대해 보통 3배, 5배, 7배, 10배, 12배, 20배라고 답한다. 어떤 사람은 100배나 1,000배의 격차를 제안하는 반면, 다른 사람은 2배 또는 심지어 1배, 즉 단위 시간당 동일한 노력에 대해 동일한 액수를 지급해야 한다고 말한다. 오늘날 미국에서 최고 수준의 보수를 받는 경영자인 존 폴슨*은 법정 최저임금의 35만 배를 받으며 연간 50억 달러를 벌어들인다. 독일에서는 포르쉐의 전

---

* 존 폴슨(John Paulson)은 미국의 헤지펀드 매니저이자 박애주의자로 알려져 있는 인물로, 1994년 설립된 투자관리회사 폴슨 앤드 코(Paulson & Co.)의 CEO이다. 폴슨은 2007년 금융위기 당시 신용부도스왑(CDS)을 거래해 40억 달러를 벌었으며, 2010년에는 49억 달러를 벌었다고 알려져 있다. 현재 월스트리트를 대표하는 금융 거물 중 한 명이다.

문경영자 벤델린 비데킹^{Wendelin Wiedeking}이 최저 월 급여(1,000유로 정도로 가정)의 8,000배를 받는다. 요즘 이 주제와 관련된 대부분의 연구에 따르면 이런 극단적 격차는 다음과 같은 결과를 초래할 것이라고 말한다.

- 성과도 책임도 고취시키지 않는다.
- 부자를 행복하게 만들지 않고 탐욕스럽게 만든다.
- 가난한 사람이 (모든 면에서) 열등감을 느끼게 한다.
- 불편과 스트레스, 질병, 죽음을 피할 수 없다는 분위기를 조장한다.
- 불신이 커지고 공격성과 범죄 증가로 이어진다.[3]

일정한 문턱을 넘어서면 불평등은 더 이상 사회에 이득을 주지 못하고 해를 끼치게 된다. 바깥 온도가 섭씨 13도에서 26도로 두 배 오르면 쾌적할지 모르지만 39도로 상승하면 따뜻한 것이 아니라 너무 더워 불쾌하고, 거기서 온도가 더 올라가면 더욱 불쾌해진다. 따뜻함 자체는 목적이 아니며, (웰빙이나 삶에 대한 질의) 최적 상태에 도달하게 되면 단지 쾌적한 조건에 불과하다. 경제적 불평등의 경우 '자연적' 최적 상태는 없으며, 인간은 직관적인 정의감을 갖고 있기에 동일한 작업량에 대한 보수로 누군가 35만 배 또는 '단지' 8,000배를 받는다면 정의에 어긋난다고 느낄 수밖에 없다. 「파이낸셜 타임스」와 해리스 여론조사 기업이 실시한 여론조사에 따르면 미국에서 응답자의 78퍼센트는 불평등이 너무 크게 증가했다고 말한다. 스페인에서는 76퍼센트, 영국에서는 79퍼센트의 응답자가 그렇게 생각했다. 중국에서는 80퍼센트, 독일에서는 87퍼센트의 사람이 그런 생각을 갖고 있었다.[4] 이런 반응은 대규모 정당 지지자들 사이에 널리 퍼져 있는 것 같다. 다른 여론조사에 따르면 독일의 보수적인 기독민주당[CDU] 당원 81퍼센트가 전문경영자들의 보수가 지나치게 높다고 여긴다.[5]

공동선 경제는 민주적으로 조직된 경제 총회를 통해 불평등에 대한 여러 가지 가능한 한도, 예를 들면 7배, 12배, 20배, 30배, 100배, 1,000배와 같은 한도를 찾아내어 체계적인 합의 원칙에 입각해 주민들이 이 문제에 대해 투표할 것을 제안한다.[6] 만약 큰 야심을 가진 사람들이 더 많이 벌고자 한다면 이는 가능하다. 이때 유일한 고려 사항은 최저임금 역시 인상되어야 한다는 것이다. 부자와 가난한 사람은 운명적으로 얽혀 있다. 중요한 것은 최저임금은 인간에게 적절한 삶의 조건을 보장하는 수준이 되어야 한다는 점이다. 중부 유럽에서는 1,250유로, 미국에서는 1,500달러, 영국에서는 1,000파운드 정도인 표준 순소득에는 '풍족한 삶의 바스켓'*이라는 뜻이 부여될 수 있다.

공동선 경제에는 자본소득이 존재하지 않으므로 근로소득과 자

---

* 풍족한 삶의 바스켓(good-life basket)은 표준소득으로 구입할 수 있는 인간다운 삶에 필요한 상품들로 구성된 바스켓을 의미한다.

본소득을 합산하는 문제가 사라질 것이다. 임대소득은 개인소득에 합산되며 총소득은 예를 들면 최저임금의 10배 또는 20배로 제한된다. 이론적으로 기업은 직원들에게 더 많은 보수를 줄 수 있지만 민주적으로 결정된 최저임금의 일정 배수 이상부터는 최대 세율이 100퍼센트까지 증가한다. 공동선을 지향하는 은행은 모든 소득을 자동 보고해야 하기 때문에 세무 당국을 상대로 소득이나 자산을 은폐하는 것이 불가능해진다. 국제적인 자본 거래는 민주중앙은행의 감독을 받게 되는데, 이때 탈세할 유일한 방법은 수백만 유로를 현금으로 지급받아 베개 안에 보관하는 것이다. 그러면 현금은 대차대조표에서 사라지고 베개가 너무 커져 방 전체를 가득 채우게 될 것이다.

사유자산의 제한

자신이 10억 달러를 써야 한다고 생각해 보라. 이 엄청난 과제를 수행하려면 많은 조력자가 필요할 것이다. 당신은 하루 중 점점 더 많은 시간을 자신의 '자산'을 관리하는 데 써야 하는데, 어떤 의미에서는 자기 재산을 관리하는 직원이 되어야 한다. 또한 너무 많이 소유한 사람은 강박관념에 시달리게 된다.

행복 연구에 따르면 물질적 부는 단지 상대적으로 낮은 수준에서만 삶의 만족을 증가시키고, 그 이상에 해당하는 삶의 만족은 다른 가치를 통해 높아진다고 한다. 그러나 이것이 주된 문제는 아니다. 그것은 수십 억 달러를 축적한 사람이 엄청난 권력을 가질 수 있으며, 따라서 사회에 영향을 미친다는 점에서(그래서 다른 사람들의 행복과 자유를 훼손시킨다는 점에서) 큰 힘을 행사한다는 것이다.

수십 억 달러로 무엇을 할 수 있는지는 미디어 재벌 실비오 베를루스코니Silvio Berlusconi, 석유 왕국을 배경으로 한 조지 부시George W. Bush, 오스트리아에서 정당을 매입한 프랑크 스트로나크Frank Stronach의 사례를 보면 알 수 있다. 개인에게 무제한적 소유권이 허용되면 대다수 사람은 자유가 제한되거나 심지어 전부 박탈당할 수도 있다. 또한 사회적으로 극단적인 불평등이 심화되면 불신, 두려움, 폭력, 범죄, 부패가 증가한다. 역학자 케이트 피킷과 리처드 윌킨슨은 이 주제와 관련된 방대한 자료를 수집했고, 이들이 내린 결론 중 하나는 다음과 같다.

만약 부유한 나라 중 가장 평등한 네 나라(일본과 노르웨이, 스웨덴, 핀란드)의 평균 수준으로 미국의 소득 불평등이 줄어든다면 공동체 삶의 질이 향상되고 사람 간의 신뢰도는 75퍼센트 수준으로 상승할 것이다. 마찬가지로 정신질환율과 비만율은 3분의 2 정도 줄어들 것이며, 십대 임신율은 절반 이상 감소하고, 수감자는 40퍼센트 정도 줄어들 것이며, 사람들은 연간 두 달 정도 일을 덜 하면서 더 오래 살 것이다.[7]

이런 이유로 공동선 경제에서는 예를 들면 1,000만 유로(다시 말하지만 이것은 경제 총회를 통해 결정되어야 함) 수준에서 사유재산의 상한이 논의되어야 한다. 1,000만 유로는 여전히 큰 금액이므로 이를 소유한 사람은 대부분의 사치재를 구입할 수 있지만, 이 금액으로는 정부를 매수하거나 자신의 의지에 따라 사회를 조종하기에 충분치 않다. 달리 말하면 재산권은 매우 자유로워질 것이다!

기업의 민주화

누군가 사유재산의 힘을 비판할 때 대부분의 반응은 사유재산을 없애야 한다고 주장하는 사람을 비난하는 것이다. 그러나 이것은 긴 점심시간이 필요하다고 주장하는 사람이 어떤 일도 하지 않기를 바란다거나, 속도 제한을 지지하는 이동성移動性 연구원들이 운동을 혐오한다고 말하는 것만큼 비논리적이다.

목수와 장인, 펜션 운영자, 프로그래머, 건설업자, 꽃집 주인은 모두 사유재산을 보유하고 있지만 다른 사람들의 자유를 위태롭게 만들 정도의 정치적 힘을 갖고 있지 않다. 이런 이유로 소기업들은 미래에도 (공동선을 촉진하는 행위로 보상을 받더라도) 사유재산을 모두 소유하도록 허용되어야 한다. 사실 대부분의 기업은 중소기업이다. 오스트리아에서 99.6퍼센트의 기업은 500명 미만의 직원을 고용하고 있다. 그러나 다국적 기업은 전혀 다른 문제다.

오늘날 웬만한 정부보다 더 강력한 글로벌 기업 집단이 존재한다. 이들의 결정은 수십 만 명의 사람에게 영향을 미칠 잠재력을 갖고 있으며 이들은 미디어와 정당, 과학, 재판에 과도한 영향력을 행사하고 있다. 소수의 사람이 그런 기업들이 선택할 경로를 결정하는 반면, 그 영향을 받는 대다수 사람(기업 내부와 외부에 있는)은 한 마디도 하지 못한다는 것은 지극히 비민주적이다. 이런 상황은 민주주의와 양립할 수 없다. 그러므로 대기업은 규모의 성장에 비례해 그어느 때보다 더 민주화되어야 하며, 사회에 승인된 공동 결정의 비중도 늘려야 한다. 예를 들어 다음과 같은 시나리오를 생각해 보자.

- 직원이 250명 이상인 기업에서 직원과 사회는 25퍼센트의 투표권을 갖는다.
- 직원이 500명 이상인 기업에서 직원과 사회는 50퍼센트의 투표권을 갖는다.
- 직원이 1,000명 이상인 기업에서 직원과 사회는 3분의 2의 투표권을 갖는다.
- 직원이 5,000명 이상인 기업에서 투표권은 공평하게 소유자, 직원, 고객, 성평등 담당 직원, 환경 옴부즈맨 등에게 분배된다.

독일 등에서는 이미 대기업에서 직원의 공동 결정이 실행되고 있다. 가장 큰 도전은 사회의 공동 결정을 성취하는 것인데, 이것

역시 이미 존재한다. 독일의 니더작센 주*는 폴크스바겐에 대해 20퍼센트의 의결저지권^{blocking minority}을 가졌는데, 이로 말미암아 기업이 피해를 입은 적이 없다는 사실을 분명하게 말할 수 있다. 그러나 정부가 관리하는 주^州 재산은 많은 사람에게 불안의 원천이 되고 있으며, 실제로도 그렇다. 이런 기업들은 현 정부에 의존하기 때문에 다른 방향으로 유도되거나 최악의 경우에는 악용될 수 있다.

따라서 정부에 대해 독립적이면서 기업을 선도하는 데 도움을 주는 조직이 사회에 있다면 더욱 바람직하다. 예를 들어 주권자들의 대표로서 지역 내 모든 대기업을 감독하는 지역경제의회를 생각해 볼 수 있다. 이 의회는 직접민주주의 절차를 통해 선출될 수 있다. 이러한 '민주감독위원회'는 비즈니스 관리와 윤리의 관점 그리고 공동선 고객으로서 충분한 자격을 갖춰야 할 것이다. 이 위원회는 정기적으로 보고서를 작성하고, 모두의 이득을 위해 어떻게 투표권을 행사할 것인지 설명해야 한다. 이런 과정을 거치는 동안 주식 가격 추세보다 욕구 충족과 목적을 가진 투자 배분에 관심을 갖는 경제적·정치적 대중이 출현하게 된다.

만약 기업이 커질수록 대중과 직원이 더 많은 책임을 져야 한다면 이들이 어떤 재무적 손실이든 감당하도록 지원하는 것이 공평하다. 자유와 책임은 연결되어 있다. 2008년 금융과 경제위기 때

---

* 니더작센(Niedersachsen) 주는 독일의 북서부에 위치해 있다. 주도는 하노버이고 면적은 약 4만 7,624제곱미터이며 인구는 약 779만 명이다. 영어로는 로어 색스니(Lower Saxony)라고 불린다.

개인 소유주들이 의사결정을 내렸고, 그 손실을 일반대중이 부담해야 하는 상황이 발생했다. 이것은 반대의 경우만큼이나 불공평한 일이었다. 따라서 공공 부문은 의사결정 과정에 발언권을 가진만큼 재무적 책임을 져야 한다. 만약 공공 부문이 어떤 기업에 대해 그런 책임을 질 의사가 없다면 다시 기업의 규모를 축소함으로써 그 기업을 '완전히 민영화'할 수 있다. 개인 소유주들도 같은 일을 할 수 있는 자유가 있다. 만약 이들이 스스로 모든 의사결정을 내리길 원한다면 이에 부응해 기업을 작은 규모로 유지해야 한다. 오스트리아에서는 1,000개 기업 중 한 곳이 500명 이상의 직원을 고용하고 있다. 만약 여기서 제안한 기준치를 적용한다면 1,000개 기업 가운데 999개는 주로 사적 통제를 받고 사유재산을 보유하게 될 것이다.

직원 참여

공동선 경제의 장기 목표는 가능한 한 많은 사람이 기업의 공동 소유주가 되고, 사업 방향을 정하는 데 공동 책임을 지며, 손실 위험을 부담하도록 하는 것이다. 민주주의는 단지 발언권을 갖는 것뿐 아니라 공동 책임과 위험도 부담해야 한다. 이런 이유로 소기업이 직원들을 경영에 참여시키고 이에 상응하는 책임과 위험을 부담하는 것을 허용한다면 이들도 이에 대해(그러나 그렇게 할 의무는 없음) 보상을 받아야 한다. 그러나 모든 직원이 이것을 원하는 건 아니다. 사실 모든 사람이 그럴 필요는 없다. 다만 누구라도 기업의 부분 소유주가 되어 재무적 책임을 지고자 한다면 그 사람에게는 완전한 소유주로서 직원이 발언권을 갖는 직원 기금으로 매년 기업 재산의 1퍼센트 또는 몇 퍼센트를 이전함으로써 그럴 기회가 주어질 것이다. 만약 기업이 그렇게 한다면 이들은 공동선 대차대조표에서 보너스 점수를 받게 된다.

기업의 유보 이윤

현행법에 따르면 기업의 소유주는 직원들이 노력해 벌어들인 이윤을 마음대로 전용할 수 있다. 이런 법적 상황을 지지하는 사람들은 재산권을 들먹이고, 소유주는 최초로 기업에 자본을 투입했으며 이에 수반되는 자본 손실의 위험을 감수하고 있다는 점을 내세우면서 자신의 행동을 정당화한다. 또한 소유주의 법적 책임과 의무가 거론되기도 한다. 기업의 소유주는 종종 직원들보다 더 열심히 일하지만 때로는 그렇지 않은 경우도 있다.

사실 기업의 규모가 커지면 비설립자가 기업 이윤에 기여하는 정도 역시 증가한다. 누구도 이 사실에 이의를 제기하지 않을 것이다. 이런 이유로 이윤은 오직 설립자에게 무한정 귀속되어선 안 된다. 장기적으로 설립자는 기업 성공의 (점점 줄어드는) 일부에 대해서만 책임이 있기 때문이다. 소유주가 이윤에 대한 권리를 주장하는 정도는 다른 사람들의 노력이 기업의 성공에 책임을 지는 정도까지 감소해야 한다. 기업의 입장에서 다음과 같은 시나리오를 생각해 볼 수 있다.

- 직원이 10명 이상인 경우 설립자가 전용하거나 배당으로 지급받을 수 있는 이윤의 비율은 매년 1퍼센트씩 감소한다.
- 직원이 20명 이상인 경우 그 비율은 매년 2퍼센트씩 감소한다.
- 직원이 30명 이상인 경우 그 비율은 매년 3퍼센트씩 감소한다.
- 직원이 50명 이상인 경우 그 비율은 매년 4퍼센트씩 감소한다.
- 직원이 100명 이상인 경우 그 비율은 매년 5퍼센트씩 감소한다.

달리 말하면 직원이 100명 이상인 기업의 설립자는 20년이 지나면 이윤에 대해 더 이상 자신의 권리를 주장할 수 없게 된다. 여기서 한 가지 중요하게 구분해야 할 것이 있다. 우리는 대차대조표의 이윤을 말하는 것이지, 기업가의 소득을 말하는 것이 아니다! 이전과 마찬가지로 기업의 소유주들은 예를 들어 법정 최저임금의 10배나 20배를 초과하는 보수를 받을 수 있다. 여기서 제시한 아이디어는 대부분의 작은 기업에게는 영향을 미치지 않을 것이다. 이는 기업을 설립하지 않았지만 현재 소유하면서 노동과 무관하게 이윤의 일부를 전용하고 있는 상속자들이 과도하게 이윤을 가져가는 것으로부터 대기업을 보호하기 위한 것이기 때문이다.

오늘날 많은 가족 소유의 기업이 이미 원칙을 가지고 이윤을 나눠주는 것(배당금을 지급함으로써)을 자제하고 있다. 그들은 자발적으로 여기서 제안한 최고 수준의 행동을 실천하고 있다. 이윤이 기업 내부에 남아 있어야 함은 물론 기업의 소유주를 포함해 일하는 사람은 누구든지 그에 대한 보상을 받아야 한다는 생각을 이미 수용했기 때문이다.

한편 많은 사람이 자신의 노후에 대비하기 위해 기업을 설립한다. 이런 이유로 '무자본소득' 규칙에 대한 예외를 둘 수 있다. 기업 설립자는 오래전 자신이 설립하고 키운 기업의 수입에서 (제한된) 연금을 받는 것이 허용될 수 있다. 예를 들어 25년 동안 기업을 키워 온 사람은 누구든 동일한 기간 '기업 설립자 연금'을 받는 것이 가능하다. 이것은 법정 연금에 추가되는 것으로, 기업을 키우는 과정에서 적립한 저축과 함께 법정 연금만으로도 품위 있는 삶을 살아가기에 충분할 것이다. 추가적인 기업 설립자 연금의 규모는 설립자가 기업을 키우는 동안 기업에서 인출한 금액에 따라 조정되는데, 이것이 여기의 핵심 아이디어다. 기업을 설립하기 위해 절약하고 저축했던 사람은 처음부터 자신의 노력에 대해 스스로 관대하게 보상했던 사람들보다 기업 설립자 연금을 더 많이 받아야 하고, 결국 노후를 잘 대비할 수 있게 된다.

상속권의 제한, 세대 기금과 '민주적 지참금'

> 상속세 역시 소수의 수중에 엄청난 자산이 축적되는 것을 저지하
> 는 목적에 기여한다.
>
> — 독일 바이에른 자유주 헌법, 123항

　무제한 상속권은 자본주의에서 유일하게 '자연스러운' 음의 되먹
임 메커니즘, 즉 축적된 자산을 분산시키고 재분배하는 기능을 무
력화시킨다. 따라서 이것은 모두에게 동등한 기회를 제공하기로 약
속한 민주적이고 자유로운 사회로 가는 길을 가로막는 가장 큰 장
애물이다.

　무제한 상속권의 영향으로 우리 가운데 일부는 수십 억 유로에
달하는 초기 자본을 가지고 직장생활을 시작하는 반면, 어떤 사람
들은 아무것도 없이(그리고 경우에 따라 정서적 트라우마와 자존감 결여라는
상처를 안고) 시작한다는 것이다. 미국과 영국에서 많은 학생이 학
비를 충당하기 위해 융자를 받아야 한다는 사실은 청년들 가운데
상당수가 이미 엄청난 부채를 떠안은 상태에서 직장생활을 시작
해야 한다는 것을 뜻한다. '재정연구소'에 따르면 영국 학생의 평
균 부채는 졸업 시점에 4만 4,015파운드(약 6,830만 원)에 달할 거
라고 한다. 놀랍게도 73퍼센트는 평생 이 부채를 갚기 어려울 전
망이다.[8]

　독일의 경우 2000년이 시작된 시점에서 성인 인구의 15퍼센트

만 상속을 받았다.[9] 따라서 85퍼센트는 상속권의 혜택을 받지 못했다. 재산의 과도한 집중은 권력 인자因子를 만들어내어 경제적 불평등이 정치적 불평등과 결합되기도 한다. 복지 수급자들의 후손에게 개방되어 있는 정치적 참여 가능성과 ABF,* 스템코,** 포르쉐나 BMW의 소유자와 전문경영인의 상속자들에게 제공되는 가능성을 비교해 보라. 인생에서 누가 더 성공하겠는가?

엘리트에 대한 연구에 따르면 미래의 경영자는 재능이 가장 뛰어나고 똑똑한 사람이 되는 것이 아니라 현재 경영자들의 자녀가 된다는 것이다. 독일의 100대 기업에서 일하고 있는 경영자의 80퍼센트는 가장 부유한 최상위 3퍼센트 출신이다. 2003년 독일 주식시장DAX에 상장된 30개 기업의 경영자들 가운데 한 명만 노동자 계층 출신이었다. 이런 이유로 엘리트를 연구해 온 독일의 사회학자 미하엘 하르트만Michael Hartmann은 "경영자는 만들어지는 것이 아니라 그렇게 태어나는 것이다"[10]라고 말했다.

모든 사람이 동일한 조건에서 출발한다면 보다 공평하고 더 나은 성과를 만들어내지 않겠는가? 상속권과 관련해 진지하게 생각해 보면 다음과 같은 2가지 극단적 입장이 드러난다.

---

* ABF는 'Associated British Foods'라는 영국 식품 중심의 비즈니스 집단을 말한다.

** 스템코(Stemcor)는 1951년 영국에서 설립되었다. 주로 철강과 원자재를 거래하는데, 이 분야에서 세계 최대의 기업이다.

1) 봉건적 입장

출생만이 누가 상속을 받고, 어느 정도 받을 것인지 결정한다. 재능과 성과, 동등한 기회는 인정되지 않는다. 이것이 현재 독일과 오스트리아의 무제한 상속권에 대한 근거다.

2) 진보적 입장

모두 동일한 조건에서 출발해야 하며, 누가 더 많은 자산을 취득하고 누가 그렇지 않은지는 오직 성과에 따라 결정된다. 이 입장은 상속권의 완전한 폐기 또는 상속받은 재산을 모두에게 공평하게 분배하는 것을 전제로 한다.

공동선 경제는 이 2가지 극단적 입장을 모두 배제할 것이다. 공동선 경제는 봉건적 원칙을 무제한 수용하지 않으며, 상속권을 완전히 폐기하지도 않는다. 해법은 이 두 극단의 중간 어딘가에 있을 것이다. 상속권은 민주적으로 결정된 최고액까지 적용되며, 이를 초과하는 자산은 공적 세대 기금에 귀속되어 '민주적 지참금'의 형태로 다음 세대의 구성원에게 동등하게 분배된다.[11] 예를 들어 금융자산과 부동산의 한도는 1인당 50~75만 유로(약 7억 853만~10억 6,280만 원)에서 결정될 수 있겠지만, 최종적으로는 경제협의회에서 논의되고 결정되어야 할 사항이다.

독일의 경우 상속자산의 규모는 연간 1,300~2,000억 유로(약 184조 2,737억~283조 4,980억 원)에 달하는데,[12] 이는 국가총자산 11.3조 유로의 약 50분의 1에 해당된다.[13] 만약 이 금액을 직장생활을 처음 시작하는 사람들에게 공평하게 나눠줄 경우 1인당 20만 유로(약 2억 8,349만 원)에 달하는데, 처음으로 일을 갖는 사람들에게 나쁘지 않은 자본금이다!

최대 상속액의 기준이 낮을수록 '세대 기금'을 통해 분배되는 금액이 증가하게 된다. 이 기금을 이용해 직장생활을 시작하는 나이의 모든 시민에게 민주적 지참금을 나눠줄 수 있다. 이때 아무것도 상속받지 못한 사람은 민주적 지참금 전액, 예를 들어 10만 유로(약 1억 4,174만 원)를 받게 된다. 따라서 1만 5,000유로(약 2,126만 원)를 상속받은 사람은 '마이너스 상속세'의 형태로 상속액을 공제한 민주적 지참금을 받게 된다. 이는 최저임금 수준에 맞추기 위해 지급되는 임금 보너스와 비슷하다. 국가자산이 증가하는 해마다 평균 민주적 지참금도 증가한다. 이와 대조적으로 무제한 상속권이 유지된다면 출발 조건과 이에 따른 권력관계는 갈수록 불평등해지고 머지않아 조 단위를 상속받는 일부 사람과 아무것도 없는 다수의 사람이 나타나게 될 것이다.

부동산의 상속

개인 재산의 절반 이상이 부동산으로 소유되고 있다는 것은 일정 한도까지 사유재산의 상속권이 보존되도록 지지해주는 중요한 논거다. 만약 그렇지 않다면 상속권을 모두 폐지해 사람들이 직장 생활을 시작할 때 동등한 재무적 기회를 갖도록 모두에게 동일한 '민주적 지참금'을 제공할 수 있다. 그러나 부동산의 경우 이것은 바람직하지 않다. 사람들이 거주하는 아파트와 주택에 대한 소유권을 포기하도록 해야 하는데, 이는 비인간적이기 때문이다. 그러나 50만 유로(약 7억 874만 원)를 공제하는 것으로 문제는 거의 해결된다. 오스트리아 국립은행에 따르면 모든 가계의 50퍼센트만 부동산을 소유하고 있으며, 인구의 5퍼센트만 45만 유로(약 6억 3,787만 원)를 초과하는 주택을 보유하고 있다.[14] 영국의 경우 상속세 공제 한도는 50만 유로에 조금 미치지 못하는 32만 5,000파운드(약 5억 1,634만 원)다. 오스트리아에서 50만 유로의 한도는 인구의 5퍼센트만 상속권의 제한에 따른 영향을 받는다는 것을 뜻한다. 이 경우 재산 소유자는 상속받은 주택(50만 유로 이상의 가치가 있다면)을 다른 상속인(50만 유로 상당의 재산을 상속받을 수 있는 자)과 공유할지 여부를 결정해야 한다. 따라서 예를 들어 85만 유로(약 12억 486만 원)의 가치가 있는 주택은 두 자녀에게 상속되거나, 큰 집을 단독으로 소유하고 싶은 사람이 사회 전체의 이득을 위해 50만 유로를 초과하는 금액을 세대 기금에 지불해야 한다. 오늘날 실제로 이런 일이 종종 일어나고 있다. 부동산이 여러 자녀에게 똑같이 상속되는 경우 이들 중 한 명이 인수한다면 다른 형제들의 몫을 지불해야 한다.

물론 주권자들은 자유롭게 공제 한도를 더 높게, 예를 들어 75만 유로(약 10억 6,311만 원)나 100만 유로(약 14억 1,749만 원)로 책정할 수 있으며, 그렇게 함으로써 문제를 최소화할 수 있다.

기업의 상속

이제 기업의 상속이라는 가장 큰 도전 과제를 다뤄 보도록 하자. 오늘날 모든 기업, 심지어는 엄청난 규모의 글로벌 기업들도 유럽 대부분 국가에서 완전히 면세로 자녀들에게 재산을 상속해줄 수 있다. 여기서 교육과 재능, 성과, 사회적 책임은 어떤 역할도 하지 않는다.

이것은 1924년 윈스턴 처칠이 상속세를 "놀고먹는 부자들의 승가를 바로잡는 확실한 교정 수단"으로 불렀던 이유다.[15] 그 후로 수십 년간 영국과 미국에서 상속세는 80퍼센트에 근접하는 수준까지 상승했지만, 오늘날 최고 세율은 고작 40퍼센트 수준으로 하락했다.[16] 이와 관련해 미국의 억만장자 워런 버핏 등 세계적으로 명망 있는 비판가들은 제약이 별로 없는 상속은 2000년 올림픽에서 금메달을 딴 운동선수의 장남을 2020년 올림픽팀에 선정하는 것과 다르지 않다는 반응을 보였다.[17] 현재 상속법은 정확하게 이런 방법으로 작동하고 있다. 거의 무제한적 상속으로 말미암아 현재 기업가들이 설립한 대부분의 기업은 앞으로 전 소유주의 자녀라는 것이 유일한 '자격'인 사람들을 통해 경영될 것이다. 여기서 전 소유주는 심지어 기업의 설립자일 필요도 없다. 그들은 상속을 받았거나 매입했을지도 모른다. 이런 현상은 누구나 노력과 기여를 통해 자산을 늘려야 한다는 성취 지향적 사회와 별로 관련이 없다. 그리고 이것은 누구나 동동한 참여 기회를 가지며, 비즈니스에서 동일한 사회적 보호를 받아야 한다는 민주사회와도 거의 관련이 없다.

공동선 경제에서는 '가능한 많은 사람'이 책임을 지도록 하기 위해 '가능한 많은 사람'이 기업자산을 보유하도록 하는 것이 목표다. 이런 이유로 민주적 기업가 구조가 촉진되며, 이로 말미암아 협동조합과 법적으로 이와 유사한 비즈니스 방식의 비율이 증가한다. 이런 경우 협동조합 지분의 규모가 매우 작아서 상속 문제가 발생하지 않는다.

사적으로 소유한 기업들은 지분이 금융자산으로 간주되기 때문에 문제가 되지 않는다. 만약 그런 지분이 사유재산 상속의 한계를 초과한다면 그 부분은 세대 기금에 귀속된다. 다른 특별한 사례가 있다면 자신의 부모가 설립한 사기업이다.

따라서 정말로 까다로운 것은 가족기업뿐이다. 진보적 입장(모두에게 동등한 기회)과 (준봉건적) 가족 지향적인 전통 간의 타협으로 가족 구성원들이 최대 500만, 1,000만 또는 2,000만 유로(최초 가치)에 상당하는 기업의 지분을 상속받는 것을 허용하는 식으로 상속법을 제정할 수 있을 것이다. 이 금액을 초과하는 지분은 다음과 같이 처리하면 된다.

1) 기업에 대해 책임을 지며 기업을 발전시키는 데 도움을 준 직원들의 공동 재산으로 귀속시킨다. 이 해법에 대해서는 공동선 점수가 부여된다.

2) 기업에 대해 기꺼이 책임을 지고자 하는 비가족 구성원들에게 돌아간다. 이 경우 지분은 다시 한 번 50~75만 유로로 제한되며 '민주적 지참금'으로 간주된다.

3) 세대 기금에 편입되어 기업을 위해 일하기 원하면서 위험의 일부를 부담하는 가운데 기업의 일부를 소유하려는 개인에게 '민주적 지참금'의 형태로 분배된다.

4) 농업자산의 경우 특별한 규제가 주어질 텐데, 이에 대해서는 뒤에서 논의하겠다('자연의 소유권' 참조).

따라서 5명의 가족 구성원이 경영하던 가족 비즈니스는 최대 5,000만 유로(약 708억 7,450만 원)까지는 비과세로 자손들에게 상속이 가능하다. 이런 타협에도 이 제안은 계속 격렬한 감정적 반응을 불러올 것이다. 종종 제기되는 반론은 기업을 통째로 자녀들에게 물려줄 수 없다면 부모들은 기업을 설립할 인센티브를 상실한다는 것이다. 이것이 사실이라면 이 또한 종종 간주되듯 인간은 순전히 이기적 동기에서 행동하지 않고 오히려 다른 사람들의 이득, 즉 자녀의 이득을 위해 힘껏 노력한다는 것을 입증한 셈이다. 이 논리에 따르면 자녀가 없는 사람은 무엇이든 하고자 하는 인센티브가 전혀 없어야 마땅하다. 이것은 지난 200년 동안 지배해 온 시장경제

이데올로기, 즉 모든 사람은 자신의 이득을 위해 노력하며 우리는 이로부터 가장 큰 동기부여와 시스템의 효율을 도출해 내기를 희망한다는 주장과는 상반된다.

우리는 자녀가 없거나 자녀가 비즈니스를 물려받기 원하지 않는 기업가들이 있다는 것을 안다. 승계 문제로 전 가족 구성원(때로는 많이 확장된 의미에서의 가족)이 갈라지는 것이 보기 드문 일도 아니다. 이런 경우 기업은 기업의 부채와 함께 기업을 책임지고자 하는 사람들에게 양도될 수 있다. 상속받지 않기로 결정한다면 그 자녀들은 넉넉한 '민주적 지참금'을 수령하게 될 것이다. 개인은 적어도 3년 이상 실제로 기업에서 일해야만 그 기업의 지분 상속이 허용된다는 점을 명기하여 토지의 투기적 매입과 즉각적 매도(개인에게)를 금지시킬 수 있다. 기업은 장난감이 아니다. 기꺼이 개인적 책임을 떠안고 스스로 노력해 부가가치를 창출하려는 사람들이 기업을 경영해야 한다.

이런 제안의 목적은 무엇인가? 그것은 기업 재산의 공평한 분배와 기업의 민주화를 달성하고, 궁극적으로 자본주의적 조건을 보다 민주적이고 진보적인 구조로 대체하고자 하는 것이다. 전체적으로 이런 제안으로 말미암아 개인의 자유가 제한되는 것이 아니라 오히려 증가할 것이기 때문이다. 부모 소유의 대기업을 물려받은 상속자가 능력과 무관하게 기업을 경영하는 것이 허용되지 않음으로써 야기되는 '자유의 손실'은 일체 유산이나 돈 없이 직장생활을 시작하는 수많은 사람(이들의 부모가 수십 년간 일해 기업을 키웠음에도)에게 주어지는 '자유의 이득'을 통해 상쇄될 것이다.

　오늘날 가족에게서 상속받은 사람들은 기업 발전에 아무런 기여를 하지 않았음에도 기업을 소유하고 있다. 상속받은 것이 없어 일을 해야 하는 사람들은 창출된 부가가치를 계속 전용하는 사람에게 상속된 기업에서 일자리를 찾아야 할지도 모른다. 달리 말하면 우리는 구조적인 노예제도를 갖고 있는 셈이다. 오늘날 자신의 노동력을 팔아야 하는 비상속인이 가진 유일한 대안은 스스로 성공적인 기업을 설립하는 것뿐이다. 그런데 여러 가지 이유로 누구나 그렇게 할 수 있는 것은 아니다. 자본주의에서 강자는 새로운 참여자를 편안하게 해주지 않을 것이기 때문이다. 따라서 많은 사람은 다른 사람들을 위해 일하면서 스스로 창출한 부가가치를 넘겨주지 않을 수 없다. 이것이 자본주의를 자유롭지 않고 착취적인 구조로 만들었다.

　누구나 기업가가 될 가능성을 갖고 있으며, 이런 이유로 이 옵션을 사용하지 않는 사람들은 기꺼이 다른 사람들을 위해 일하기 원하는 거라고 반박하는 것은 비현실적이다. 어떤 사람들은 단지 기업을 설립하기 위한 전제조건을 충족하지 못하기 때문이다. 건강, 재능, 교육, 자산이라는 측면에서 인간은 각기 다르기 때문에 동등한 기회는 존재할 수 없다. 따라서 이런 다양한 형태의 불평등은 결코 그들 자신의 잘못이 아니다.

　"사람들은 원할 경우에만 무엇이든 할 수 있다"라는 주장은 심지어 논리적이지도 않다. 만약 모든 사람이 늘 자유의지의 문제라고 일컬어지는 기업가적 위험을 스스로 감수하려고 한다면 더 이상 '종속적 근로자'는 존재하지 않을 것이기 때문이다. 그러면 어느 누구도 직원이나 도제 한 명조차 고용하기 어려울 것이며, 시장경제에서 노동의 분업은 더 이상 작동하지 않을 것이다. '종속적 근로자'가 경제적 재화 생산에 기여하는 바는 고용주 못지않게 필수적이다. 이런 이유로 그들은 고용주들과 동등하게 존중받아야 하거나 비슷하게 보상받고 기업은 더 나은 방법으로 조직되어야 한다. 여기에는 소수가 모든 것을 결정하고, (적절하든 실수든) 더 많이 기여하고, 더 많은 위험을 감수하며, 더 많은 책임을 진다는 것을 근거로 다른 사람들이 창출한 부가가치를 전용하는 것을 허용하는 대신 원하는 사람은 누구나 공동 참여와 공동 소유권을 가질 수 있도록 해야 한다. 전체적 관점에서 볼 때 다음 조치가 더 논리적이며 공평하다.

1) 모든 직원과 투자자가 함께 결정한다.
2) 수입은 모든 직원/부가가치 창출자에게 분배된다.
3) 가급적 많은 사람이 재산에 대한 지분을 보유한다.
4) 그 결과 기업가적 위험과 책임을 부담한다.

그러나 이런 민주주의적 조치에 대해 자연스럽게 다음과 같은 반박이 이어진다. "그러나 많은 직원이 어떤 책임도 지려고 하지 않습니다!", "누구나 기업을 운영할 수 있는 것은 아닙니다!"

중요한 건 누가 기업을 경영하는지 결정하는 데 동등한 권리를 가졌다는 사실이다. 5명이 일하는 전형적인 소기업을 직접민주주의에 입각해서 경영하는 데는 아무 문제가 없을 것이다. 대기업, 예를 들면 직원이 300명인 경우 분명 '오로지' 자신이 맡은 일만 하고 싶은 사람이 있을 것이다. 그리고 그들이 그렇게 하면 안 될 이유라도 있는가? 만약 자신이 맡은 일만 하더라도 기업에서 누가 결정을 내려야 하는지에 대해 목소리를 낼 수 있어야 한다. 그러면 기업은 자본이 아니라 사람들을 통해 경영될 수 있다.

가족 비즈니스 문제로 돌아가 보자. 이런 기업이 배타적으로 소유주의 자녀에게 상속되는 대신 '민주적 소유주'에게 넘어간다고 해도 이는 원래 소유주의 자녀들이 비즈니스를 운영할 기회를 얻지 못한다는 것을 뜻하지 않는다. 그들은 단지 자동적이며 왕조적인 권리(왕위 계승 같은)를 보유하지 않는 것뿐이다. 대신 소유주의 자녀는 기업에 지원해서 직원들에게 기업을 경영하는 데 있어 가장 적임자라는 확신을 심어줌으로써 책임 있는 자리에 오를 자격이 있음을 입증해야 한다. 이는 그들의 부모나 조부모가 설립한 대기업을 인수해 경영할 수 있다는 뜻이다.

워런 버핏이 한 말을 기억하라. 만약 다른 사람이 더 낫다면 상속권은 자동적으로 소유권이나 경영의 권리와 일치하지 않게 된다. 이 점을 인식하고 이에 따라 행동하는 것은 봉건주의 시대로부터 빠져나오는 (강력한 이념적 세뇌로 말미암아 채택되지 않았던) 조치를 취하는 것이다.

여기서 제안한 조치는 우리 시대의 가장 중요한 문제와 관련해 2가지 음의 되먹임을 만들어낸다. 그 2가지는 자본의 불평등한 분배, 글로벌 기업 및 이와 연관된 사람들이 보유한 과도한 경제적·정치적 힘에 대한 것이다. 이런 이중적 음의 되먹임은 기업 내 민주화와 규모 증가에 따른 기업의 점진적 공유화를 통해 달성될 것이다. 그 결과 더욱 민주적이고 자유로운 경제가 실현될 수 있다. 보다 많은 사람이 자신의 목소리를 내게 되고, 더 많은 사람이 재능을 추구하고, 더 많은 사람이 종전에 이루지 못했던 가치를 인정받게된다. 그리고 이것은 칭찬하는 격려의 말에 그치지 않고 유형 재산과 공동 결정권을 통해 실현된다.

여기서 언급한 대부분의 내용은 이미 많은 사람이 생각했으며글로 썼던 것이다. 예를 들어 19세기 후반 경제학의 대표적 교과서였던 『정치경제학 원리』를 쓴 존 스튜어트 밀은 이렇게 말했다.

불평등한 산업으로부터 발생하는 재산의 불평등, 절약, 인내, 재능, 어느 정도는 기회조차도 사유재산의 원칙과 분리될 수 없다. 만약 이 원칙을 수용한다면 우리는 그 결과를 감당해야 한다. 그러나누군가 자신의 재능을 발휘하지 않고 단지 다른 사람의 호의를 통해 재산을 얻는 데 한계를 두면서 그 이상의 재산을 얻기 위해서는일을 해야 한다는 사실을 받아들인다면 나는 거기에 반대할 이유가 없다.[18]

증여

일부 사람은 여기서 제안한 상속권에 대한 제약은 예를 들어 부모가 생전에 자손들에게 수백 만 유로를 증여함으로써 쉽게 피해 갈 수 있다고 반대할지도 모른다. 그러나 법망을 피해 가려는 노력은 상속 공제에 해당하는 규모의 증여 공제를 도입함으로써 쉽게 막아낼 수 있다. 예를 들어 부모는 자녀들에게 50~75만 유로를 증여하는 선택을 할 수 있다. 그러나 그런 증여는 상속세법에서 어느 정도 예견되듯 상속으로부터 공제될 것이다. 또 어떤 사람은 부모가 자녀들을 고용한 뒤 과도한 보수를 지급할 수 있다고 주장할지도 모른다. 그러나 그들은 다음과 같은 여러 장애와 제약에 직면하게 되고, 이런 우회적 방법은 더 이상 어려울 것으로 보인다.

1) 소득이 법정 최저임금의 10배 또는 20배를 넘는 것은 허용되지 않는다.
2) 사유재산을 1,000만 또는 2,000만 유로로 제한한다.
3) 부모는 발언권을 가진 다른 사람들의 반대를 물리치고 극단적으로 높은 보수 지급을 강행해야 하는데, 이는 민주화가 진행될수록 성공하기가 어렵다.
4) 기업 지분이 반드시 '현금' 보수의 형태로 지급되는 것은 아니다. 기업 지분의 일부는 매각되어야 하고, 이로 말미암아 민주화의 가능성은 더 높아진다.

물론 새로운 사회경제적 질서가 도입되면 우리는 이런 질서를 피해 가려는 노력을 어떻게 처벌할 것인지에 대해 생각해 봐야 한다. 이와 관련해 재산권에 제약을 가하는 것보다 더 나은 방법은 없다. 사유재산을 지키기 위해 편법을 동원하려는 사람은 누구든 가혹한 고발과 처벌 그리고 구속을 감내해야 한다.

따라서 공동선 경제는 재산에 대한 더 많은 규제와 법보다는 새로운 규제와 법을 유지하고자 할 것이다. 오늘날 소수에 대해 무제한 사유재산이 보호되는 것처럼 모든 사람에 대해 최소한의 참여가 조직적으로 보호되어야 한다.

'민주적 공유지'

대다수의 소규모 사기업과 소수의 대기업 외에 적어도 세 번째 범주의 재산, 즉 사적이면서 공적인 공유재산이 존재해야 한다. 나중에 고전적인 사적 공유지에 대해 언급할 텐데, 우선 공적 재산에서 시작하겠다. 2차 세계대전 이후 유럽에서 도로와 철도, 주ᵗ 전원공급 장치, 식수와 가스 공익사업, 학교, 대학, 병원, 우체국, 전화선은 국가를 통해 설립되고 운영되었다. 이들은 '공공서비스'로 불렸다. 그런데 1980년대 이후 이런 공공 부문이 점점 빠른 속도로 자유화되고 민영화되었다. 이런 과정은 지금 최악의 순간에 도달하여 민영화에 대한 부정적 경험과 시위로 인해 상황이 반전되기 시작했다.[19] 내 제안은 과거 국가가 운영한 그런 공익기업으로 돌아가자는 것이 아니라 산업의 핵심 부서는 사람들의 통제를 직접 받도록 하자는 것이다. 나는 이런 아이디어에 대한 논의에서 '현대적 공유지' 개념을 소개했다.[20]

전통적으로 '공유지'는 모두에게 속한 공동선이다. 중세 때 공유지는 일반적으로 마을 주민이면 누구나 사용할 수 있는 광활한 숲과 목초지였다. 이런 역사적 사실을 영감의 원천으로 할 때 '현대적' 또는 '민주적' 공유지는 철도, 우체국, 대학, 공익회사, 유치원, 은행일 수 있다. 주권자들은 이런 비즈니스를 맡아 직접 운영해야 한다. 이 분야에서 거둔 국제적 성공 사례들은 이것이 어떻게 작동하는지를 보여준다.

캘리포니아 주도인 새크라멘토에 소재한 전력공급회사 SMUD*는 150만 명에게 전력을 공급한다. 이 에너지 공급회사의 이사회는 직접민주주의 원칙에 따라 선출된다. 이런 이유로 이 기업은 주민들에게 우선권을 주는 것을 원칙으로 하는데, 이를 훌륭하게 수행하고 있다. 환경 보호와 고품질 서비스의 관점에서 SMUD는 주민들이 가장 선호하고, 전국적으로 언제나 상위를 유지하며, 캘리포니아에서 법정 최소 기준을 상회하는 실적을 올리고 있다. 이 회사의 소유주들은 스스로 가장 중요한 문제들을 결정해야 한다. 지금

---

* SMUD는 Sacramento Municipal Utility District의 약어로, 1923년 설립된 미국 캘리포니아 주 새크라멘토 카운티에 있는 전력회사다.

까지 이 기업의 내부에서는 직접민주주의가 한 차례 적용되었다. 1989년 SMUD는 시민 소유주들에게 기업의 유일한 원자력발전소인 렌초 세코^{Rencho Seco} 원자력발전소를 (저렴한 비용이 들지만 원자력 사고의 위험을 감수하면서) 계속 운영해야 하는지, 아니면 대신 요금 인상을 가져올 대체에너지 쪽으로 방향을 선회해야 하는지 의견을 물었다. 서비스를 이용하는 소비자들의 과반수는 발전소를 해체하고 녹색에너지 원천을 촉진하기 위해 엄청난 노력을 기울였다. 오늘날 캘리포니아의 환경 기록을 살펴보면 이런 '주권적' 결정이 성공적이었음을 확실히 알 수 있다.

스위스 주민들은 직접민주주의를 통해 환경 분야에서 앞선 사례와 비슷한 성공을 거두었다. 1980년대 정부는 국영 철도 시스템의 운영을 확 줄이고 독일이나 영국과 유사한 방식으로 민영화를 하고자 했다. 그러나 스위스 주권자들은 이 계획을 거부했다. 주민들의 요구에 따라 투표를 통해 도로 건설을 위해 배정된 수십 억 프랑이 철도 시스템의 확장을 위해 재분배되었다. 그 결과 현재 스위스는 세계에서 가장 훌륭하고 대중적인 철도를 보유하게 된 것이다.

세 번째 사례를 살펴보자. 브라질의 대도시 포르투알레그리에서 공동 예산은 주민들이 참여한 가운데 작성되며(참여 예산), 도시의 식수 공급은 '공적 대중 파트너십'을 뜻하는 PPP^{Public Popular Partnership}를 통해 조직된다. 시 당국과 주민들은 이런 대안적인 PPP에서 함께 일한다.

그 결과 포르투알레그리는 캘리포니아에서 달성한 것만큼 놀라운 성과를 보여주었다. 주민의 99퍼센트가 식수 네트워크에 연결되어 있으며, 하수도율은 이제 70퍼센트에 도달했다. 골프장에 물을 대고 수영장을 물로 채우는 부자들이 높은 누진세율을 부담하게 되어 가난한 사람들에게는 저렴한 식수가 공급되고 공기업은 시 예산에서 일체 보조금을 받지 않고, 즉 납세자들의 돈을 한 푼도 사용하지 않고 그럭저럭 꾸려 가고 있다.

'민주적 공유지'의 조직과 관련해 나는 성평등 직원, 환경 옴부즈맨뿐 아니라 공공기관(정부), 직원과 소비자 대표로 구성되고 직접 선출된 이사회를 예상한다. 공동선 경제에는 정부나 시장市長이 통제하는 '고전적인 국영기업'이 존재해서는 안 된다. 공공서비스 총회는 조직을 위한 규칙과 함께 공적 공동선 부문에 속하는 비즈니스 영역을 정의할 수 있다.

'고전적' 공유지는 사적으로 조직되며, 목초지와 낚시터부터 채종포採種圃와 소프트웨어까지 포괄한다. 데이비드 볼리어David Bollier와 실케 헬프리히Silke Helfrich를 중심으로 하는 '공유지 전략 그룹'은 이에 대한 광범위한 연구를 진행했다.[21] 여성으로서 최초로 노벨경제학상을 수상한 엘리너 오스트롬도 공유지가 고전경제학에서 예측했던 것처럼 '비극'으로 끝나지 않고 제대로 작동하려면 반드시 준수해야 하는 규칙에 대해 기술했다.[22]

자연의 소유권

인류는 자연을 창조하지 않았다. 식물이나 동물도 마찬가지다. 인간은 자연을 이용할 수 있지만 조심하지 않는다면 인간 자신의 존재 기반, 더 나아가 스스로를 파괴할 수도 있다. 우리는 일정한 조건, 즉 우리가 생태적 공감을 갖고 있다는 조건을 지키는 경우에만 겨우 용납되는 지구의 손님이다. 자연에 대한 존중을 표현하는 방법은 어떤 개인도 자연의 일부, 특히 어떤 토지도 소유하지 않는다는 데 동의하는 것이다.[23] 그러나 구체적 목표나 경작 목적으로 토지가 필요한 사람들에게는 제한된 규모의 토지를 무료로 사용하도록 허용해야 한다. 특히 토지를 '소유'하는 데 익숙한 농부들에게는 이런 사고방식이 '결실을 맺는 노동'을 인정하지 않는 것으로 여겨질 수 있다. 그러나 그들은 여전히 약간의 토지를 '보유'할 것이다. 다만 토지 소유권은 결국 자연에 귀속되는 것이 공정하다. 과제와 실천이라는 관점에서 농업전문가에게는 아무런 변화도 없을 것이다. 실제로 토지세가 없어져 모든 것이 더 저렴해질 수 있다. 이것은 그들의 값진 노동에 대한 공동체의 감사 표시다. 대신 생산적 토지로서 각 개인에게 할당된 토지의 규모는 제한된다. 구체적으로 말하면 상황은 다음과 같다.

1) 지방자치 당국은 생산적 토지의 할당을 규제한다.
2) 각 개인은 일정한 한도까지, 예를 들어 최대 1만 평방미터까

지 거주 지역에 대한 권리를 가진다. 1평방미터당 일정액을 지불하면 그 지역을 사용하는 권리를 취득할 수 있다. 이 지역은 비슷한 규모의 다른 지역과 교환 가능하지만 오로지 거주 목적으로 사용되어야 한다.

3) 신중하게 경작한다는 조건으로 농사 짓는 사람에게 일정 규모의 토지가 무상으로 할당된다. 이때 공동선 대차대조표는 생산적 용도에 제공되는 토지의 규모에 영향을 미칠 수 있다. 이것은 공동선 대차대조표의 추가적 규제 메커니즘으로 간주된다.

4) 모든 분야(개인도 마찬가지)의 기업들은 사용료를 내면 사무실과 생산단지를 설립하는 데 필요한 토지를 취득할 수 있다. 대신에 토지세는 부과되지 않는다.

이런 조치를 통해서 다음과 같은 결과가 도출될 것으로 보인다.

1) 자연에 대해 감사하는 마음을 갖게 된다. 2008년 에콰도르는 헌법에 자연, 즉 파차마마*에 내재 가치를 귀속시킨 첫 번째 국가가 되었다.[24] '내재 가치'를 지닌 것은 다른 사람들의 '소유물'이 될 수 없다.

---

* 파차마마(Pachamama)는 안데스 원주민들이 존경하는 신으로, 지구와 시간의 어머니로 알려져 있다.

2) 극단적으로 불평등하다고 여겨져 왔던 부동산의 분배가 축소
   된다.
3) 더 이상 소유 토지가 존재하지 않고 단지 경작과 연계된 할당
   만 존재함으로써 농장 건물과 관련된 무유언 규칙^{intestacy rules}은
   훨씬 간단해지고, 상속자 간에 소유 토지를 분할할 필요가 없
   으며, 토지세도 사라진다.
4) 부동산 투기와 토지를 이용한 이권 추구라는 자유를 제한하는
   자본주의의 2가지 논리적 귀결은 지나간 일이 될 것이다.

자유와 평등

사이비 자유민주적 자본주의에서 재산권은 절대적 지위가 부
여되는 최고의 자유^{supreme liberties} 가운데 하나로 간주된다. 모든 인
간은 동등한 권리와 기회, 자유^{liberty}를 갖는다는 뜻에서 평등은 자
유^{freedom}보다 높은 가치를 가진다.* 한 사람에게 너무 많은 자유가
주어지는 경우 다른 사람들의 자유를 위태롭게 만들 수 있기 때문
이다. 만약 너무 빠르게 운전하고('이동의 자유'), 다른 사람을 모욕하

---

* 저자는 liberty와 freedom을 명확하게 구분하고 있는데, 여기서도 마찬가지다. 정치적 자유,
  즉 liberty는 개인 선택의 자유, 즉 freedom을 위한 전제조건이라는 것이 명백하지만 동시에
  개인 선택의 자유는 무한정으로 보장되는 것이 아니다. 어찌 됐든 평등과 자유 가운데 무엇
  을 우선시하느냐 하는 것은 결코 간단한 문제가 아니다.

고('의견의 자유'), 누군가를 다치게 하며('광란의 자유'), 수천만 평의 토지를 매입한다면 우리는 다른 사람의 삶을 위태롭게 만들 정도로 그들의 자유를 제한할 수 있다. 따라서 평등은 절대적 원칙이지만 자유는 상대적이다. 자유를 제한하는 것은 원칙이지만 평등을 제한하는 것은 그렇지 않다.

재산에 대해 말하면 사람은 누구나 ('좋은 삶'을 영위하기에 충분할 만큼) 동등하게 한정된 규모의 재산을 보유할 자격이 있지만 어느 누구도 무제한의 재산권을 가져서는 안 된다. 가장 극단적인 형태의 불평등에 도달한다면, 즉 한 사람이 전 세계의 부를 모두 소유하고 나머지 사람들에게는 아무것도 남겨지지 않는다면 평등에 가장 회의적인 사람조차 이런 생각에 동의할 것이다. 자유가 중요하긴 하지만 더 중요한 것은 모든 사람이 자유에 대해 동등한 권리를 가질 수 있어야 한다는 점이다.

5장

삶의 진정한 동기부여와 의미

CHANGE
EVERY
THING

경제는 그 자체로 목적이 아니라

더 나은 삶이라는 목적을 이루기 위한 수단이다.

— 페터 울리히(경제윤리 작가)

인간은 무엇에서 동기부여를 받는가

처음 공동선 경제에 대해 들은 사람들이 가장 우려하는 것들 가운데 하나는 기업이 끊임없이 재무적 이득을 추구하지 않으면 비즈니스에서 동기부여가 약화되고, 사람들은 더 이상 자신의 이득을 얻기 위해 애쓰지 않고, 경쟁이 '제거'되리라는 점이다. 그렇다면 성과 인센티브와 혁신, 번영은 어디서 비롯되었는가?

사람들의 이런 두려움은 인류에 대한 사회적 다윈주의 이미지에서 유래하는데, 이에 따르면 인간은 주로 이기주의와 경쟁으로부터 동기부여를 받는다. 만약 두려움을 갖게 하는 경쟁이 사라진다면 사람들은 단지 절반만 열심히 일하고 나머지는 아무것도 하지 않으면서 빈둥거릴 거라고 생각하는 것이다. 타인과 비교하고 치열하게 경쟁하지 않는다면 지위를 잃을지도 모른다는 두려움을 갖게 되고, 특권과 우월함에 대한 열망에 자극받지 않는다면 삶에서 무엇을 해야 할지 방향을 잃어버리게 된다는 것이다. 사실 내재적 동기부여, 순진한 호기심, 영감과 자발적 창조성은 이런 이미지와 어울리지 않는다. 나는 이런 우려에 대해 언급하고, 이것이 어째서 과학적으로 건전하지 않은지 보여주기 전에(우리 모두는 주로 이기심에 의해 동기부여를 받는 사람들을 알고 있지만) 매우 실천적 접근에서부터 시작하고자 한다.

1. 공동선 경제에서 기업에 참여하거나 기업을 설립하고자 하는 가장 흔하고 단순한 동기부여는 사람들이 여전히 화폐소득을 필요로 한다는 점이다. 사람들은 민주적 지참금 외에 4년의 자유 시간을 얻고 근무 시간이 줄어들기 때문에 돈을 벌어야 할 필요성이 줄어들긴 하겠지만 완전히 사라지는 것은 아니다. 연대소득(2장 참조)은 품위 있게 살아가는 데 충분할지 모르지만 '좋은 삶'으로 인도하지는 않는다. 좋은 삶을 영위하고자 하는 사람들은 이를 위해 뭔가 해야 하겠지만 이를 성취하려는 틀은 완전히 달라지고, 돈벌이가 되는 일자리를 발견하고 수락한다는 점에서 지금보다 훨씬 더 유리해질 것이다. 그 이유는 다음 4가지다.

첫째, 공동선 경제에서는 먼저 '기업가'와 '직원'의 역할 구분이 점점 사라져 사람들은 매사에 더 많은 발언권을 갖게 된다. 둘째, 사람들은 돈벌이가 되는 일자리에서 더 많은 의미를 발견한다. 셋째, 사람들은 스트레스를 덜 받고 세금을 덜 낸다. 넷째, 기업들은 서로 적대적으로 경쟁하지 않고 다른 기업들보다 더 많은 이윤을 벌어들여야 한다는 압박을 받지 않는다. 이는 경쟁력을 유지하기 위해 직원을 줄이지 않아도 된다는 것을 뜻한다. 구조적 실업의 경우 공동선 경제는 직원을 더 고용하는 기업에게 더 많이 보상하는 방식으로 나아갈 것이다.

**2. 사기업으로부터 얻는 소득은 법정 최저임금의 일정 배수까지 허용된
다.** 정확한 금액은 주권자들을 통해 결정되는데, 따라서 돈을 버는
데 큰 관심을 가진 사람들의 경우 일자리를 받아들이거나 새로운
비즈니스를 시작할 인센티브가 있을 것이다. 최저임금은 품위 있
는 삶이 가능한 선에서 산정될 텐데(예를 들면 중부유럽에서는 월간 순소
득 1,250유로[약 177만 4,612원], 미국에서는 1,500달러[약 177만 7,050원], 영국에
서는 1,000파운드[약 159만 4,250원]), 돈을 많이 벌고자 하는 사람은 누구
든 만족스러운 삶을 영위하는 데 필요한 금액의 10배나 20배를 벌
어들일 가능성이 있다. 상속권은 제한되고 자산 보유는 더 이상 보
상받을 수 없기 때문에(일에 대해서만 보상받음) 실제로 소득은 실질적
성과를 통해서만 발생하게 된다. 더 많은 소득을 얻으려면 더 많이
일해야 한다. 자산을 보유하는 것으로는 충분하지 않을 것이다.

**3. 행복 연구에 따르면 일정 수준을 넘어서면 소득은 더 이상 사람들을
행복하게 해주지 못하고 동기를 부여하지 못한다.** 국제적 연구에 따르
면 이런 한계점은 연간 소득 2만 달러(약 2,370만 원) 정도다. 이는 월
간 법정 최저임금인 1,250유로와 크게 차이가 나지 않는다.[1] 내가
아는 가장 높은 한계점은 제안된 최저임금의 20배 정도인 연간 소
득 29만 달러(약 3억 4,356만 원)다.[2] 이 금액을 초과하는 소득 증가는
입증 가능한 행복의 증진(또는 성과의 증대)을 가져오지 못한다(도요
타에서 최고 대우를 받는 45명의 임원은 2009년 평균 32만 유로[약 4억 5,430만 원]
에 달하는 임금을 받았다.[3] 만약 이들 임원이 320만 유로씩 받았다면 도요타자동차

가 더 좋아졌을 것이라고 누가 주장할 수 있겠는가? 또는 32억 유로를 받는다면 말이다).

4. 행복을 연구하는 사람뿐 아니라 사회심리학자, 신경생물학자도 인간은 돈 이외의 다른 요인들을 통해 더 강력한 동기부여를 받는다는 결론에 도달했다. 이런 요인으로는 무엇보다도 자주성과 정체성, 능숙함, 기여하고자 하는 욕구, 공동체, 관계를 위해 애쓰는 것을 들 수 있다.

- **자주성**

  인간은 자신의 느낌과 욕구, 사고를 자유롭게 인지하고 표현하고자 한다는 의미에서 자유를 위해 분투한다. 사실 어느 누구도 기본적인 인간 존재에 제약이 주어지는 것을 원하지 않는다. '돈'은 어떤 느낌이나 기본적 욕구, 창조적 사고를 구성하지 않기 때문에 누구에게나 필수적인 것이라고 말할 수 없다.

- **정체성**

  모든 인간은 특별하며, 삶의 의미는 자신의 특별함을 발견하고 이를 펼쳐 나가는 것으로 구성된다. 중요한 점은 다른 사람들보다 '더 나은 것'이라기보다는 '다르다는 것'이다. 즉 동일한 일에서 더 나은 것이라기보다는 자신이 제공하는 것과 관련해 '특별한' 것이다.

- **능숙함**

  잠재된 능력을 인식하고 키우며 발전시키는 것은 인간의 기본적 욕구로, 이것은 경쟁적 구조뿐 아니라 협력적 구조에서도 효과가 있다.

- **기여하기**

  모든 인간은 전체에 기여할 수 있는 뭔가를 갖고 있으며, 무엇인가 기여하고자 한다. 공동체와 풍요는 모든 사람의 기여에서 비롯된다.

- **공동체**

  인간은 공동체 지향적이다. 비록 식량을 충분히 가졌더라도 다른 사람들로부터 고립되기보다는 차라리 죽는 것을 택할 것이다.[4] 우리 뇌에는 사회적 네트워크가 프로그램화되어 있다. 또한 공동체는 보안, 안전, 존경, 인정받는다는 느낌, 경청과 같은 기본적 욕구 이상을 충족시켜 준다.

- **관계**

  요아힘 바우어는 "의미 있는 관계는 모든 인간의 노력 배후에 있는 무의식적 목표다"라고 말했다.[5] 이것은 현재 신경생물학 연구를 통해 밝혀진 결과이기도 하다.

강연할 때마다 청중에게 잠시 생각할 시간을 준 뒤 지금까지 가장 행복감을 느꼈던 순간에 대해 말해 보라고 질문함으로써 몇 번에 걸쳐 이 같은 통찰을 점검하곤 했다. 사람들은 연결됨의 순간,

즉 성공적인 관계와 관련된 경험을 다음의 4가지 수준에서 말한다.

1) 자신과의 의미 있는 관계
2) 다른 사람과의 의미 있는 관계
3) 자연과의 의미 있는 관계
4) 더 큰 계획*과의 의미 있는 관계

가장 많이 인용되는 키워드(해변 산책, 석양, 산 정상, 정원 산책 등 자연에서의 강렬한 체험을 제치고)는 '출생' '친구' '파트너십' '사랑', 즉 대인관계의 성취에 따른 것이었다. 비즈니스에서도 이런 경험이 명확하게 규정되고, 소중하게 여겨지며, 금전적으로 보상받는 목표가 될 수 있다. 과학적으로 입증된 '전문 지식'이나 행복과 의미 있는 공동체에 대한 집단적 경험을 비즈니스에 적용하지 않는다는 것은 결코 현명한 행동이 아니다. 공동선 경제에서 의미 있는 대인관계와 생태관계가 번창하도록 하려면 성과와 경제적 성공에 새로운 의미를 부여하면 된다. 결국 우리는 사회적 목적을 갖는 목표를 달성하려고 할 뿐 아니라 증거가 보여주듯 현재의 경쟁구조나 타인의 희생으로 개인적 이득을 추구하는 것보다 더 큰 동기를 부여받게 될 것이다. 기업의 민주화는 관련된 모든 사람의 동기부여뿐 아니라 그

---

* 여기서 더 큰 계획은 larger scheme of things를 말하는데, 이는 기독교에서 말하는 창조주 신의 계획을 가리키는 것으로 보인다.

들의 번영을 향상시킨다. "만약 기업이 상당 수준의 공동 결정을 통해 하나의 공동체로 변한다면 생산성 역시 증가할 것이다." 이는 역학자이자 불평등 연구자인 리처드 윌킨슨이 수많은 연구를 통해 내린 결론이다.[6] 그는 브라질 기업 셈코*의 최고경영자 히카르두 세믈러Ricardo Semler의 경험을 언급함으로써 이를 확인시켜 준다.[7]

갈 길은 여전히 멀다. 오늘날 자본가는 개인적 위험을 감수하고 수많은 일자리를 창출하며 경제적 번영을 가져오는 사람으로 간주되기 때문에 여전히 큰 존경을 받고 있다. 그렇다면 공동선 경제에서는 어떤 모습일까? 우선 점점 더 많은 사람이 기업을 설립할 가능성이 있다. 왜냐하면 상당한 규모의 창업 자본을 가지고 시작할 수 있기 때문이다. 이들은 즉시 기업에 참여하거나 스스로 새로운 기업을 설립할 수 있다. 만약 여러 사람이 자신의 '민주적 지참금'을 모은다면 곧 수백만 유로로 기업을 설립할 수 있다. 이때 설립자들은 은행 융자를 받을 필요도 없을 것이다. 이로써 이들의 기업가적 위험은 상당히 줄어들고, 다음과 같은 조치도 일정 역할을 할 것이다.

- 누진적인 직원 지분 소유

---

* 셈코(Semco)는 히카르두 세믈러가 설립한 브라질의 혁신적인 기업으로, 이 기업과 관련한 것은 8장에서 상세히 다루고 있다.

- 배당금으로 지급되는 이윤을 점점 축소시킴
- 대기업에서 일하는 직원 비율을 일정 수준으로 유지할 것

자본과 투표의 공정한 분배는 위험을 감수할 용기를 가진 사람들 사이에서 보다 공정한 분배로 이어진다. 그러면 공동체는 재산의 일부를 획득했다기보다는 상속받았거나 다른 사람들의 희생으로 양의 되먹임을 통해 얻은 것임에도 최고 능력가로 정형화된 모호한 인사들에게 덜 의존하게 될 것이다. 대부분의 경우 이런 인사들은 보이지 않은 여성의 노력에 의존하고 있다. 그러나 필수적이고 삶을 보존하며 행복을 주는 여성의 업적은 대부분 인정과 보상을 받지 못하고 소중하게 여겨지지 않고 있다. 그래도 기업에 대해 '유일한 책임'을 지는 기업가들(주로 남성)이 느리지만 분명하게 이 문제를 완화시키고 있다는 사실은 지금까지 사회를 여전히 지배하고 있는 가부장적 족쇄 역시 언젠가 사라지리라는 것을 뜻한다.

동기부여의 원천, 의미

공동선 경제의 가장 큰 강점 가운데 하나는 돈 버는 것이 (만사가 잘 돌아간다면) 욕구의 충족과 번영, 의미 있는 활동의 부산물일 뿐 더 이상 목표가 아니라는 점이다. 대신에 욕구의 충족, 공동선, 의미 있는 활동이 목표가 되고, 기업을 설립하고 경영하는 것은 이 목

표를 달성하는 수단이 된다. 생산 과정에 참여하고 돈을 버는 직업을 갖는 것이 전반적으로 점점 용이해지면(직원뿐 아니라 설립자에게도), 물질적 부를 축적할 가능성이 제한되고 전반적인 사회 풍토가 사람들 간 의미 있는 관계를 촉진한다면 보다 많은 사람이 의미 있게 자신의 잠재력을 발휘할 수 있는 직장을 선택하고 이를 실현하고자 노력할 것이다. 그리고 '의미'는 가장 강력하지 않더라도 동기부여의 강력한 원천이 될 것이다.

의미는 내재적 동기를 부여하며 사람들이 외부의 인센티브, 즉 보상과 처벌에 따라 행동하게 만드는 외재적 동기보다 훨씬 더 강력한 효과를 가진다. 만약 어떤 일에 목적의식이 생겨 자유의지에 따라 그 일을 하기로 결정한다면 우리는 즐겁게 그 일을 하게 된다. 모든 에너지와 집중력을 거기에 쏟아 붓는다. 만약 내재적으로 동기부여가 되어 어떤 과제를 수행한다면 '경쟁'이 어떻게 진행되고 있는지 이리저리 살피며 일하지 않을 것이다. 그렇게 하는 것은 단지 우리를 산만하게 만들고 집중력을 분산시켜 성과를 떨어뜨릴 뿐이다(물론 우리가 두려움 때문에 잘하려는 사람이거나 다른 사람들을 능가하는 데 자존감이 달려 있는 사람이 아니라면 말이다).

외부로부터 동기부여를 받는 사람들은 타율적으로 경쟁자들의 상대적 지위에 의존한다. 그래서 경쟁자보다 우월해지는 순간 그들의 동기부여는 감소한다. 그들에게 동기부여가 된 것이 일 자체가 아니기 때문이다. 만약 누군가가 종종 또는 지속적으로 뒤처진다면 동기부여도 사라진다. 그리고 사람들은 비난당하고 경쟁에서 밀려나 실업, 무주택, 우울, 암울한 빈곤 상태에 처하게 된다.

독일의 대도시에서는 25퍼센트의 어린이가 하르츠 4Hartz Ⅳ(독일의 실업수당 개혁 정책) 대상이 되는 가정에서 자란다. 라이프치히에서는 그 수치가 36퍼센트이고 베를린에서는 37퍼센트다. 영국의 상대적 빈곤 인구는 약 1,330만 명(인구의 21퍼센트)이며, 청년 3명 가운데 한 명이 여기에 포함된다. 이것은 10년 전보다 6퍼센트 증가한 수치다.[8] 유럽연합 28개 회원국 가운데 16개 국가에서 청년 실업률이 20퍼센트를 넘어섰다.[9]

모든 사람에게 의미 있고 인도적인 작업 환경을 제공해야 한다는 관점에서 볼 때 시장자본주의는 실제로 비효율적이니만큼 비인도적인 시스템이다. 그러면 경쟁에 따른 이득에 대한 믿음이 왜 이처럼 깊이 뿌리 내리고 있으며, 이에 대해 의심을 갖지 않는 걸까?

내 관점에서 볼 때 지금부터 다루는 것은 경쟁에 대한 분석에서 가장 마음에 안 드는 부분이다. 즉 경쟁이 어째서 우리의 가치 체계 내에 그처럼 견고하게 자리 잡고 있는지 이해하도록 만들어준다. 많은 사람(아마도 우리 가운데 대다수)은 내재적으로 동기부여를 받지 않는다. 자신에 대해 잘 모르고, 경쟁 없이도 최고 성과를 올리도록 자극할 수 있는 다른 면을 발견하지 못했기 때문이다. 이들은 내부가 텅 빈 채로 밖에서만 의미를 발견하려고 한다. 그리고 바깥 세상이 끊임없이 돈과 경력, 성공, 힘을 요구하면서 이것을 중요한 '가치'로 인식시킨다면 실제로 행복하지 않았음에도 이런 가치들을 내면화한다. 그렇게 많은 사람이 이런 믿음을 받아들이고, 미디어는 계속해서 이런 사람들을 보여주고 대우해줌으로써 그들을 모방하게 만든다. 따라서 문제의 근원은 자신의 삶에 의미를 부여하지 못할 만큼 내면적으로 빈곤한 상태에 있는 사람들에게 있다. 이들은 자신의 삶과 결정에 대해 궁극적으로 책임이 있다는 것을 인정하는 데 필요한 자존감이 결여되어 있다.

다음은 결정적 질문이다. "이런 내적 공허함은 어디서 오는가? 왜 그렇게 많은 사람이 자신의 삶에 의미를 부여하고 행복을 찾는 데 실패하고 있는가?" 내 생각에 그 핵심은 교육에 있다. 대부분의 사람은 편견 없이 인정받지 못했고, 무조건적인 사랑을 받지도 못했다. 만약 그랬다면 우리는 진정한 자신을 발견하고 사랑으로 수용하며, 타인에 대해서도 마찬가지로 깊이 감사하는 마음을 키웠을 것이다.

이와 반대로 다수의 사람(적어도 구세대)은 복종하고 좋은 성과를 내야 한다고 교육을 받았다. 만약 부모가 어떤 이미지, 즉 아이들의 어떠해야 한다는 구체적 상을 이미 가졌다면 아이의 진정한 모습을 결코 알아차리지 못할 것이다. 아이는 자신을 다름의 관점에서 인식하지 못하는데, 그 이유는 부모가 '보여주지' 않았거나 설상가상으로 달라지려고 하면 벌을 받았기 때문이다. 부모의 사랑을 잃지 않으려고 아이들 대부분은 복종하기로 '결심'한다.

많은 부모가 지시하는 첫 번째 '명령'은 아이가 잘해야 한다는 것이다(따라서 스스로 자제하게 된다). 사실 아이들은 일찍부터 자신이 원하는 것을 느끼고 찾는 대신 자신들의 감정과 느낌, 생각을 억압하는 것을 배운다. 물론 아이들이 내적으로 동기부여를 받아 완전히 자율적으로 개인적인 삶의 의미를 개발한다거나, 자신의 내적 자아를 억압하고 외적 가치가 행복을 가져다준다는 환상에 빠져 이를 선택하는 극단적 상황만 벌어지는 것은 아니다. 그러나 사회 분위기가 이런 방향으로 나아가고 있다. 그리고 문화는 세대를 이어 경쟁과 이윤 추구, 출세제일주의 등 '외적' 가치를 물려주었으며, 이제 대부분의 사람은 이것이 자신의 본성이라고 믿는 것으로도 충분하다고 여긴다. 그들 세대의 대부분은 그렇게 믿도록 양육되었기 때문에 거기에 맞춰 행동하는 것이다.

자신의 느낌과 욕구, 생각을 인지하는 대신 복종과 성과에 대해 '사랑'으로 보상받는다는 것을 배운 아이는 사는 동안 성과를 통해 사랑을 얻으려고 노력하게 된다. 자신이 하고 있는 일에 의문을 품지 않거나 품더라도 단지 건성으로 그럴 것이며, 돈을 자신의 성취로 받아들일 것이다. 이것은 아이가 사실상 금전적으로 보상받지 못하는 일은 어떤 것이든 하지 않는다는 것을 뜻한다. 이런 방식을 통해 내면적으로 빈곤한 이들에게 돈은 최고의 가치가 된다. 이는 놀라울 정도로 많은 부자가 왜 그처럼 내면적으로 빈곤한지를 설명해준다.

이 모든 것으로부터 자기 감각이 없는 사람들은 타인에 대한 감각도 없으며, 더 나아가 환경에 대한 감각도 없다는 결론을 이끌어낼 수 있다. 공감은 자기인식이라는 섬세한 감각을 필요로 한다. 이것이 성공한 남성과 여성이 사회적·생태적 피해를 대가로 경제적

'성공'을 밀어붙일 때 종종 양심의 가책을 느끼지 못하는 결정적 이유다. 내적 공허함은 사람들을 둔감하고 경직되게 만든다. 자본주의 시스템의 고유한 가치는 어떤 대가를 지불하더라도 시스템의 목적(이윤을 증가시키는 것)을 위해 그들을 무자비하게 행동하는 사람으로 만든다. 공허한 숫자가 지향성의 유일한 원천이 되고, 자신을 계산 가능한 것으로 축소시킨다.

이와 관련된 연구에 따르면 일반 사람과 비교했을 때 상위층에 속하는 경제적 의사결정자들 가운데 공감과 연민의 감정을 느끼지 못하고 자기도취적이며 중독에 빠지기 쉬운 사회-병리적 성격을 가진 사람의 비율이 상당히 높다.[10] 최근엔 점점 더 많은 사람이 이런 사실을 인식하고 인정하기 시작했다. 독일 우체국의 전 대표이자 조세 포탈자인 클라우스 줌빈켈Klaus Zumwinkel은 "최고경영자로 지낸 20년 동안 나는 시장이 본질적으로 영혼이 없다는 것을 배웠다"라고 고백했다.[11] 오스트리아의 여성 최고경영자 가운데 한 명인 브리기테 에데러Brigitte Ederer는 직업의 영향에 대해 "당신은 자신과 다른 사람들에 대해 더욱 냉혹해질 것이다"[12]라고 말했다. 그렇다면 이것이 바로 재앙이 아닐까?

이 같은 사회적 길들이기의 영향을 되돌리려면 시장 인센티브를 역전시키는 조치(협력적이고 연대에 기반을 두었으며 책임감 있고 관대한 행동에 대한 인정, 평가, 보상을 촉진하는 것)로는 충분하지 않다. 우리는 이런 조치를 실행하기 위한 전제조건을 충족하는 것에서 시작할 필요가 있는데, 이는 부모가 자녀를 무조건적으로 사랑하고 있는 그대로 받아들이고 존중해주어야 한다는 것을 뜻한다. 부모의 시각에서 볼 때 이것은 자녀가 제멋대로 행동하고, 부모의 가르침 없이 성장하도록 놔두거나 그들의 의견에 모두 동의하는 것이라기보다는 그들의 느낌과 욕구, 생각을 인지하고 이것을 진지하게 받아들이며 그렇게 하도록 격려해야 한다는 뜻이다. 그때 비로소 자녀는 부모가 어떤 느낌과 욕구, 의견을 갖고 있는지 물을 수 있다. 실제로 부모들은 저마다 다르다. 그러나 정중한 비폭력 소통*을 통해 서로 다르고 부분적으로는 모순된 욕구와 의견이 공동체 생활과 의미 있는 관계에 극복하기 어려운 장애를 발생시키는 게 아니라는 사실을 배울 수 있다. 아니, 사실은 그 반대다. 우리는 모두 유일무이하고 따라서 원칙적으로 다르기 때문에 각자 다른 욕구와 의견을 갖지 않은 관계는 생각할 수 없다. 따라서 우리는 항상 동료, 파트너, 친구(그리고 자녀)가 자신과 다른 욕구와 느낌, 의견을 갖고 있다는 것을 가정해야 한다. 또한 우리 자신의 의견과 욕구, 다른 사람들과 관련된 이해관계를 적대적으로 주장하기보다는 이것(다른 사람의 느낌, 의견 등)을 진지하게 받아들이고 소중하게 생각하도록 노력해야 한다.

우리는 이제 책의 도입부로 되돌아왔다. 자기 자신의 이득을 추

---

* 비폭력 소통(NVC, Nonviolent Communication)은 미국의 상담심리학자 마셜 로젠버그(Marshall Rosenberg)가 널리 보급시킨 소통 방법으로, 공감에 기반을 둔 평화적이면서 치유의 능력을 가진다. 우리나라에서는 『비폭력 대화』를 통해 그가 제안한 소통 기술이 점차적으로 보급되고 있다. 현재 우리나라에서는 비폭력 대화 또는 공감 대화로 번역되어 사용되고 있지만, 여기서는 원전에 충실하기 위해 비폭력 소통으로 번역했다.

구하는 대신 인간의 존엄을 길잡이로 삼는 상호 배려라는 관점으로 말이다. 이런 대인관계의 차원은 매우 기본적인 것으로, 우리 교육 시스템에서 핵심 역할을 해야 한다.

자녀 양육과 교육

공동선 경제가 번영하기 위한 가장 중요한 전제조건과 환경 중 하나는 새로운 가치를 전달하고, 사람들이 자신의 존재에 대해 민감하도록 만들며, 사회적 소통 능력을 갖추고, 자연을 존중하는 데 있어 모범을 보이는 것과 관련되어 있다. 이런 이유로 모든 학교에서 가르쳐야 할 7가지 기본 주제를 제안하고자 하는데, 개인적으로 현재 가르치고 있는 대부분의 주제보다 훨씬 더 중요하다고 생각한다. 느낌 이해하기, 가치 이해하기, 비폭력 소통, 민주주의 이해하기, 자연을 이해하고 체험하기, 손으로 물건 만들기, 몸 민감하게 만들기 등이 7가지 기본 주제다.

1. 느낌 이해하기

여기서 아이들은 느낌을 인지하고 진지하게 받아들이며 수치스럽게 생각하지 않고 느낌에 대해 얘기를 나누며 의식적으로 조절하는 경험을 쌓게 된다. 사람들은 자신의 느낌과 욕구에 대해 얘기하는 데(특히 그렇게 하는 방법을 배우지 못해) 실패했기 때문에 관계에서 발생하는 수많은 갈등이 해결되지 못한 채 남아 있게 된다는 것이 비폭력 소통을 통해 알려졌다. 대신 그들은 욕구를 충족시켜 주지 않는 사람들을 비난하기에 바쁘다. 이는 매사에 피해의식을 촉발시켜 자신의 욕구와 느낌, 현안 문제로부터 관심을 다른 데로 돌리게 하는데, 이 과정에서 타인에게 상처를 주게 된다. 문제는 그대로 남아 있고 가시적 갈등의 해결 전망은 보이지 않으면서 끝없는 피해의 소용돌이만 남게 되는 것이다.[13]

2. 가치 이해하기

비판적 기능을 개발한다는 뜻에서 여기서는 가치와 관련된 다양한 태도에 대해 배우고 이를 논의하고자 한다. 여기에는 아이들이 무의식적으로 갖고 있는 가치를 알아차리도록 하는 것도 포함된다. 예를 들면 서로 경쟁하면서 그 결과가 무엇인지 배운다. 또한 아이들은 협력하면서 그 결과가 무엇인지도 배운다. 개략적으로 아이들은 다양한 철학적 아이디어와 종교의 근본적 윤리 원칙을 배우게 된다.

3. 비폭력 소통

여기서 아이들은 이야기를 듣고, 다른 사람에게 관심을 가지며, 그들을 진지하게 받아들이고, 개인적 모욕이나 가치 판단에 의존하지 않고 객관적으로 문제를 논의하는 법을 배우게 된다. 이것은 지극히 평범해 보이지만 사실 우리는 비폭력적인 공개 담론 문화로부터 멀리 떨어져 있다. 여러 분야에서 여론 주도자와 명망 있는 인사들조차 잘못된 말투를 사용한다. 예를 들어 과거 아탁과 나는 미디어와 유명 인사들로부터 "유년기에 갇혀 있는", "전투적인", "공산주의자", "구역질나는 포퓰리스트", "허풍 떠는 반자본주의자들의 영웅", "테러리즘의 영적 멘토"로 불렸다. 여론 주도자들이 다른 의견을 용납하지 못한다는 사실을 명백하게 드러낸 것이다. 그러나 민주적이고 비폭력적 담론 문화는 오로지 실질적 차원에서 토론함으로써 우리와 다른 생각을 가진 사람들을 존중하도록 해준다는 바로 그 사실을 통해 특징지어진다.

또한 소통을 이해하기 위한 강의에서 아이들은 남성과 여성이 소통하는 방법적 차이를 배움으로써 역할 패턴을 알아차리게 되고, 그것을 버릴 수 있게 된다. 마찬가지 방법으로 문화 간 소통 기술을 배울 수도 있다. 그리고 사람은 무엇에 대해 쉽게 오해하는데, 이해하기 위해서는 늘 일정한 노력이 요구된다.[14]

4. 민주주의 이해하기

서구에서 민주주의는 최고 가치로 간주되고 있다. 그러나 학교 교육을 통해 이런 가치가 살아남고, 이 가치를 유지할 방법(중재를 통해서, 공적 삶의 모든 영역에서 발언권을 가지고 공동 결정을 발전시킴으로써)을 거의 배우지 못하고 있다. 민주주의는 언제든 잃어버릴 수 있고 부서지기 쉽고 취약한 성취가 아니라 믿을 만한 역사적 사실로 묘사되고 있음에도 실제로 민주주의는 이미 사라져버렸는지도 모른다.

대다수의 사람은 참여할 수단이 없으며, 혐오감과 좌절감에 휩싸여 공적 영역으로부터 등을 돌렸고, 정신을 말살시키고 반대중적이며 반민주적인 경제 질서를 통해 다른 유혹(소비와 엔터테인먼트, 마약 등)을 강요당하고 있기 때문이다.

민주주의를 이해하는 데 있어서는 다음과 같은 요소가 포함되어야 한다.

- 다양한 이해관계를 하나의 규칙 안에 통합시키는 방법이 필요하다.
- 가능한 한 많은 사람이 수용할 수 있는 의사결정을 내릴 수 있는 방법이 필요하다.
- 다른 욕구를 가진 사람과의 만남은 대다수 사람이 지지하는 만족스러운 의사결정 과정의 전제조건이다.
- 특정한 이해관계를 주장하지 않도록 모든 사람이 바짝 정신을 차리고 헌신할 것이 요구된다.
- 민주적 책임은 위임될 수 없지만 결정을 실행하는 권한은 그럴 수 있다.

그리고 무엇보다 민주주의는 이제 막 시작되었다는 점이다. 우리는 단지 민주주의를 통해 가능하게 된 것들 가운데 10분의 1을 맛

보았을 뿐이다. '진정한 민주주의'의 경험*(점령운동의 모토)은 아직 이루어지지 않았다. 이에 대해서는 다음 장에서 더 다루도록 하겠다.

5. 자연을 이해하고 체험하기

이윤과 소득, 자산, 물질적 재화의 지속적 증가에 의존하는 경제는 균형감각을 상실했다는 의미에서 병들었다고 말할 수 있다. 그런 경제는 '절대적'이며 다른 모든 가치와 그 자연적 기반, 즉 지구의 에코 시스템으로부터 분리되어 있다. 많은 사람이 자기 자신, 다른 사람, 자연환경, 더 큰 계획과 관계를 맺는 데 어려움을 겪는다는 것이 이 병의 핵심이다. 치유는 이런 관계를 다시 끌어안고 이것을 키우며 균형 상태로 되돌리는 것으로 이루어지며, 이는 행복으로 향해 가는 신뢰할 만한 길이다. 모든 문화에서 많은 사람이 환경과 생명체, 강, 절벽, 구름, 사막과 진지하고 배려하는 관계를 갖는 것이 치유 효과가 있다고 보고한다. 자연과 진지하게 교감하면서 몇 시간을 보낸다는 것은 하루를 충만하게 보냈음을 뜻한다. 이 주제와 관련해 아이들은 식물과 동물, 물, 바위에 대해 아는 방법을 배울 뿐 아니라 자연이 마음의 평화에 가져다준다는 치유 효과를 체험하게 될 것이다. 바람과 비, 구름, 물, 별, 꽃, 산 등 평온을 제공하는 자연과 깊이 연결됨을 체험한 사람은 누구든 쇼핑센터나 주식시장, 심지어 자동차를 소유하는 것에서 매력을 찾기 어려울 것

---

* '독일을 점령하라'는 운동은 미국의 '월가를 점령하라'는 운동에서 영감을 받았다.

이다. 어쨌든 물질적 소비를 줄이는 것을 체험함으로써 삶에 대한 진지함을 갖고 삶의 질을 향상시킬 수 있다. 이것이 고전적 시장경제학자들의 관점에서 보면 경제를 배신하고 생산 현장을 파괴하며 불황을 초래하는 것을 의미하지만 말이다.

6. 손으로 물건 만들기

'소파에 앉아 TV를 보며 시간을 보내던' 세대는 컴퓨터 앞에 앉아 있으며, 모바일폰으로 얘기를 하고, 텔레비전을 보거나 다른 여러 가지 전자기기와 미디어를 사용해 가상공간에서 점점 더 많은 시간을 소비하고 있다. 이런 가상세계는 우리를 자연의 물질성과 이것을 손으로 처리하는 데 전념하도록 하는 과제로부터 분리시킨다. 전일적 삶의 한 가지 본질적 요소는 재료와 물질, 연장과 형태, 색깔과 냄새와의 만남에 있다. 우리 모두 장인(匠人이 될 필요는 없지만 뭔가 손으로 만들어 이것을 사용할 수 있는 다른 사람에게 선물하는 것이 어떤 기분인지 체험해야 한다. 인지학의 창시자 루돌프 슈타이너(Rudolf Steiner는 학생들이 삶의 '실천'과 접촉하게 만들어주는 종합적 프로그램을 개발해야 한다고 했는데, 이런 이유로 슈타이너의 학교는 커리큘럼에 삼림 관리, 다양한 교역과 사회기관에서의 인턴직이 포함되어 있다. 이런 활동에 시간을 충분히 할애하여 자신을 현안 과제와 연결시키고, 젊은이들이 가진 창조적 잠재력을 마음껏 펼쳐 보이도록 하는 것이 중요하다. 스스로 쓸모 있는 물건을 만드는 것은 의미를 창조하고, 선물을 만드는 것은 사람들을 행복하게 만들어준다. 그리고 그중 몇몇 젊은이가 장인이나 예술가가 된다면 이는 사회 전체적으로도 큰 이득을 가져다줄 것이다.

7. 몸 민감하게 만들기

전해지는 이야기에 따르면 체 게바라$^{Che Guevara}$는 "연대는 사람들의 애정이다"라고 말했다고 한다. 사실 우리가 자신에게 애정을 갖지 않는다면 모든 국가가 어떻게 서로를 애정으로 대하겠는가? 대부분의 사람은 음식을 잘못 섭취하고 있으며, 운동을 거의 하지 않고, 몸을 제대로 보살피지 않으며, 모든 사람이 행복에 도달하는 가장 빠른 방법임에도 스스로의 몸을 소중하게 어루만지거나 타인과의 스킨십을 원하지 않는다. 우리가 쇼핑하고 TV를 보며 돈을 버는 데 사용하는 시간과 마사지를 해주거나 받는 시간을 비교하면, 애석한 일이지만 육체적 접촉과 애정을 소홀히 여기고 있다는 사실이 드러난다. 인간의 몸은 한없이 민감한 유기체이며, 우리 모두는 사물을 매우 민감하게 감지하는 기질을 가졌으므로 다른 대상과의 접촉 하나하나는 깊은 감각적 체험이나 내면의 자아에 대한 다독거림으로 이어질 수 있다. 민감도 훈련을 통해 비감각적 체험을 위한 시간이 필요 없을 정도로 삶의 질이 향상될 것이다. 감각적 요소가 약할수록 물리적 자기인식이 약해지며, 이런 궁핍이 커질수록 돈이나 권력, 마약으로 더 보상받으려고 한다.

이런 이유로 아이들은 빨리 자신의 몸, 자신의 창조성과 진정성,

섬세하고 주의를 기울이며 배려하는 관계를 발전시켜 나가도록 도움을 받아야 한다. 이것은 게임이나 댄스, 집단곡예에서 시작할 수 있으며 나중에 사춘기가 지나면 바디워크*나 마사지, 에너지워크,** 요가 등으로 확장될 수 있다.

---

* 바디워크(bodywork)는 올바른 자세를 통해 인체의 구조와 기능의 효율성을 증진시켜 건강한 몸과 마음을 만드는 모든 작업을 말한다.

** 에너지워크(energy work)는 기(氣) 훈련처럼 몸의 에너지를 조절해 높은 의식 상태에 도달하려는 동서양의 수행법이다. 예를 들어 요가나 마음 챙김, 명상 등을 지칭하는 것으로 보인다.

6장

조화로운 민주주의로 가는 길

CHANGE EVERY THING

진정한 민주주의는 공허한 문구가 아니다.

— 알베르트 아인슈타인

우리는 공식적으로 민주주의 사회에서 살고 있지만, 세계화와 금융화가 가속화되기 전 시대와 비교해 보면 사회생활의 모든 측면에서 진정한 발언권을 갖고 있다고 느끼는 사람이 점점 줄어들고 있다. 또한 정부가 대다수 주민의 욕구와 이해관계에 반하는 결정을 내리는 경향이 점점 증가하고 있다. 여기에는 다음과 같은 쟁점이 포함된다.

- 시스템 안정과 공동선에 반하는 투기를 허용하는 금융시장에 대한 규제 완화
- 식수, 에너지 공급, 철도, 우편 서비스, 금융 등 공공서비스의 민영화
- '자유무역협정'을 통한 글로벌 위치 경쟁의 촉발
- 조세피난처로 자본 이전의 자유화
- 35만 배에 달하는 소득 불평등 용인
- 농업에서 유전자 조작 기술 시행, 생명체에 대한 특허 법제화
- 유럽원자력공동체 조약
- 유럽연합 리스본조약에서 재무장 약속
- 코펜하겐 기후회의에서 시위자 탄압

- 관타나모*에서의 고문
- 국제법을 위반한 이라크 침공
- 2008년 이후 대규모 시스템 관련 기업들의 해체 대신 이들의 이득을 위해 발효된 은행 구제 정책

대부분의 국가에서 직접민주주의 절차가 채택되었다면 다수가 이런 결정을 지지하지는 않았을 것이다. 그런데 민주적 정통성을 가진 정부와 의회가 공식적으로 이런 결정을 내렸다. 시민과 이들 대표 간의 간격이 점점 벌어지는 몇 가지 이유가 있는데, 정치학자들은 이것을 '대표성 위기'라고 부른다.

1. 매 4~5년마다 정당 강령을 선택할 수밖에 없는 유권자들은 어떤 것에 대해서도 통제권을 거의 갖고 있지 못하다. 선거 공약은 구속력이 없어서 과장되어 있기 때문이다. 정부가 공약을 이행하지 않을 때 유권자인 우리가 할 수 있는 일은 거의 없다. 우리가 어떤 특별한 공약을 이행하지 않은 정부를 '벌주려면' 다음 선거까지 기다려야 한다. 그렇다면 선거 때 우리는 어떻게 정부에게 제재를 가할 수 있는가? 이를 위해 정당을 바꿔야 하는가? 그렇다면 우리에게 더 적합한 정견政見을 가진 정당이 있는가? 우리에게 가장 중요한 쟁점

---

* 관타나모(Guantánamo)는 쿠바 남동쪽 끝 관타나모만에 위치한 미군 해군 기지를 말한다. 관타나모 해군 기지는 미국과 정식 외교관계가 없는 (잠재적 적대국가의) 국가 내부에 있는 유일한 미군 기지이기도 하다.

을 정견에서 다루는 정당이 선거에 나서지 않는다면 어떻게 해야 하는가? 그리고 우리에게는 정당이 내린 개별 결정에 대해 책임을 물을 수 있는 방법이 없기 때문에 입법 기간 전반에 걸친 실적을 가지고 처벌할 수밖에 없다는 것을 과연 '처벌을 받는' 정당이 이해하고 있을까?

2. 경제 엘리트와 정치 엘리트가 점점 빠른 속도로 유착되어 가고 있다.
최고경영자들이 종종 정부로 자리를 옮기고, 정치인들은 점점 빨라지는 '회전문'을 통해 대기업의 로비스트가 되고 있다.[1] 이런 일들 가운데 상징적 사례를 꼽으라면 유럽연합의 전 무역감독관이었던 리언 브리턴Leon Brittan이 영국 금융산업을 대표하는 로비 그룹인 IFSLInternational Financial Services London의 로티스LOTIS 위원회 의장이 된 것을 들 수 있다.[2] 다른 사례는 샤론 볼스Sharon Bowles인데, 유럽의회의 경제·금융위원회 의장으로서 그녀는 런던 주식시장을 규제하는 유럽연합의 규칙과 관련된 중요한 협상을 지휘했다. 그리고 2015년 8월 볼스는 사외이사로서 런던 주식시장 그룹 이사회에 합류했다.[3] 가장 최근 사례를 꼽으라면 영국 수상 데이비드 캐머런David Cameron이 순전히 재정 서비스와 재정 안정을 위해 유럽연합 커미셔너로 지명한 조너선 힐Jonathan Hill이다. 힐은 유럽의회 회원들에 대한 로비스트로서 자신이 보유한 과거 이해관계와 관련된 전체 리스트의 제출을 거부했다.[4]

이런 회전문 현상 덕분에 규제자와 피규제자의 역할이 상당히 모호해졌다. 2008년 금융위기의 여파가 남아 있을 때 가장 큰 힘을 가진 은행가들은 은행 구제 법안을 작성했고, 의회는 은행가들이 작성한 법안에 서명했다. 정치와 비즈니스의 유착에 따른 문제는 경제 엘리트들이 더 부유해지고 강력해질수록 그 유착이 더 중요한 영향을 미친다는 것이다. 이것은 경제 엘리트 자신들이 문제라는 것을 보여주며, 이 같은 불평등을 제한해야 한다는 요구를 확인시켜 줄 뿐이다. 이들 엘리트는 모든 인간이 평등권과 평등한 기회, 공동 결정에 대한 동등한 가능성을 보유해야 하는 민주사회와 모순된다.

3. 경제 엘리트가 주요 미디어에 대해 과도한 영향력을 행사하고 있다.

가치 있는 정보 소스를 확보하기 위해 애쓰는 고위 언론인과의 개인적 접촉을 통해, 그들이 미디어 엘리트와 공유하는 가치를 통해 (힘을 유지하는 데 민감한 사람들은 대단히 협력적이므로), 미디어가 경제적으로 의존하고 편집 방향을 조정하도록 하는 광고를 통해, 재산의 직접적 통제를 통해 그리고 회전문 덕분에 영향력을 행사한다. 예를 들어 2013년 분할 이전에 루퍼트 머독Rupert Murdoch이 수장으로 있는 '뉴스코퍼레이션News Corporation'의 감사회에는 전 정부 수반인 스페인의 호세 마리아 아스나르 로페스Jose Maria Aznar Lopez와 컬럼비아의 알바로 우리베Alvarez Uribe 두 명이 포함되어 있었다. 이 외에도 미디어 기업이 소수의 기업에 지나치게 집중되어 있으며, 이들 기업은 강

력한 힘을 갖고 있다. 2011년 미국에서는 단지 6개 기업이 미국 미디어의 90퍼센트를 통제했다.[5]

4. 주류 학계는 때때로 권력을 가진 사람들의 의견에 동조하고 나선다.
분명히 '자유' 대학은 대안적 접근에 공간을 제공해야 함에도 '주류'는 힘을 가진 사람들의 아젠다에 동조하고 있는데, 그 이유는 다음과 같다. 첫째, 많은 지식인이 '좋은 집안' 출신이며 그들 자신이 속한 '계층'의 이해관계를 촉진하고 있다. 둘째, 진행 중인 자유화로 대학은 점점 기업으로부터 오는 외부 자금에 의존하고 있다. 셋째, 민간 이익 집단은 공공 기금의 부족을 유발하고 초빙교수직을 만들어 대학 내에 그들의 이념적 전파자들을 배치하는 데 이런 상황을 이용한다. 미국 일리노이 주 어버너 샘페인에 위치한 일리노이대학교의 농업·소비자와 환경과학ACES 대학은 유전자 조작 종자와 농화학 분야 거대 기업인 몬산토Monsanto로부터 25만 달러 기부금을 받아 커뮤니케이션 대학과 공동으로 운영하는 소위 농업 커뮤니케이션 프로그램을 위한 석좌교수직을 만들었다.[6] 반면 과학자들은 그들의 통찰이 기업의 이익에 위협이 되는 경우 연구비 지원을 거부당하거나 직장과 경력에 위협을 받고 있다.[7]

5. 싱크 탱크는 자금을 지원하는 사람들을 위해 일한다. 이들은 일반 대중과는 공통점이 거의 없는 영향력을 가진 경제계 인사다. 미국의 경우 미국입법교류협의회ALEC, American Legislative Exchange Council는 스마

트하고 과학에 바탕을 두어 정확성과 타당성이 있어 보이지만, 사실 이 조직은 사적으로 자금을 지원받는 정치인과 비즈니스 엘리트로 구성된 협의회이며, 법을 제정하고 의회에서 이를 통과시키기 위해 압력을 행사하고 있다. 한편 독일의 '신사회적 시장경제 이니셔티브New Social Market Economy Initiative'라는 멋진 이름을 가진 조직은 계몽이나 비즈니스 윤리에 헌신하는 지식인 집단이라기보다는 연대에 기반을 둔 사회적 복지국가를 와해시키기 위해 분투하는 산업 고용주 연합이 사주한 캠페인을 벌인다.[8]

6. 정당은 기업들의 자금 지원을 받고 있다. 미국에서 하원의원들은 직접적으로 로비스트를 통해 지원을 받는데, 그 결과는 분명하게 나타난다. 이와 관련된 2가지 사례가 있다. 파생금융상품의 규제에 찬성투표를 한 하원의원들은 총 94만 달러에 달하는 지원을 받았던 반면, 이에 반대투표를 했던 하원의원들은 2,700만 달러의 지원을 받았다. 미국 연방제도이사회의 규제를 지지했던 의원들은 4만 달러의 지원을 받았던 반면, 이에 반대한 의원들은 1,000만 달러의 지원을 받았다. 그리고 이 법안은 비참하게 부결되었다.[9]

민주주의는 이런 상황과 사건들로 말미암아 심각한 위기에 처해 있다. 만약 우리가 경제적 불평등과 로비 활동, 미디어 집중이 지속되도록 내버려두고, 민주주의를 4~5년마다 투표용지에 지지 정당을 체크하는 행위로 축소시키는 것을 허용한다면 민주주의는 해체 상태에 다다를 정도로 약화될 것이다. 생동하는 민주주의가 창출하려면 정치와 비즈니스의 유착을 끊어내야 하며, 불평등에 대한 제한을 만들어내야 한다. 또한 민주적 참여의 확대와 함께 역사상 유례없는 규제권이 요구된다. 가능한 한 많은 사람이 토론에 참여하고, 의사결정 과정에 관여하며, 가능한 한 여러 영역에서 사회 형성에 도움을 주어야 한다. 그리고 이들은 의회선거 사이 기간, 사회적·경제적 생활의 모든 민주적 영역에서 이런 일을 할 수 있어야 한다.

우리는 주권자다!

민주주의의 부흥을 이루기 위한 기본적인 전제조건은 주권이 실제로 무엇이며, 무엇이어야 하는지를 아는 것이다. '주권'은 라틴어 'superanus'에서 왔는데, '모든 것 위에 군림하는'이라는 뜻을 가진다. 절대왕정시대에는 왕이 모든 것 위에 군림하는 최고 권력이었지만 계몽주의와 부르주아 혁명은 일반대중이 실제로 이런 역할을 해야 한다는 관념을 촉발시켰다. 그러나 그런 이론적 권리는 근대 민주주의 어디서도 그 모습을 거의 드러내지 않았다. 시민이 보유한 유일한 주권은 정당에 투표하는 것과 헌법 개정에 최종 결정권을 갖는 것이다. 그러나 이것은 진정한 주권이라고 말할 수 없다. 진정한 주권은 주권자들이 다음과 같은 일을 할 수 있다는 것을 포함한다.

1) 헌법을 개정한다.

2) 민주적 과정을 통해 완벽하게 준비된 새로운 법률을 만든다.

3) 민주적 헌법에 따라 국제적 협의를 위한 체제를 확정한다(예를 들어 무역협정).

4) 제안된 어떤 법안과 관련해 의회를 바로잡는다.

5) 국민이 직접 법률을 시행하거나 폐기한다(예를 들어 전국적인 국민결정이나 국민청원 등).

6) 정권과 정권 체제를 투표로 선출한다.

7) 정권과 정권 체제를 해임한다.

8) 기본적인 공급 부문(예를 들어 물, 전기 등)을 국민이 직접 감독하게 한다.

9) 화폐 체계에 대한 최종 결정을 내린다(금융법).

10) 세금 체계에 대한 최종 결정을 내린다(세법).

주권의 정의에 대해 매우 취약한 상태인 대부분의 사람은 민주적 주권자로서 행동하는 데 필요한 기본적 수단을 갖고 있지 않다는 사실을 인지하지 못하고 있다. 우리는 이것을 학교에서 배우지 않는다. 강의 시간에 종종 '주권자'의 손에 우선적으로 무엇이 쥐어져야 하는지 물어 본다. 이 질문을 하고 나면 보통 어색한 침묵이 이어진다. 그 와중에 누군가 성급하게 "선거"라고 대답하거나 작은 목소리로 "법안 통과?"라고 다시 묻는다.

주권자가 정말 '모든 것 위에 군림'하며 민주주의의 유일한 목적이 그 의지(가능한 최대 다수의 공동 의지)를 시행하는 것이라면 주권자는 언제라도 법을 제안하고 통과시킬 수 있어야 한다! 그러나 현재 우리가 뽑은 대표들이 법을 제안하는 독점권을 갖고 있기 때문에 유럽연합 전체뿐 아니라 회원국에서도 이것은 불가능하다. 유럽연합 회원국에서 법률제정권은 각국의 정부와 의회에 있다. 그리고 유럽연합에서는 위원회와 협의회, 의회에 있다. 직접민주주의로 간접('대의')민주주의를 보완하는 것은 국민과 대표 간에 논리적 권력분립을 실행하는 것으로 인정될 수 있다. 보다 확실한 권력분립은 국민이 분명히 느낄 정도로 민주주의를 향상시키고 이런 형태의 정부를 더 신뢰하도록 만들 것이다.

삼권분립의 확대

기본 원리는 보통 논란거리가 되는 일이 거의 없다. 그런데 삼권분립이라는 민주주의 원리는 예외에 해당된다. 국가기관을 입법과 행정, 사법 분야로 분할하고 이를 통해 상호 견제해야 한다고 알고 있다. 그러나 우리는 이런 삼권분립의 이면에 어떤 기본 발상이 자리하고 있는지를 거의 생각하지 않는다. 삼권분립의 목적은 권력이 지나치게 집중되고, 그로 인해 남용되는 것을 방지하는 데 있다. 따라서 다른 기관들과 비교해 어떤 기관도 지나치게 강력한 힘을 가

져 자유(여기서는 집단적 자유, 즉 민주주의를 말함)를 위협할 정도가 되어
서는 안 된다. 너무 많은 것의 성패가 달려 있기 때문에 삼권분립의
원칙에 대해 집중적으로 심사숙고하고, 가능한 한 이것을 체계적으
로 발전시켜야 한다.

우리는 이미 이런 발전을 실행하기 위해 필요한 첫 단계를 언급
하기 시작했다. 그것은 주권자인 국민과 대표 간에 보다 효율적인
삼권분립이다. 그러나 주권자인 국민은 왜 가장 먼저 대표를 선출
해야 하는가? 국민국가에는 많은 사람이 속해 있으므로 국가가 달
성해야 하는 합의 도출 과정에 모두가 참여하는 것이 불가능하다.
풀뿌리 민주주의는 한계가 있으며, 이것은 민주적 과정에 적극적으
로 참여하는 사람들의 숫자를 통해 규정된다. 따라서 분업은 정부
와 의회선거의 배후에 있는 원칙이다.

우리의 과제는 주권자를 위해 주권자 위에 군림하는 새로운 조
직을 만드는 것이 아니다. 정부와 의회는 단지 주권자들의 대표로
서 그 유일한 목적은 과반수 이상의 주권자들의 의지를 실행에 옮
기고 성취하는 데 있다. 그러나 어떤 정부도 실제로 이렇게 행동
한다는 보장이 없으며, 주권자들의 권리가 더 제약을 받을수록 그
리고 특정 이해집단이 정부를 통해 얻는 영향력이 커질수록 일시
적으로 부여된 권력을 남용하려고 한다. 1762년 장 자크 루소Jean
Jacques Rousseau는 "공적 사안에 대해 사적 이해관계가 미치는 영향만
큼 위험한 것은 없다"[10]라고 했다.

사실 다음 계약(선거) 확정 전까지 주권자들의 손이 묶여 있어야

한다는 것은 터무니없는 일이며, 정부가 주권자들의 의지를 실현할 지도 모른다는 나약한 희망만 갖게 할 뿐이다. 그러나 이것이 점점 일반적인 시나리오가 되고 있다. 정부와 의회는 '일시적 독재자'로 변신하는데, 그 이유는 이들 기관에 가장 많은 압박을 가하는 로비 집단이 깊숙이 침투해 있으며 심지어 그들을 구성원으로 받아들이고 복종하기 때문이다.

무시당한 주권자들은 항의하고 시위를 벌일 수 있지만 권리가 없다면 무슨 소용이 있겠는가! 민주적 주권자(최고 행위자로서)라면 자신이 원하는 행동을 하지 않는 경우 그런 대리인을 바로잡을 수 있어야 한다는 것이 더 말이 되지 않겠는가? 루소는 "주권자는 정부를 선택할 때마다 부여한 권력을 제한하고 수정하며 무효화할 수 있어야 한다"[11]라고 말했다.

헌법 제정권과 헌법적 권한의 분리

다음 단계는 헌법을 제정하는 권한과 이를 통해 도입된 권한을 분리하는 것이다. 정치학에서는 '헌법 제정권(주권자)'을 헌법적 권한(의회, 정부)과 구분하려는 시도가 있다. 이런 시도의 이면에 있는 생각에 대해선 충분히 이해가 간다. 즉 민주적 기관들 스스로 통치 규칙을 만드는 것이 허용된다면 가능한 많은 권한을 확보하기 위해 국민에게는 가능한 적은 권한을 허용하려고 할 것이다. 그러나 주권자인 국민이 헌법을 제정한다면 공동 결정권과 통제권뿐 아니라 최종 발언권도 가지려고 할 것이다.

이 점은 특히 유럽연합의 발전이라는 맥락에서 볼 때 의미가 있다. 과거 기본 조약들은 항상 정부 주도로 체결되었다. 새로운 조약을 추진하는 과정에서 주민들은 배제되었으며, 최종 결과에 투표하는 것도 대체로 허용되지 않았다. 이런 관행은 유럽연합에 새로운 역량이 주어지고 점차적으로 국가와 같은 성격을 부여받게 되면서 더 문제가 되고 있다. 소위 '유럽연합 헌법'을 제정하는 과제를 다루는 데 있어서 정부가 주권자들이 책임을 떠맡도록 해야 할 시점이 무르익었다. '헌법'이라는 명칭은 주권국가의 기반과 국가의 주권은 정부나 의회가 아니라 국민에게 있어야 한다는 것을 시사하기 때문이다. '헌법 조약'은 실제로 헌법 이상이다. 그것은 500쪽에 달하는 분량에 가득 채워진 정치적 계약을 동반하고 있는 헌법으로, 민주주의에 반하는 역겨운 움직임이 아닐 수 없다.

투표권을 가진 네 주권국가 가운데 두 국가가 이 계약상 '괴물(헌법 조약을 지칭함)'을 거부한 뒤 유럽연합 회원국의 정부들은 텍스트의 '헌법 부대조항'(예를 들어 '법', 외무 '장관', 깃발과 찬송가 등 용어의 사용에 있어)을 없애고 '보통' 조약으로 통과시키기로 결의했다. 회원국 정부들이 내용의 95퍼센트를 '구제'해야 한다고 동시에 강조했다는 사실은 거의 동일한 텍스트가 어떤 종류의 공동 결정 권한을 갖지 못하는 주권자들에게 강요되었음을 드러낸 것이다. 주권자로서는 유일하게 아일랜드 국민만 이 수정된 문서에 투표했는데, 그 결과는 역시 '반대'였다. 주권 대표자들의 관점에서 볼 때 투표 결과가 자신들이 바랐던 바가 아니었기 때문에 또 다른 투표가 실시되었다. 이것은 더욱 심각한 직접민주주의의 남용이 아닐 수 없다. 직접민주주의는 주권자들이 정부를 바로잡도록 허용하는 수단이 되어야지, 정부가 주권자들을 바로잡는 데 사용되는 수단이 되어서는 안 된다!

유럽연합 조약은 어떤 민주적 방법으로 이루어졌는가? 활동가 조직 아탁의 17개 유럽 지부는 유럽연합 조약을 성취할 수 있는 구체적 제안을 내놓았다. 유럽연합에 대한 사람들의 신뢰를 구축하고, 이들이 이에 대해 동질감을 갖도록 하기 위해서는 '유럽의회'를 건립하는 데 관여하도록 해야 한다. 누군가 다른 사람이 집을 짓고 여기 적용되는 규칙을 제정한다면 집이 어떤 모습이어야 하고 어떤 규칙이 적용되어야 하는지 주민들이 직접 결정하는 것과 비교해 집은 결코 아늑하지 않을 것이다. 아탁은 다음과 같은 제안을 내놓았다. 주민들을 대표하는 민주의회가 선출되어야 하며, 이는 모든 회원국의 대표들로 구성되고, 이 가운데 적어도 50퍼센트는 여성이어야 한다. 이들의 과제는 새로운 기본 조약을 작성하는 것인데, 이것을 헌법이라고 부를 것인지 여부는 중요하지 않다.[12]

이런 의회를 총회라고 부르는 것이 관행이다. 사실 헌법 조약은 총회에서 작성되었지만 이 조직은 주권자가 아니라 정부가 설립해 총회에는 민주적 절차 규칙이 마련되어 있지 않았다. 그래서 총회 대신 13인의 상임간부회에서 최종 결정이 내려졌다. 모든 회원국에서 헌법 조약을 국민투표에 회부하는 것에 대해 상임간부회가 우호적으로 발언했던 것은 도리어 총회를 '무력화'시켰다. 총회는 웃음거리가 되었다. 룩셈부르크 수상 장클로드 융커^{Jean-Claude Juncker}는 "나는 총회보다 더 어두운 방을 본 적이 없다"[13]라고 말했다. 이 어두운 방에서 만들어낸 최종 산물이 헌법 조약에 대해 투표하도록 허용된 5명의 주권자 가운데 3명에게 거부되었다는 것은 놀랄 일도 아니다!

아탁이 만든 제안에 따르면 주권자는 민주 총회의 결과에 대한 최종 결정권을 가져야 한다. 신속한 처리를 위해 직접 선출된 신뢰할 만한 사람들이 국민과의 활발한 아이디어 교환을 통해 작성하고 수정해 주체적으로 결정한 조약을 국민이 수용할 가능성은 매우 높다. 나는 모든 회원국이 이 제안을 채택할 가능성이 상당히 높다고 확신한다. 가장 중요한 정치적 갈등은 '국민국가들' 또는 다양한 유럽 문화들 사이에서가 아니라 여러 국가 내부에서 사회 엘리트들과 다수의 주민 사이에서 발생하기 때문이다.

언젠가 진정한 민주 총회의 최종 결과물이 채택되리라는 사실은 다른 곳에서 입증되고 있다. 스위스 취리히 주는 1999~2005년 앞서 말했던 과정을 거쳐야 했다. 여기에는 주민과의 치열한 의견 교환을 반영하고 주권자들이 투표하는 '새로운 헌법의 작성'이라는 과제를 담당할 총회를 직접 선출하는 것이 포함되었다. 64.8퍼센트라는 분명하게 과반수 넘는 사람들이 이것을 채택했다.[14]

민주적으로 탄생한 기본 조약은 유럽연합이 시민들의 신뢰를 다시 얻도록 해줄 뿐 아니라 유럽통합이라는 프로젝트를 완전히 다른 방향으로 전환시킬 것이다. 나는 비즈니스 자유의 강화, 지역 간 경쟁, 자본 거래와 관련된 맹목적 자유, 제약 없는 재산권, 강요된 군비 확충, 제도적 민주주의의 결함 대신 더 민주적이고 더 지속가능하며 더 평화적인 유럽연합으로 진화할 것을 확신한다. 현재 조약에 포함된 상당 부분은 절대 시민이 문서로 작성한 것이 아니다. 대신 시민권에 최우선권이 주어지면, 이로 말미암아 내적·외적 평화와 이에 못지않게 중요한 공동선 경제를 위한 번영의 틀이 마련될 것이다.

경제 총회

총회는 기본권 헌장이나 비즈니스를 위한 가치와 목적의 체계 등 개별적 핵심 요소들을 재구성할 뿐 아니라 새로운 헌법을 작성하는 과제를 맡을 수 있다. 내가 예전에 주장했듯 현행 가치와 목적 체계, 전체에 스며든 기본 원칙(이윤과 경쟁 추구)은 헌법적 가치가 아니다. 기본적인 인간적 가치로부터 벗어난 것에서 그치지 않고 사실상 정반대라고 할 수 있다. 실제로 현실 경제는 헌법 정신을 위반하고 있다. 독일 기본법은 "재산의 이용은 일반대중의 복지에 기여해야 한다"라고 되어 있다. 그리고 바이에른 헌법은 "모든 비즈니스 활동은 공동선에 기여해야 한다"라고 되어 있다. 한편 미국 헌법의 전문은 미합중국 국민은 "일반 복지를 촉진하기 위해" 미국을 건립했음을 상기시켜 준다. 그런데 우리는 비즈니스에서 이런 정신을 거의 발견할 수가 없다. 비즈니스에서는 인간 존엄과 연대, 민주주의와 같은 헌법적 가치가 거의 요구되지 않는다. 이윤과 경쟁의 추구는 이런 기본 가치를 실행하는 데 있어 적절한 규칙이 아니기 때문이다.

여기서 제안된 민주적 경제 총회는 효과적인 인센티브를 통해 이런 헌법적 가치와 목적을 성공적으로 실행 가능한 기본 원칙으로 바꿔줄 것이다. 그 제안 내용은 다음과 같다. 공동선 추구를 비즈니스 주체들의 목표로 정의하는 것, 이런 목표의 성취를 공동선 대차대조표의 형태로 측정하는 것, 공동선 생산으로 국민경제의 성과를 측정하는 것, 기업 간의 협력을 촉진하는 것, 생태적 권리를 확립하는 것, 재산권에 제한을 가하는 것이다. 10~15개에 이르는 기본 원칙이면 충분할 것으로 보인다. 경제적 헌법과 관련해선 3~4쪽이면 충분해 보이는데, 최초로 민주적 절차를 활용하는 비즈니스를 위한 근본 원리가 마련될 것이다.

교육 총회

교육에 대한 쟁점을 다루는 또 다른 총회가 설립될 수 있다. 개설된 교육 과정을 통해 교육 시스템은 어떤 유형의 인간이 미래 사회를 만들 것인지 결정하게 된다. 이 사람들은 상대의 이야기를 들어주고 다른 사람들과 협력하고 의견을 존중하는 방법을 배웠는가, 아니면 상대보다 우월함을 내세우며 앞서 나가기 위해 다른 사람들을 밀쳐내고 개인적 '성공'을 위해 다른 모든 것을 무시하라고 배웠는가? 이들은 민주주의를 만들어 나간다는 것이 무엇을 뜻하는지 배우고 있는가, 아니면 자신을 단지 '사적 개인'으로 간주하고 있는가? 이들은 궁극적으로 세상을 하나로 묶어주는 것을 경험하고 있는가, 아니면 서로 무관한 단편적 지식으로 가득 채워져 있는가?

모든 면에서 교육 영역보다 좌절을 더 강하게 안겨준 영역은 없을 것이다. 학생들은 무시당하고 있다고 느끼며 공격적으로 변하고 있다. 교사들은 압도당한 채 희생양이 되어 학대받고 있다고 느낀다. 대학은 지나치게 엄격하게 관리되고 있으며, 재정적 어려움에 시달리고 있다. 대학은 이윤을 추구하는 사기업들로부터 외부 자금을 확보하기 위해 점점 더 기업처럼 행동할 것을 강요받고 있으며, 외부 평가 방법은 감시와 통제의 분위기를 만들어내고 있다. 아이들과 젊은이들은 현재 비판적 사고방식을 가진 자유로운 개인으로 성장하는 대신 시장과 글로벌 경제의 요구에 적응하도록 강요당하고 있다.

이런 상황의 전개는 자유 교육의 이상을 따르고 있는가? 왜 학생과 학부모가 커리큘럼을 정하는 데 참여하는 것이 허용되지 않는가? 왜 정부가 이 모든 권한을 가지고 있는가? 이것은 모든 사람에게 영향을 미치는 일이 아닌가? 교육의 영향을 받는 사회 구성원이 총체적으로는 이해관계 집단에게 포획된 정부보다 더 현명하지 않겠는가?

학생, 교사, 학부모 등 교육의 영향을 받는 여러 분야에서 선출된 신뢰할 만한 대표들로 구성된 민주 총회는 관련자들의 공동 결정권에 대한 범위를 정할 뿐 아니라 교육 시스템의 목표와 핵심 교육 내용을 결정함으로써 이런 딜레마에서 빠져나오는 방법을 제공할 것이다. 나는 이들이 선정한 교육 내용과 커리큘럼이 오스트리아 보수당 당수이자 부수상을 역임한 요제프 프롤Josef Proll이 금융위기가 심각했던 2009년 '프로젝트 오스트리아'라는 이름으로 행했던 실용적 연설에서 제안한 것과 상당히 다르다고 생각한다. 그의 제안은 "금융 교육이 모든 타입의 학교 교육의 구성 요소가 되어야 한다"[15]는 것이었다. 달리 말하면 이제 은행은 글로벌 카지노가 되었으므로 모든 사람이 카지노에서 성공할 수 있는 방법을 배워야 한다는 것이다. 오스트리아에서 동일한 이름(즉 '금융 교육')을 가진 유럽연합위원회 산하의 작업 집단에 파견한 유일한 대표가 연 20퍼센트에서 70퍼센트에 이르는 금융 수익률로 사람들을 유혹하는 헤지펀드 기업 '슈퍼펀드Superfund'의 전무이사라는 사실이 모든 것을 말해준다.[16] (두 명의 독일 대표는 각각 은행 연합과 보험회사 연합에서 파견되었다.[17])

공공서비스 총회

세 번째 총회는 비용 효율적인 공공서비스 분야를 분명하게 밝혀줄 수 있다. 핵심 질문은 다음과 같다.

대단히 중요해서(그리고 많은 경우 가장 쉽게 균일한 사업 형태로 조직되어) 주권자들의 완벽한 통제 아래 놓여야 하는 비즈니스 분야는 무엇인가? 조사에 따르면 유럽 주민의 대다수는 공공 우편 서비스, 공공 철도 서비스, 공적으로 기금이 조성되는 연금 시스템, 공공 건강 보험, 공공 유치원과 대학을 선호한다. 이런 공공서비스와 관련된 사업은 공공서비스 총회를 거쳐 '민주적 공유지'로 발전할 수 있다 (투표할 기회가 주어진다면 주민들은 기본적 인프라에 대한 공공 통제권 유지를 선호한다고 말할 것이다).

미디어 총회

보다 민주적인 미디어 환경을 육성하기 위한 목적으로, 미디어와 비즈니스, 정치의 힘을 분산시키기 위해 미디어의 쟁점을 다룰 수 있다. 또한 다양성과 힘의 분산이 이 분야에서 음의 되먹임에 기여할 것이다.

- 어떤 기업도 하나 이상 미디어 기업의 지분을 보유하는 것이

허용되지 않는다.

- 어떤 미디어 기업도 전체 비용의 0.5퍼센트 이상을 광고비로 지출하는 광고주에 의존해서는 안 된다.
- 규정된 기준을 초과하는 스타트업 예산을 가진 새로운 미디어는 적어도 5명의 공인된 저널리스트, 적어도 대등한 10명의 대주주를 통해서만 설립될 수 있다.

어떤 정부도 미디어와 재산권력을 나누는 것을 감히 꿈도 꾸지 않을 것이다. 민주주의를 위해 이런 구조救助 조치와 씨름하고 실행할 유일한 실체는 민주적 주권자일 것이다. 그러나 이 일을 하기 위해서는 직접민주주의가 필요하다.

민주 총회

2008년 위기와 이에 대한 정부의 반응(또는 반응의 부재)을 지켜본 뒤 더 많은 사람이 현재의 민주주의 모델이 사실상 막다른 골목에 이르렀음을 인식하게 되었다. '월가를 점령하라'부터 '아탁'에 이르는, '이니셔티브와 국민투표기관'부터 '국제 민주주의'에 이르는 다양한 시민사회운동은 어떻게 민주주의를 발전시킬 것인지, 스페인의 '인디그나도스운동'이 외쳤듯이 진짜 민주주의를 어떻게 최우선으로 성취할 수 있을지에 대한 생각을 내놓고 있다. 개인적으로 이것은 우리가 미래에 직면하게 될 가장 큰 과제 가운데 하나가 될 것이다. 더 많은 민주주의를 원하는 모든 세력은 시대에 뒤떨어지지 않는 혁신적인 민주주의 모델을 만들어내고 대규모 시민연합의 공통 요구, 말하자면 역사를 만드는 시민권 운동을 위해 힘을 합쳐야 한다.

이를 실행에 옮기는 길은 대중적인 이니셔티브, 즉 민주 총회 또는 이 경우에는 정당에 대한 요구일 수 있다. 개인적으로 정당은 '전정한' 민주주의로 가는 과정에 있는 막다른 길이라고 생각한다. 정당은 상호적인 것보다는 당파적인 것을 강조하기 때문이다. 한 파벌이 제안한 것은 다른 파벌을 통해 실질적 이유가 아니라 원칙에 따라 기각된다. 정당민주주의는 경쟁을 요구하지만, 민주주의는 협력적 절차에 기초해야 한다. 여기서 잘 다듬어진 해결책을 제시할 수는 없지만, 공동체의 요구를 충족하며 당파 간 분열로 말미암아 결과적으로 스스로 약화되지 않으면서도 지속가능한 결정을 내릴 수 있는 그런 과정이 조만간 발견되리라고 생각하지는 않는다.

꼭 존재해야 한다면 민주주의 정당은 유일한 목적, 즉 새로운 민주주의 모델을 탄생시켜야 한다는 목적을 가져야 할 것이다. 새로운 민주주의의 플랫폼은 어떤 실질적 이슈(다수가 그렇게 해야 한다고 아무리 호소해도)를 다루어선 안 된다. 이들 이슈로 말미암아 의사결정 과정의 새로운 기본 원칙을 제정하는 과제에 소홀해질 수 있기 때문이다. 더욱이 이 새로운 원칙이 실행된다면 다수의 지지를 받는 제안은 정당의 참여 없이도 법제화될 수 있다.

더 나은 민주주의 모델에 대한 탐색은 이미 시작되었다. 나는 이 것이 앞으로 가장 중요한 정치 프로젝트가 되리라고 믿는다.

3단계 직접민주주의

3단계 직접민주주의는 구체적 용어로 다음과 같이 말할 수 있다. 첫째, 주권자들은 수용할 수 없는 법안은 어떤 것이라도 과반수 투표를 통해 거부할 권리를 가지고 있다는 것을 뜻한다. 둘째, 주권자들은 정부의 '아젠다'와 보조를 맞추지 않는 법안을 작성하고 법을 통과시킬 권리를 갖고 있다는 것을 뜻한다. 이 두 권리는 동일한 절차, 즉 3단계 직접민주주의를 통해 확고해질 수 있다. 이는 현재 점점 더 많은 조직이 요구하고 있는 아이디어다.[18]

- 1단계: 모든 시민 또는 시민 집단은 바람직한 법안에 대한 지지 선언을 모을 수 있다.
- 2단계: 이 법의 초안이 충분한 지지자, 예를 들어 유권자의 0.5퍼센트에 해당하는 지지자를 확보한다면 국민투표를 위한 청원이 추진될 수 있다.
- 3단계: 이 청원(전국에 있는 투표소에서 서명 수집)이 3퍼센트 같은 더 큰 장벽을 넘어선다면 의무적으로 국민투표가 실시되고, 그 결과 합법적으로 구속력을 가진 법이 될 것이다.

'3단계'는 현재 스위스에서 국가적 차원으로 적용되고 있을 뿐 아니라 미국 캘리포니아에서도 적용되고 있다. 여기서 시민은 실제 주권자다. 독일과 오스트리아, 이탈리아, 미국을 포함한 대부분의 국가에서는 의회가 결정권을 가지고 있다. 그리고 의회는 사람들의 의지에 반해 원자력발전소를 건립하고, 자본이 조세피난처로 달아나도록 허용하며, 생명체에 대한 특허를 법제화하고, 시스템 관련 은행들을 납세자의 돈으로 구제하며, 국제법을 위반한 침략 전쟁에 참여하고 있다.

그러나 직접민주주의는 전 세계 전반에 걸쳐 기반을 확보하고 있다. 1951~1960년 전 세계적으로 총 52번의 국민투표가 실시되었다. 1991~2000년 그 숫자는 200번으로 늘어났으며, 21세기 처음 10년에 그 숫자는 대략 1,000번으로 늘어났다.[19] 독일에서 국민투표는 1990년대 모든 주에 도입되었으며, 또한 지자체로까지 확산되었다.

이탈리아의 남부 티롤*에서는 초기 형태의 직접민주주의가 1단계 승리에 이어 연속적으로 승리하고 있다. 첫 번째 형태의 직접민주주의는 2005년에 도입되었지만 추진 세력의 기대를 충족시켜 주지 못했다. 이런 이유로 추진 세력은 시민운동이 개발한 모델을 통과시키기 위해 2009년 국민투표를 실시하도록 했다. 이 국민투표

---

* 남부 티롤(South Tyrol)은 오스트리아식으로 표기한 지명이고, 이탈리아에서는 볼차노 자치도라고 부른다. 이탈리아 최북단에 위치한 도이며 오스트리아와 국경을 접하고 있어 오스트리아의 입장에서는 남부인 셈이다.

에서 83.2퍼센트에 달하는 표를 획득함으로써 그들이 원하는 방향으로 진행할 수 있었다. 그러나 정부는 국민투표가 무효라고 선언했다. 정부가 국민투표를 통과시키는 데 필요하다고 규정한 투표율(40퍼센트)을 넘지 못했다는 이유였는데, 투표율은 겨우 38.2퍼센트였다. 그럼에도 정부는 개선된 법을 통과시킬 것을 약속했지만, 이 법의 초안에는 어떤 실질적인 개선의 여지가 없어 보였다. 이런 이유로 시민운동은 또 다른 국민투표를 조직하게 되었고, 그 결과 65.2퍼센트로 정부 법안을 거부했다. 2015년에는 시민들의 기대에 부응하는 방향으로 새로운 연방법이 확립되었다. 이 얼마나 대단한 투쟁인가!

그럼에도 많은 사람이 직접민주주의에 대해 심각한 의혹과 불안감을 갖고 있다. 세금이 인상되고, 극우 포퓰리스트가 소수 집단에 대한 증오를 고취시키고, 사형제도가 다시 도입될지도 모른다는 불안감 말이다. 이런 두려움의 중심에는 일반대중이 선출된 사람들로 구성된 정부보다 의식이 덜 깨었고 덜 이성적이라는 관념이 자리하고 있다. 2009년 회교 사원의 뾰족탑 건설을 저지하려는 스위스의 국민투표와 캘리포니아의 '주민 발의안8'*은 그런 우려를 확인시켜 주는 듯했다. 이런 이유로 직접민주주의와 관련된 가장 보편적 의혹에 대해 논의한 뒤 회교 사원의 뾰족탑 건립 금지에 대한

---

* '주민 발의안8(Proposition8)'은 미국 캘리포니아 주 헌법을 개정해 동성애자의 결혼을 금지하도록 하는 개정안으로, 2008년에 주민들이 발의했다.

스위스 국민투표의 사례를 통해 기본권과 관련된 문제를 분명히 하고 싶다.

신화 1: 우리는 이미 대의민주주의를 갖고 있다

이것은 오래된 속임수다. 만약 누군가 작업에 대한 휴식이나 휴일을 요구한다면 "그러나 일은 나쁜 것이 아니다!"라는 대답을 듣게 될 것이다. 휴식이나 휴일이 일의 가치에 의문을 제기하는 것이 아니라 오히려 더 생산적으로 만들어주는 것처럼 직접민주주의는 대의민주주의를 대체하려는 것이 아니라 의미 있는 방법으로 보완하려는 것이다. 의회는 규제 권한을 지닌 입법자로서의 역할을 유지하겠지만, 주권자들의 의지에 반하는 법안을 통과시킨다면 주권자들은 의원들의 오류를 바로잡을 가능성이 있다. 의회의 의석을 두고 경합하는 모든 정당의 공약에 민주적 주권자들에게 중요한 뭔가가 빠져 있다면 그들 스스로 법안을 작성할 권리를 가져야 한다. 그리고 유권자들이 어떤 정부를 선택했지만, 특정 이슈와 관련해 뭔가를 바꾸고자 한다면 다음 2가지를 얻어야 한다. 바로 선호하는 정부와 그들이 선택한 법이다. 중요한 것은 주권자들이 결정적 권한을 갖는다는 점이다.

신화 2: 국민은 정부를 '해임'할 수 있다

가장 불리한 경우 국민이 정부를 해임하는 데 4년 내지 5년이 걸린다. 정부는 선출된 직후 인기 없는 결정을 내리는 경향이 있는데,

다음 선거가 다가오면 그때 매력적인 정책을 쏟아낸다. 그 시기가 되면 많은 일에 대한 기억이 사라진 상태이다 보니 한두 가지 중대한 실수 때문에 지지하는 정당에 투표하지 말아야 한다는 생각이 종종 유권자의 머릿속에 남아 있지 않게 된다. 일반적으로 말해 의회선거는 비효율적이다. 유권자는 준수 여부가 불투명한 공약 가운데서 선택을 해야 하며, 연립정부의 경우에는 연립 파트너 정당에 비난을 돌릴 수도 있기 때문이다. 직접민주주의는 민주적 주권자들이 개별 이슈를 분리해 하나씩 결정하도록 허용할 것이다. 사람들이 선거 중간중간에 결정권을 박탈당하지 않고 자신들이 주도적으로 사회를 만들어 나갈 기회를 갖는다면 민주주의는 보다 효율적이고 만족스러워질 것이다.

신화 3: 사람은 무지하다

일반적으로 근본적 결정은 윤리적 결정이며, 이런 점에서 모든 인간은 교육 정도와 무관하게 비슷한 능력을 갖고 있다. 사회의 엘리트가 평균 이상의 고귀한 가치관을 갖고 있다는 징후는 그 어디에서도 찾아볼 수 없다. 오히려 권력은 사람들을 타락시킨다. 보다 교묘한 방식으로 범죄 저지를 능력을 갖게 된다는 것을 제외하고 그 어떤 것도 강력한 지성에 대해 보증해주지 않는다. 오스트리아는 두 번의 국민투표를 경험했다. 츠벤텐도르프*의 원자력발전소와 유럽연합 가입이다. 당시 정부와 국민은 원자력발전소를 도입해야 하는지 여부에 대해 각기 다른 의견을 가졌다. 이 논쟁에서 주권자들은 '아니오'라고 투표함으로써 보다 신중한 입장을 보여주었지만, 이런 맥락에서 수면 위로 떠오른 가장 공격적인 논쟁 중 하나는 국민은 핵과학의 복잡성을 '이해하지 못하고' 전문가들이 이와 관련된 '사실에 입각한 쟁점'을 분명히 밝혀야 한다는 것이었다. 최근 부패한 전문가주의의 문제점이 갈수록 악화되고 있다. 장관과 의원 등은 윤리적 진실성을 갖춘 전문가보다 오히려 로비스트의 말을 들으려고 한다. 유럽연합의 13개 정부가 왜 이라크전쟁에 참가했는가? '지식' 논증은 받아들여지지 않는다.

신화 4: 의사결정이 너무 복잡하다

이 주장은 유럽연합의 창설 조약을 수정했던 2009년 리스본조약과 관련해 제기되었으나 다음과 같은 이유로 합당한 주장이 아니다. 첫째, 정부는 짧고 포괄적인 헌법을 제시하기보다 '복잡성' 주장을 제기함으로써 민주적 주권자들이 발언권을 갖지 못하도록 500쪽에 달하는 괴물을 만들어냈다. 대조적으로 미국은 10쪽짜리 문서(수정 조항 없이)로 만들어냈다. 둘째, 조사에 따르면 국회의원 대부분은 리스본조약의 포괄적 내용에 대해 제대로 알지 못했으며, 이런 이유로 일반대중보다 조약에 대해 투표할 수 있는 좀 더 나은 자격을 갖추지 못했다.[20] 한편 프랑스의 사례는 국민투표가 실제로

---

* 츠벤텐도르프(Zwentendorf)는 로어 오스트리아(독일어로 니더외스터라이히, 오스트리아의 북동부에 있는 9개 주를 가리킴) 주에서 유일하게 원자력발전소가 있는 소도시다. 이 발전소는 완공되기는 했지만 주민투표를 통해 가동하지 않는 것으로 결론이 났다.

상당한 정보를 가진 일반대중을 만들어낸다는 것을 보여준다. 유럽연합의 헌법 조약에 대한 책은 수개월 동안 베스트셀러 명단에 올라 있었으며 100만 부 이상이 팔렸다. 수많은 대중 토론에서 조약의 개별 조항에 대한 토의가 이른 아침까지 뜨거운 관심 가운데서 진행되었다. 프랑스가 입증했듯이 사람에게 발언권이 허용된다면 이들은 정치에 적극 관여할 것이다.

마지막으로 가장 어려운 결정(정당의 선거)이 투표자들을 통해 '직접적으로' 내려지기를 기대한다. 만약 사람들이 너무 어리석어 신중한 결정을 내리지 못한다면 왜 그들에게 그런 위대한 업적을 수행하라고 하겠는가?

신화 5: 민중을 선동하는 포퓰리스트에게 기회를 제공할 것이다

민중을 선동하는 포퓰리스트들은 직접민주주의의 전문가가 아니다. 이들 역시 의회선거에서 캠페인을 벌이고, 부분적으로 상당한 성공을 거두었기에 의회의 일부 자리를 차지하게 된 것이다. 그렇다면 이것은 정당과 의회에 반대하는 설득력 있는 주장이 아닌가. 민중을 선동하는 포퓰리즘에 대항하려면 직접민주주의를 거부하는 것보다 더 나은 방법이 필요하다. 만약 정부와 의회가 정말로 우익 극단주의가 힘을 얻는 것을 저지하고 싶다면 무엇보다 직접민주주의를 방해하기보다 늘어나는 불평등과 사회적 분열에 맞선 조치를 취해야 한다.

신화 6: 「더 선」이나 폭스 뉴스가 실질적인 정부를 구성한다

이것은 또 다른 중요한 논쟁거리다. 그러나 이것은 직접민주주의에 대한 논쟁이 아니며(전 세계적으로), 오히려 미디어 권력의 집중을 저지하는 법을 지지하기 위한 논쟁이다. 이와 무관하게 우리는 「더 선」*과 폭스 뉴스**가 대의민주주의에 전혀 영향력을 행사하지 않는다고 말할 수 있는가? 다시 한 번 우리가 이끌어내야 할 결론은 대의민주주의를 저지할 것이 아니라 「더 선」과 폭스 뉴스의 힘을 축소시켜야 한다는 것이다.

신화 7: 사형이 부활될 것이다

원칙적으로 이것은 옳다. 이론적으로 말해 과반수가 사형을 지지하는 데 투표할 수 있다. 그래서 이것을 저지하기 위한 예방 조치를 취해야 한다. 간접민주주의에 대해서도 정확하게 같은 말이 성립된다. 사형이나 고문을 재도입하려는 선출된 정부에 대항해 누가 우리를 지켜주겠는가? 관타나모는 국민투표의 결과가 아니다. 가장 최근 시민권을 침해한 것, 심지어 전쟁은 시민이 아니라 의회의 작품이었다! 그나마 헌법과 '인권에 대한 유럽 협약'이 인권 침해로부

---

* 「더 선(The Sun)」은 영국에서 발생 부수가 가장 많은 타블로이드판 일간지다. 1964년 창간되었으며, 1969년 언론 재벌 루퍼트 머독이 인수한 뒤 급성장해 영국에서 발행 부수가 가장 많은 신문이 되었다.

** 폭스 뉴스(Fox News)는 1996년 10월 처음 방송을 시작한 케이블 텔레비전 뉴스 채널이다. 보수 성향이 강한 뉴스 전문 채널로, 언론 재벌 루퍼트 머독이 지배하고 있다.

터 우리를 보호해주고 있다. 따라서 이 같은 시민권의 궁극적 관리자들이 직접민주주의뿐 아니라 간접민주주의를 수호하도록 하는 것이 논리적이다. 그런데 이를 옹호하는 사회운동을 통해 사람들은 분명 직접민주주의를 요구할 것이다.

이 문제와 관련해 주장하고 싶은 것은 직접이든 간접이든 민주주의는 단지 수단이라는 것이다. 모든 인간의 평등, 즉 평등한 가치(인간의 존엄)가 목적이다. 모두를 위한 평등권은 모든 인간의 평등한 가치에서 유래되며, 이런 권리들 가운데 하나가 공동 결정권이다. 당연히 수단이 목적을 구축하도록 놓아두어서는 안 된다. 따라서 현대의 모든 직접민주주의 계획에 따르면 직접민주주의를 통해(또는 간접민주주의를 통해) 지금까지 인정된 인권이나 소수자 권리에 대한 의문이 제기되어선 안 되고, 민주주의 자체에 대한 의문이 제기되어서도 안 된다. 의회를 해산하고 왕을 추대할지 여부를 국민투표에 회부하는 것이 이론적으로는 가능하지만 의회를 통한 독재자 임명만큼은 허용되어서는 안 된다. 소수자는 의회나 국민으로부터 탄압을 받지 않아야 한다. 인권은 모두에게 적용되거나 그것이 아니라면 전혀 적용되지 않을 것이다. 만약 인권이 일부에게만 적용된다면 민주주의는 더 이상 존재하지 않게 된다. 사람들은 더 이상 평등하지 않으며, 이로 말미암아 모든 민주적 절차가 무의미해질 것이기 때문이다. 이때는 헌법이 사람들의 시민권을 보호해야 한다.

우리는 이제 스위스에서 회교 사원의 뾰족탑 건립을 금지한 것과 관련된 문제 앞에 서 있다. 스위스는 1848년 이래로 직접민주주의를 실시해 왔다. 회교 사원의 뾰족탑 건립을 금지하는 것은 2가지 의미(차별 금지와 종교 자유 위반)에서 유럽 인권협약을 위반하게 되는데, 스위스는 1974년까지 여기에 가입하지 않았다. 나는 스위스가 어떻게 유럽 인권협약의 회원국으로 남아 있게 된 것인지 모른다. 그러나 스위스가 국민투표를 철회하거나 유럽 인권 공동체를 탈퇴하는 것 중 하나를 결정해야 한다면 대다수 시민이 종교적 소수자를 포함해 모두를 위한 평등권에 투표할 것이라고 확신한다. 머지않은 장래에 직접민주주의를 도입하려는 국가에서는 '뾰족탑 발의'뿐 아니라 캘리포니아의 '주민 발의안8'은 모두를 위한 평등권을 부정하는 것이기에 채택해서는 안 된다. 개인적으로 이것을 캘리포니아 시스템의 약점 가운데 하나로 생각하는데, 평등권을 부정하는 것임에도 '주민 발의안8'이 채택되었기 때문이다.[21] 또 다른 약점은 더 나은 대안을 공인된 국민투표에 추가할 수 없다는 점이다. 2011년 한 여론조사에 따르면 캘리포니아 주민 40퍼센트는 살인자에 대한 사형에 찬성했지만, 48퍼센트는 가석방 없는 무기징역을 선호했다.[22]

그런데 스위스는 직접민주주의를 통해 사형을 폐지했다. 전체 그림을 본다면, 민주적 주권자들이 스스로 결정하게 될 때 어떤 정부보다 더 '신중'하다는 것을 보여주는 수많은 사례를 발견할 수 있다. 스위스는 세계 최고의 철도를 보유하고 있다. 오스트리아와 이탈리아는 원자력발전소를 단계적으로 폐쇄했다. 라이프치히에서는 공익사업의 민영화가 저지당했다. 취리히 주는 부유한 외국인에 대한 세금 우대를 철폐하기로 결정했다. 스위스는 군복무 의무를 단축했으며 '민간인 복무'라는 대안을 도입했다. 이 모든 것이 직접민주주의의 성과다. 이런 이유로 스위스 국민은 독일과 오스트리아 주민보다 자신들의 정치 시스템에 더 만족하고 있다. 오스트리아 인구의 82퍼센트에 달하는 사람들이 "정부는 국민들의 이해관계를 고려하지 않는다"라는 생각을 갖고 있다. 단지 5퍼센트만 선거를 통해 더 많은 발언권을 갖게 되었다고 여긴다. 독일 국민의 절반은 선거가 그들에게 발언권을 제공하지 못한다고 생각한다.[23] 경제 엘리트들이 점점 더 정부를 끌어들이는 시기에(콜린 크라우치Colin Crouch는 여기서 '후기-민주주의post-democracy'를 말하는데,[24] 나는 이전-민주주의pre-democracy라고 부르고 싶다[25]) 직접민주주의는 긴급한 과제가 아닐 수 없다. 주권자들이 직접민주주의를 원하는 데는 그만한 이유가 있다. SPD*를 지지하는 사람의 81퍼센트가 직접민주주의를 지지하는 데 비해, CSU/CDU**를 지지하는 사람의 75퍼센트가 직접민주주의를 지지한다.

프랑스 절대왕정시대에 루이 14세는 "내가 국가다!"라고 말했다. 오늘날 정부와 의회는 "우리가 최고 권력기관이다"라는 구호를 외

---

* SPD는 중도좌파 성향을 띤 독일의 사회민주주의 정당인 독일 사회민주당의 약칭이다. 흔히 독일 사민당이라고 불린다.

** CSU/CDU는 독일의 정당 연합인 기민련(CSU)과 자매 정당인 기사련(CDU) 양당을 일컫는 명칭으로, 기민·기사 연합이라고도 부른다.

치며 활동하고 있다. 유럽연합 리스본조약과 관련해 말하면, 이를 제정한 국민 대표들은 주권자인 국민이 무엇에 대해 투표하고 무엇에 대해 안 할 것인지 여부를 결정하는 권리를 침해했다. 미래의 정부와 의회가 주권자들에게 최후 권리가 있다는 사실을 안다면 이것을 진지하게 받아들일 것이다. 그리고 주권자들은 정치와 무기력의 미몽에서 깨어나 민주적 이니셔티브를 갖는 쪽으로 선회할 것이다. 친민주주의 조직인 '더 많은 민주주의Mehr Demokratie e.V.'의 설립자 제럴드 해프너Gerald Häfner는 "직접민주주의는 방관자의 입장을 포기하는 것을 뜻한다"[26]라고 말했다.

민주주의의 세 기둥

전체적으로 여기서 제안한 조치들은 현재의 1차원적 민주주의 모델(오로지 대의원에 의존하는)이 3차원적 민주주의 모델로 진화하도록 해줄 것이다. 간접민주주의(대의원), 직접민주주의(총회와 국민투표를 포함하는), 참여민주주의(비즈니스와 공공서비스에서 공동 결정을 포함하는)가 포함된다. 궁극적으로 정치권력을 가진 사람들과 부분적으로 그런 권력을 위임받은 사람들 사이에 적절한 분업이 이루어지도록 해야 한다. 이것은 여전히 친애하는 장 자크 루소가 말한 '진짜 민주주의'로 여겨지지 않지만, 적어도 그 방향으로 향하는 첫 걸음이 될 것이다.

민주주의의 진화

민주주의		
대의민주주의	직접민주주의	참여민주주의
정당, 의회, 정부	시민 협의회, 국민투표	민주적 공유지, 참여경제학
민주적 과정의 본 무대	대의민주주의 보완	민주적 참여의 영구적 과정
모든 개인으로부터 민주적 책임과 약속 (민주주의의 기반)		

7장

공동선 경제의 다양한 모범 사례

CHANGE EVERY THING

협력은 진화의 기본 원리일 뿐 아니라[1] 자본주의 이전에 실행되었고, 현재와 앞으로 실행될 다양한 대안 비즈니스의 기본 원리이기도 하다. 모든 초국적 기업에서 일하는 사람을 합친 것보다 더 많은 사람이 지금 전 세계의 협동조합에서 풀타임으로 일하고 있다.[2] F.W. 라이프아이젠F.W. Raiffeisen이 개발한 모델에 기반을 둔 은행 협동조합은 전 세계적으로 180개 국가에 존재한다. 공유자원에는 알프스의 목초지 협동조합과 식수 협동조합으로부터 무료 소프트웨어와 인터넷 응용 프로그램에 이르기까지 많은 것이 포함된다. 순환경제,* 청색경제,** 가치 공유와 공공 가치 등의 개념은 다양한 대안을 가리키는데, 모두 동일한 가치에 헌신한다. 이것 모두의 공통점은 돈과 자본을 단지 수단으로 간주하는 반면, 더 높고 다양한 목표를 설정하고 있다는 점이다.

---

* 순환경제(circulation economy)는 낭비를 없애고 자원의 지속적 활용을 목표로 하는 경제 시스템으로, 재활용, 공유, 수선, 개조, 재제조, 재순환 등을 통해 자원 사용을 최소화하고자 한다.

** 청색경제(blue economy)는 해양자원의 이용과 보존에 대한 경제학 용어로, 조직에 따라 다양하게 해석된다. 세계은행에 따르면 청색경제는 건강한 해양 생태계를 보존하면서 경제 성장, 생계 수단, 일자리 개선을 위해 해양자원을 지속가능한 방식으로 이용하는 경제를 말한다.

이처럼 민간 비즈니스 영역에는 공동선 경제를 이루는 대부분의 요소를 준수하고 있는 수천 개의 기업이 (글로벌 자본주의의 와중에) 존재한다. 다음에 나오는 사례들은 공동선 경제의 실천이 이루어지고 있다는 것을 증명하는 동시에 다른 여러 대표 모델을 보여준다. 다음에 나오는 다양한 사례는 많은 사람에게 영감을 불어넣고 동기부여의 효과를 거두고 있다. 여기서 언급한 집단적 사례에 따라 전체적인 기업가적 환경을 조성하려고 노력하는 것은 합리적인 결정이다.

몬드라곤,
세계에서 가장 큰 스페인 바스크의 협동조합

바스크의 몬드라곤 협동조합MCC, Mondragon Corporation Cooperative은 현재 세계에서 가장 큰 협동조합이다. 1943년 스페인내전 이후 신부 호세 마리아 아리스멘디아리에타Jose Maria Arizmendiarrieta는 기술 직업학교를 설립했다. 이 학교의 졸업생 5명은 1956년 첫 번째 협동조합을 설립했다. 오늘날 몬드라곤 그룹은 19개 국가에서 활동하며 기계공학, 자동차산업, 건설업, 가정용품, 소매업, 금융, 보험 분야에 걸쳐 256개 기업으로 구성되어 있다. 또한 몬드라곤은 자체 협동조합 은행인 카하 라보랄 포퓰라*를 보유하고 있다.

9만 5,000명 정도의 몬드라곤 직원 가운데 83퍼센트가 조합원으로, 이 비율을 90퍼센트로 올리는 것이 목표다. 이 협동조합은 모든 직원이 기본적으로 동등하다는 원칙에 기반을 두고 있다. 민주적 회사 조직이라는 원칙은 다음 3가지에 반영되어 있다. 첫째, 조합원 전원으로 구성되며 '1인 1표'의 원칙에 따라 작동하는 총회의 최고 주권이다. 둘째, 감사위원회를 포함하는 관리 조직체 구성원의 민주적 선출이다. 셋째, 조합원 전체의 지시에 따라 협동조합을 관리하도록 설립된 집행기관과의 협력이다.

이윤 가운데 일부가 직원에게 지급되지만 대부분은 재투자된다. 또 다른 일부는 '협력을 위한 중앙 기금'으로 유입되는데, 이 기금은 신규 프로젝트를 시행하고 새로운 일자리를 창출하는 데 사용된다. 만약 비즈니스가 재정적으로 어려움에 처할 경우 직원들의 동의를 받아 손실은 임금 삭감을 통해 흡수된다. 심각한 재정적 문제가 발생하거나 주문이 감소하는 경우, 직원은 단기적으로 다른 협동조합에서 일한다. 순이윤에서 10퍼센트는 공동체로 돌아가고 교육 프로젝트에 투자되는데, 여기에 상당한 우선순위가 부여된다. 몬드라곤 그룹은 150억 유로의 매출을 올리고 있으며, 이 협동조합의 자기자본 규모는 50억 유로에 달한다. 세계화의 정도 역시 매우 높아 포르투갈에서 태국, 브라질에서 폴란드, 멕시코에서 홍콩에

---

* 카하 라보랄 포퓰라(Caja Laboral Popular)는 우리말로 노동인민금고로 번역할 수 있는데, 1959년 설립된 몬드라곤의 자회사로 신용협동조합의 역할을 담당해 왔다.

걸쳐 많은 자회사가 있다.

다음은 몬드라곤 산하 기업들이 스스로 천명한(공개된) 성공 비결이다.

- 여기서는 이윤이 아니라 인간이 핵심이다. 모두에 의한 공동 소유와 공동 결정은 이런 철학의 표현이다. 직원 가운데 45퍼센트는 여성이다.
- 실질적으로 모든 수익의 재투자가 이루어진다(주주가 존재하지 않는다).
- 상호 협력의 효과적 수단을 창출한다. 2008년 위기 이후 달라졌지만 몬드라곤에서 직원은 일시적으로 해고되지 않는다. 연대 기금에 적립된 이윤은 몬드라곤 그룹 내에서 어려움에 처한 사업을 강화시키는 데 사용된다. 협동조합의 은행은 번성하는 협동조합에는 높은 이자율로 융자를 승인하는 한편, 어려운 상황에 처한 협동조합에 대해서는 낮은 이자율로 융자해주거나 아예 이자를 받지 않는다.

마지막 사항은 기업 간 조직적 협력이 어떻게 작동하는지 보여준다. 몬드라곤에서 공동선 경제의 기본 원리는 이미 확립된 관행이다. 시카고대학교의 철학교수 데이비드 슈바이카르트David Schweickart에게 몬드라곤은 그가 '경제적 민주주의'라고 명명한 대안 비즈니스 모델을 개발하는 데 있어 영감의 원천이 되어주었다.[3] 카를 마르크스는 "(사람의) 사회적 존재는 …… 그들의 의식을 결정한다"[4]라고 말했다.

셈코, 브라질의 산업민주주의

1950년대에 설립된 셈코SEMCO는 원래 식물성유plant oil 산업용 원심분리기를 제조하는 회사였다.[5] 오늘날 이 기업은 환경 관련 자문, 재산 관리, 부동산 자문, 사무용품, 자동차 핸들과 같은 비즈니스 분야에서 세계 시장을 상대로 활발하게 영업을 펼치고 있다. 산업 장비, 우편 서비스, 문서 관리 분야에서 이 기업은 3,000명에 달하는 직원을 거느린 시장 선도자다.

셈코와 관련해 놀라운 점은 대안 조직 모델이다. 위계나 사전에 정해진 기업 조직도처럼 통상적인 형태가 존재하지 않는다. 형식적인 일에는 어떤 가치도 부여되지 않는다. 대신 상호 존중과 공동 결정, 공동 참여에 우선권이 주어진다. 모든 직원은 과제와 무관하게 또는 관리나 집행 기능의 수행 여부와 상관없이 동등한 대우를 받는다. 모든 과제에는 의미가 부여되기 때문에 누구든 더 많은 동기부여를 받고 만족하게 된다.

이 기업의 창업자인 안토니우 쿠르트 세믈러Antonio Curt Semler의 아들 히카르두 세믈러는 1980년대 기업 경영의 책임을 맡았을 때 재정적 어려움에 처한 회사를 살리기 위해 대규모 구조조정을 단행하기로 결정했다. 종전의 핵심 목표는 비즈니스 성과와 생산 지표를 개선하는 것이었는데, 나중에는 직원들의 복지와 동기부여 등 사회적 요인으로 초점이 이동했다. 모두가 공유하는 기본적 확신은 역동적 모델에 근거를 두고 있다. 직원의 참여는 그들의 동기부여에 긍정적 영향을 미치게 되어 결과적으로 참여를 이끌어낸다.

이런 접근법을 받아들이면서 셈코의 '개인(직원을 이렇게 부름)'은 새로운 조직도를 개발했다. 모든 작업 단위에 유연한 작업 시간이 도입되었다. 또한 다양한 작업 단위에 순환 근무 모델이 채택되어 다양성을 보완하고 직원의 부재 시 대체가 가능하도록 했다. 직원은 스스로 얼마큼 임금을 받고 언제 그리고 얼마 동안 휴가를 갈지 결정하는데, 이런 문제는 투명하고 분권화된 방식으로 협의 과정을 거친다. 또한 '생존 매뉴얼'에는 셈코에서 함께 작업하는 데 필요한 기본 규칙이 규정되어 있다. 셈코에 합류한 개인은 누구나 목표와 과정에 참여하여 이를 면밀히 검토하고, 창조적으로 생활하도록 격려를 받는다.

이 기업의 문화와 보조를 맞추기 위해 관리직을 맡으려는 사람은 누구라도 '책임을 맡고자 하는' 직원들의 지지를 받아야 한다. 직원들에게 압력을 행사한다거나 위협을 가하고 스트레스를 주는 것은 관리자로서 결격 사유로 간주된다. '직원'이나 '공동 근로자' 등의 용어는 사용하지 않는다. 셈코를 위해 일하는 모든 사람에게 적용되는 중요한 개념으로서 '개인'이라는 단어를 선호한다. 또한 상호 존중이 격식을 대체한다. 아이디어와 비판에 대한 표현의 자유에 대해서는 개방적인 기업 분위기를 유지해야 하고, 의견의 차이는 필요하고 건강한 것으로 간주된다.

이런 형태의 산업민주주의는 관련된 모든 사람의 자립심을 높여준다. 이윤과 각 작업 단위의 결과는 투명하게 공개되며 모든 사람이 접근할 수 있다. 대략 15퍼센트의 이윤이 근로자들에게 지급되는데, 대차대조표 자료를 이용해 누구나 이윤을 사용하는 방법에 대한 토론에 참여할 수 있다.

셈코 모델은 현실의 혹독한 테스트를 통과했다. 그리고 한때 파산 직전까지 갔던 이 기업은 이제 12개 비즈니스 부서를 가진 수익성 있는 그룹이 되었다. 셈코는 브라질의 인적자원 분야에서 최고 작업장 가운데 하나가 되었다.[6]

히카르두 세믈러는 1990년 「월스트리트 저널」이 선정한 라틴아메리카 비즈니스맨으로, 1992년에는 브라질에서 올해의 비즈니스맨이 되었다. 그의 첫 번째 저서 『판을 바꿔라Turning the Tables』는 브라질 역사상 최고의 논픽션으로 23개국 언어로 번역되었다.[7]

세코세솔라, 베네수엘라의 다목적 협동조합

베네수엘라의 수도 바르키시메토Barquisimeto에서 장의업과 버스사업을 영위하는 기업의 직원들은 회사가 부도나자 이 기업을 인수해 협동조합으로 전환했으며, 위계 구조를 없애고 합의에 바탕을 둔 의사결정 과정을 실행에 옮겼다. 네 곳의 슈퍼마켓이 협동조합의 핵심인데, 이들은 금요일부터 일요일까지 영업하면서 만남의 장소와 문화 중심지 역할도 수행했다. 이들의 장점은 신선하고 품질 좋은 제품인데, 수많은 농부와 원예사가 직접 협동조합에 재화를 배달한다. 직원의 임금은 베네수엘라 최저임금(라틴아메리카의 다른 나라들보다 상대적으로 높음)보다 50퍼센트 높으며, 가격은 소비자 우호적이다. 99퍼센트의 일이 순환 원칙에 따라 수행됨으로써 직원들은 다양한 업무를 경험할 수 있다.

슈퍼마켓 외에도 건강센터가 있는데, 이를 위해 이미 200만 달러 이상이 모금되었다. 이 자금은 기업 자체의 자원과 기부금, 연대 행사를 통해 조달되었다. 현재 부족한 것은 고가의 의료 장비인데, 정부가 장비의 구입 비용을 지불하겠다고 제안했지만 협동조합은 독립성을 유지하기 위해 이 제안을 거절했다. 그리고 건강센터의 건립 자금을 조성하기 위해 집단은행이 설립되었다.

세코세솔라Cecosesola에는 2,000명의 직원이 일하고 5만 명의 조합원이 있다. 슈퍼마켓은 도시에서 가장 규모가 크고, 장의사 비즈니스는 매월 90명 정도의 장례 업무를 수행한다.

세켐, 이집트 사막에서 이루어진 유기농업

세켐Sekem은 카이로에서 남쪽으로 60킬로미터 떨어진 곳에 위치한 이집트의 공정무역 협동조합인데, 1977년 설립되어 현재 직원 1,850명에 7개 기업으로 진화했다.[8] '태양으로부터의 생명 에너지'라는 뜻을 가진 세켐은 사막에 유기농업을 도입해 성공적인 결과를 만들어냈고, 친환경적 섬유와 함께 유기농 식료품, 건강 제품을 생산하고 있다. 설립자 이브라힘 아볼레시Ibrahim Abouleish는 '사랑의 경제를 통해 비즈니스 성공과 사회적·문화적 발전을 통합한 21세기형 비즈니스 모델'을 개발한 공로를 인정받아서 2003년 '대안 노벨상'*을 수상했다.

식물의약 기업인 아토스Atos는 7개 기업 가운데 하나로 암과 심혈관 질환, 피부병, 류머티즘 치료를 위한 자연 치료약을 생산하고 있다. 그리고 아이시스Isis는 유기농 곡물과 쌀, 야채, 국수, 꿀, 잼, 대추야자, 허브, 향신료, 티, 과일 주스를 생산하고 있다. 리브라Libra는 이집트 전역에서 협동조합 농장을 통해 목화와 지방종자, 곡물을 생산하는 데 적용되는 생물역학적 공정을 개발하는 유기농 기업이다. 로터스Lotus는 허브를 건조하고, 하토르Hator는 신선한 과일을 시장에 내놓고 있다. 미잔Mizan은 채소를 재배하는 농민들을 위해 종자를 복제하며, 코니텍스-나투르텍스Conytex-Naturetex는 친환경적 직물을 제조하고 있다. 이들 기업에게 필요한 연구는 응용 기술과 과학을 위한 학제 간 연구를 수행하는 '세켐 아카데미'를 통해

---

* 대안 노벨상(Alternative Nobel Prize)의 원래 명칭은 'Right Livelihood Award'다. 세계가 직면해 있는 가장 시급한 과제에 대해 실천적이면서도 모범적인 해결 방안을 제시한 사람에게 주어지는 국제적인 상으로, 1980년 야코프 폰 윅스퀼(Jacob von Uexküll)에서 시작되었다.

수행된다.

이들 기업은 생물역학적 농업 외에 공정무역에도 초점을 맞추고 있다. 초기에 공정무역 원리는 산업국가들과의 무역에 한정되었지만, 지금 세켐은 이집트 국내 시장에서도 이 원리를 확립하기 위한 시도를 하고 있다. 세 번째 초점은 그룹의 1,850명에 달하는 직원의 복지에 맞춰져 있다. 유치원, 슈타이너 학교*와 병원은 이들 기업의 수입에서 재정 지원을 받는다. 무료 대학은 2009년 9월에 개교했다.

모든 직원은 매일 아침 모여 전날 이루어진 작업에 대한 감사를 표현하고 하루 일과를 시작한다. 인간 존엄성과 평등, 민주주의 등 협동조합의 핵심 가치는 세켐의 직원들이 일궈낸 것이다. 세켐의 교육기관은 '예술적 표현'뿐 아니라 '자유롭고 분명한 사고'를 촉진시키는 데 초점을 맞추고 있으며, 건강센터는 전일적이고 자연적인 치료에 입각해 운영된다.

아볼레시재단은 세켐의 지분을 보유하고 있는데, 이 재단의 위원회는 협동조합의 비전을 감독한다. 2007년 2월 프랑크푸르트의 GLS 지역은행과 트리도스은행은 세켐 그룹의 지분 가운데 20퍼센트를 취득했다.

---

* 슈타이너 학교(Steiner school)는 인지학의 창시자 루돌프 슈타이너의 사상에 기초한 새로운 형태의 교육기관을 말한다.

괴틴 데스 글럭스과 크래프트 에이드,
오스트리아와 모리셔스*의 친환경 공정 직물

괴틴 데스 글럭스^{GDG, Göttin Des Glucks}는 오스트리아 최초의 친환경-공정무역 직물 브랜드다. 이 기업은 2005년 불가리아와 크로아티아, 오스트리아 출신의 예술가 4명이 설립했다.[9] 이 패션 기업의 목표는 모두를 행복하게 하는 것으로 여기에는 제조업자와 고객, 지구가 포함된다. 의류는 모리셔스에 소재한 EZA 페어 헨델^{Fair Handel}의 교역 파트너인 크래프트 에이드^{CA, Craft Aid}에서 만든다. EZA의 오랜 교역 파트너로서 GDG는 지속적이면서 보증된 친환경 공정 생산 체인을 사용한다. 이것은 모두에게 윈-윈 상황이 되고 있다.

CA는 장애인들에게 일자리를 제공해 이들이 사회에 적응하는 것을 돕기 위해 1982년 설립된 공정무역을 보증하는 비영리 기업이다. 오늘날 CA는 설탕과 꽃, 의류 섹터에서 일하는 180명의 직원을 고용하고 있는데, 이들 가운데 절반은 특별한 어려움을 가진 사람이다. 모든 직원은 아침에 집 앞에서 통근차를 타고, 일이 끝난 후에는 통근차를 이용해 퇴근한다. 하루 9시간 작업하는 동안 세 번의 휴식 시간을 가질 수 있는데 양심적으로 준수하면 되고 초과 근무는 없다. 직원들은 모리셔스의 다른 섬유산업에서 일하는 사

---

* 모리셔스(Mauritius)는 아프리카의 동부, 인도양 남서부에 있는 섬나라로 마다가스카르에서 동쪽으로 약 900킬로미터, 인도에서 남서쪽으로 약 3,943킬로미터 떨어져 있다.

람과 비교해 1.5배 더 많은 보수를 받는다. 모든 직원이 건강보험과 사고보험에 가입되어 있으며, 그밖에 연금 기여금이 지불되는 예금 통장을 갖고 있다. 매주 월요일 무료로 의료 검진을 해주는 의사가 공장을 방문한다. 표현의 자유 외에 모든 직원은 기업을 개선하기 위한 방법을 제안할 수 있는 기회를 가진다.

이윤은 자선 목적으로 기부되거나 기업을 확장하는 데 투자된다. 이 기업의 특별한 자랑은 EZA의 지원으로 2010년에 받은 GOTS Global Organic Textile Standard(글로벌 유기직물 기준) 증명서다. 이것은 현재 이 분야의 생산 체인에 존재하는 최고 수준의 글로벌 직물 친환경 인증이다.

공정무역, 제품의 배후에 있는 사람들에 대한 감사

'자유무역', '저비용 공급자'와 대조를 이루는 공정무역은 소농小農과 장인匠人, 섬유 근로자 등 시스템으로부터 피해를 입은 사람들에게 세계시장과 연결될 수 있는 기회를 제공한다. 믿을 만한 직거래와 이들이 만든 제품에 지불되는 충분한 가격은 글로벌 시장에서의 위치를 공고하게 만들어주며, 그들의 생활 여건을 개선하는 데 있어 중요한 기반을 제공한다. 사회적·친환경적 기준을 준수하는 것은 제품과 작업 조건의 개선에 중요한 역할을 한다.

248

공정무역 생산물을 위한 유럽의 소매점 월드숍*은 공정무역 개념을 널리 알리는 데 기여했다. 뿐만 아니라 세일즈 포인트의 역할에 그치지 않고 정보를 제공하고 인지도를 높여주며 제품의 생산자와의 교류를 원활하게 해준다. 많은 월드숍이 자원봉사자들을 고용한다. 만약 인간이 자기 잇속만 차리고, 일부가 주장하듯 '천성'이 경쟁적이라면 이런 숍은 모두 폐쇄되었을 것이다.

공정무역 상표가 만들어지면서(1988년 네덜란드에서 설립됨) 슈퍼마켓처럼 유통시장에서 활동하는 기업들도 공정무역 개념에 대한 제한적 접근권을 얻었다. 그때 이래로 매출과 제품의 범위는 확대되었다. 2009년 공정무역-보증 제품의 글로벌 매출은 대략 34억 유로에 달했다. 이런 좋은 실적에도 최근 공정무역에 대한 비판이 일고 있는데, 이에 대응해 품질 검사와 보증 과정이 더욱 투명하고 독립적 기준을 통해 수행되어야 한다.[10]

공동선 경제에서는 몇 년의 과도기를 거쳐 공정하게 생산되고 거래되는 제품들이 상품 진열대에서 선택할 수 있는 유일한 제품이 될 때까지 불공정하게 거래되는 제품에 비해 특권적 지위가 허용될 것이다. 예를 들어 이것은 불공정하게 거래되는 제품에 대해 누진적 관세율을 적용함으로써 가능해진다. 그러면 공정하게 거래되는 제품의 가격은 머지않아 좀 더 저렴해질 것이다. 경쟁과 가격

---

* 월드숍(Worldshop)은 공정무역숍이라고도 하는데, 1959년 옥스팜(Oxfarm)이 맨 처음 유럽에 설립했다.

덤핑을 조장하는 세계무역기구^{WTO}는 자유무역법을 위반한다면서 불공정하게 거래되는 제품들에 대한 '차별'을 불법이라고 선언할지 모른다. 그러나 이런 이유로 UN에서 자유무역법을 폐지하는 대신 공정하고 평등한 무역규제를 실시하자는 논의가 이루어지고 있는 것이다.[11] 어쨌든 인권과 노동법, 환경 보호는 자발적으로 이루어질 수 없다.

존 루이스, 영국 직원 소유의 롤모델

존 루이스 파트너십^{John Lewis Partnership}은 영국에서 규모가 가장 큰 직원 소유의 기업이다. 이 파트너십에 참여한 6만 9,000명의 파트너는 영국에서 소매 비즈니스를 선도하는 기업인 웨이트로즈^{Waitrose}와 존 루이스, 그린비^{Greenbee}를 소유하고 있다. 모든 종신 직원이 파트너다. 43개의 존 루이스 숍, 332개의 웨이트로즈 슈퍼마켓, 카탈로그 비즈니스와 다른 비즈니스를 통해 2013년에 전체적으로 약 70억 파운드의 매출을 달성했다. 이 기업의 3가지 전략적 목표는 파트너에게 행복과 공동체 같은 이점을 제공하고, 지속가능성 전략을 통해 시장 잠재력을 실현하며, '납품업자를 찾는 데 있어 마음의 평화'를 제공하는 것이다.

존 루이스 파트너십의 지분은 신탁이 보유하고 있으며, 이 신탁의 수혜자는 기업의 직원이다. 이들은 이윤을 공유하며 여러 민주적 조직을 통해 경영 관련 의사결정을 감독한다. 이 기업의 뚜렷한 특징은 기업의 원칙, 거버넌스governance 체계와 규칙을 정해놓은 '헌법'에서 찾을 수 있다. 설립자 존 스페단 루이스John Spedan Lewis는 개인적 소유권을 포기하면서까지 그의 후계자들이 지켜야 할 명확한 지침을 남기고 싶어 했는데, 자신에게 동기부여를 해주었던 가치들이 시간이 지나면서 퇴색하지 않기를 바라는 마음 때문이었다. 나아가 루이스는 '더 나은 형태의 비즈니스'를 지향했는데, 이는 외부 주주들의 요구에 내몰리지 않으면서 여러 영역에서 높은 행동 기준을 설정하는 것이었다. 이런 정신 덕분에 이 프로젝트는 전통적 소매업자에 비해 경쟁력을 유지하는 차원을 넘어서서 오히려 강화시킬 수 있었다.[12]

미국과 전 세계 공동체 지지를 받는 농업

루돌프 슈타이너의 생물역학*을 통해서 고취된 '지역사회 지원 농업CSA'은 1986년 두 곳의 농장에서 시작되었다. 미국의 매사추세츠 주 그레이트 배링턴Great Barrington에 있는 CSA 가든Community Supported Agriculture Garden과 뉴햄프셔 주에 있는 템플–윌턴Temple-Wilton 지역사회

---

* 생물역학(biodynamics)은 인지학을 창시한 철학자이자 과학자 루돌프 슈타이너가 1921년 농부들에게 제시한 전일적·유기농적·윤리적 방법으로 농업과 원예, 식품, 영양 문제를 해결하려는 시도를 포함하고 있다.

농장이다.[13] 이 개념은 독창적이면서 간단하다. 농장은 지역에 식료품을 공급하고 지역은 농장 조업에 필요한 재정적 수단을 제공해야 한다는 것이다. 예를 들어 소비자들은 1년간 구매 보증을 해줌으로써 유기농 식품을 생산하는 데 따른 책임을 떠안는다. 대신 이들은 생산 과정에 대한 정보를 제공받고 생산 과정에 영향력을 행사할 수 있다.

소비자가 비즈니스 유기체의 일부가 되는 것이다. 이 개념은 정해진 건강한 순환에서 자연은 지역 주민에게 영양분을 공급하기에 충분한 잉여를 생산한다는 아이디어에 근거를 두고 있다.[14] 1980년대 CSA는 북아메리카의 여러 지역(주로 뉴잉글랜드와 노스웨스트, 태평양 연안과 중서부, 북부, 캐나다)으로 퍼져 나갔다. 2007년 미국 농업 센서스에 따르면 1만 3,000개의 CSA 농장이 있었는데, 캘리포니아 주에는 이런 농장이 거의 1,000개에 달한다.[15]

독일에서는 부시베르크호프 데메테르Buschberghof Demeter 농장이 모든 공동체의 지지를 받는 농장들의 구심점 역할을 하고 있다.[16] 1987년 이래로 이 농장은 생산 과정에 농업 비즈니스뿐 아니라 소비자를 포함하는 자족적 경제순환을 실행하기 위해 노력하고 있다. 다른 두드러진 사례로는 카텐도르퍼 호프Kattendorfer Hof와 CSA 호프 펜테Hof Pente를 들 수 있다. 오스트리아에서는 옥슨헤르츠 가트너호프Ochsenherz Gartnerhof가 200명의 수확 주주harvest shareholders와 함께 작업을 한다. 또한 유기농과 지역적-계절적 생산을 위한 공동 책임의 원칙이 식품협동조합과 박스 스킴*에서 시행되고 있다. 영국에서는 다소 늦은 2013년에 CSA 농장 네트워크가 추진되었다.[17]

레기날베르트 AG, 독일의 지역 자기자본

2006년 독일 프라이부르크에서 시민이 지분을 보유한 회사 레기날베르트Regionalwert AG가 설립되었다.[18] 500명에 달하는 주주는 지속가능한 농업 비즈니스가 재정적 지원을 받을 수 있도록 했다. 이 책을 쓰는 시점에서 197만 유로가 모금되었는데, 이런 방법으로 조달된 자본은 레기날베르트 AG가 농업과 관련 기업을 매입하는 데 사용되었다. 결과적으로 재정이 취약한 기업가들에게 빌려준 셈이 되었다. 전체 부가가치 체인을 따라 새롭게 설립된 기업들에게 재무적 투자가 이루어졌다. 훈련, 식물 육종, 농업 생산(토지 경작과 가축 사육, 시장 원예, 식림植林법), 가공(낙농업과 치즈 만들기, 제빵 등), 판매(소매와 음식 공급, 미식美食 등)와 관련된 기업들이다. 재무적 이윤과 별도로 주주들은 '다차원적 부'를 거둬들였으며, 그 지역에 공급 안전을 보장하는 것 외에 일정한 지표로 측정된 '사회-생태적 가치'를 추가했다.

---

* 박스 스킴(box schemes)은 영국에서 시작되었는데, 지역에서 유기농 방식으로 생산된 신선한 채소와 과일을 상자에 담아 지역의 고객들에게 직접 배달해주는 비즈니스 방식이다.

독일과 스위스, 이탈리아, 네덜란드, 오스트리아의 윤리은행

오늘날 일부 은행이 공동선에 기여할 것을 서약했다. 독일 GLS^{Gemeinschaftsbank fur Leihen und Schenken}[19]는 1974년 인지학자들이 설립한 협동조합 은행이다. 이는 사회-생태학적 원칙에 입각해 운영되는 독일 최초의 겸업은행*이다. 이 은행은 6,500개가 넘는 기업을 재정적으로 지원하고 있으며 자유학교와 유치원, 재생 에너지, 장애인을 위한 기관, 주택, 지속가능한 건물, 노년의 삶을 위한 사업에 참여하고 있다. 반면 알코올, 원자력 에너지, 무기나 담배를 생산하는 기업, 더 나아가 녹색 유전자 기술, 동물 실험에 관여하거나 미성년 노동력을 착취하는 기업에게는 융자를 해주지 않는다. 기업에 제공된 모든 융자는 소비자 잡지 「방크슈피겔^{Bankspiegel}」에 공개된다. 원칙적으로 어떤 융자도 재판매되지 않으며, 은행은 어떤 투기적 거래에도 참여하지 않는다. 고객의 예금액은 2016년 말 기준 거의 40억 유로에 달했으며, 신용융자액은 25억 유로였다. GLS 신탁은 은행의 일부로 재단을 관리하며 비영리 사업에 자금을 대준다. 보훔^{Bochum}에 소재한 은행 본사 외에 총 527명(2016년 기준)을 고용한 6개의 지점이 있다.

---

* 겸업은행(universal bank)은 통상적인 상업은행 업무 외에 투자은행과 보험을 비롯한 다른 금융 서비스를 제공하는 은행을 말한다.

프라이에 게마인샤프트방크^{Freie Gemeinschaftsbank}는 스위스의 첫 번째 대안 은행으로, 이 은행도 인지학자 집단의 주도 아래 설립되었다.[20] 1984년 도나흐에서 시작한 이 은행은 1999년에 바젤로 옮겼다. 이 은행의 목적은 윤리적 기준에 따라 융자를 해줌으로써 일반 대중에게 봉사하는 것을 목표로 둔 비영리 프로젝트와 다른 계획을 지원하는 것이다. 예를 들어 보증된 유기농업과 자유학교, 유치원, 훈련기관, 치유 교육, 사회요법, 의사 개업, 진료소, 치료법, 무역, 상업, 식당, 생태학적 프로젝트, 재생 에너지, 미술학교, 예술적 추진, 양로원, 공동체 생활에 초점을 맞추고 있다. 이 은행의 총자산은 2억 스위스 프랑에 달하며, 자기자본은 800만 스위스 프랑에 달한다. 협동조합의 지분증서에는 보상이 주어지지 않을 뿐 아니라 이자도 지급되지 않는다.

스위스의 다른 윤리은행으로는 1990년 2,600명에 달하는 개인과 기업을 통해 설립되었으며 올텐에 본점을 두고 있는 슈바이츠대안 은행^{ABS, Alternative Bank Schweiz}이 있다. 오늘날 이 은행은 10억 유로의 총 자산을 보유하고 있다.[21] ABS 또한 대안 프로젝트에 초점을 맞춰 융자를 제공하고 있으며, 차입자들의 이름을 공표하고, 이들에게 제공된 융자의 목적을 언급하고 있다. 민주주의, 여성과 남성에게 제공되는 평등한 기회는 비즈니스에서 중요한 역할을 한다. 이 은행은 2만 4,000명의 고객과 4,400명의 주주로 구성되어 있다.

독일과 오스트리아에 소재한 스파르다은행^{Sparda Banks}에 계좌를 보유한 모든 사람은 동시에 협동조합원이다. 따라서 투표권을 가진 공동 소유주다. 스파르다은행 가운데 모범적인 뮌헨 스파르다은행의 경우 소유주가 29만 1,000명이다(2016년 기준).[22] 이들이 200명이 넘는 대의원을 선출하면, 대의원들이 감사회와 이사회 멤버를 선출한다. 또한 대의원들은 이윤을 어떻게 분배할지 결정한다. 지난 몇 년간 협동조합의 자본에 대한 실질적 배당은 보통 5~6퍼센트에 달했다. 이사회 멤버와 직원 간 임금 격차는 6대 1이었다. 750명의 직원에 대해서는 대략 120개의 다른 작업 시간 모델이 존재하는데, 표준적인 근무 시간(주당 37.75시간)은 단체 임금 협약보다 낮은 수준이다. 그리고 1~3세의 아이를 둔 부모는 한 달에 150유로(약 21만 553원)의 자녀수당을 받는다. 스파르다은행은 은행 부문에서 '독일 최고 고용주' 상을 네 번이나 수상했다. 독일 고객 설문조사에서 스파르다은행 그룹은 일곱 차례에 걸쳐 최고로 선정되었다. 이 은행의 자산은 현재 70억 유로를 상회한다.

1999년 이탈리아 동북부에 위치한 베네토 주 파도바 현의 주도 파도바에 에티카은행Banca Etica이 설립되었다. 윤리적 금융에 전적으로 헌신하는 이탈리아 최초의 은행으로,[23] 3만 7,000명이 넘는 주주가 4,600만 유로에 달하는 지분을 보유하고 있다. 처음 15년 동안 에티카은행은 20곳에 달하는 이탈리아 지역에서 가족과 사회적 기업에게 2만 3,000건이 넘는 융자를 제공했다. 대략 70퍼센트가 넘는 융자가 비영리 조직에 제공되었으며, 그 가운데 3분의 1은 사회적 기업에 제공되었다. 에티카은행은 200명의 직원으로 구성되어 있다. 이 은행에게는 다른 장점이 있는데, '윤리적인 대안 은행과 금융기관의 유럽연합^{FEBEA}'의 설립을 주도했다는 것이다.[24] 글로벌 차원에서 윤리은행들은 '가치 금융을 위한 글로벌 동맹'을 결성했다.[25] 두 단체는 이윤 추구 위주의 투자은행보다 덜 엄격한 규제를 받는 공동선을 위한 공식적인 유럽은행연맹의 출발점 역할을 할 수 있다. 글로벌 윤리은행인 은행 연합체 GABV^{Global Alliance for Banking on Values}는 전 세계 43개의 금융기관이 참여하는 조직이다. 이 조직의 구성원은 이익을 추구하는 은행이나 투자은행과 비교했을 때 규제가 적다.

또한 세계교회협의회 산하의 소액 대출 기관인 오이코크레디트^{Oikocredit}는 1975년 개발 지원과 관련된 마이크로 융자와 프로젝트 융자에 특화된 국제적 신용기관으로 설립되었는데, 전 세계적으로 71개 국가의 약 797개에 달하는 융자 프로젝트가 지원을 받았다. 총 1,750만 명의 사람에게 혜택을 준 자본은 15개국의 3만 4,000명의 투자자와 조직을 통해 제공되었다. 이 조직은 네덜란드에 본부를 두고 있다. 1990년에는 오이코크레디트 오스트리아의 설립을 추진하는 모임이 발족되었다. 1,950명이 넘는 오스트리아 투자자의 기부금은 현재 약 2,000만 유로에 달하는 자산이 되었다.[26]

오스트리아, 여러 분야에서의 선구자

전설적인 구두 '발트비르틀러^{Waldviertler}'를 생산하는 GEA는 한 기업이 지역의 자원과 근로자를 통해 전통적 소비재를 생산하고, 이를 판매와 결합시켜 낮은 가격에 공급함으로써 세계화와 오프쇼어링^{off-shoring}, 저비용 생산의 시대에 어떻게 비상할 수 있는지를 보여준 사례다. 발트비르틀러 유한책임회사와 GEA 하인리히 슈타우딩거^{Heinrich Staudinger} 유한책임회사에서는 총 125명이 구두와 가구를 만든다. 최저 월 순지급액은 1,000유로보다 조금 낮다. 최고와 최저 보수 간 격차는 2대 1이다. 2010년 가을 이후 발트비에르텔에 위치한 생산지는 태양광 발전을 통해 사용하는 것보다 더 많은 양의 전기를 생산했다.

로어 오스트리아에 있는 도시 멜크에 위치한 통신서비스업체 구글러*^{Gugler*}는 인쇄물을 완전하게 비료로 사용할 수 있게 만든다는 비전을 갖고 있다. 이 기업은 '요람에서 요람으로'* 원칙에 동의했는데, 이는 공동선 대차대조표에서 최상의 목표 가운데 하나로 채택될 수도 있다.[27] 20년 이상 이 가족 비즈니스는 95명의 직원과 함께 친환경적 미디어 제품을 생산하기 위한 혁신적 조치들을 취해 왔다. 2000년에는 '로어 오스트리안 우드 팀버 프레임 컨스트럭션 프라이즈^{Lower Austrian Wood Timber Frame Construction Prize}', 2004년에는 '트리고스^{Trigos}', 2006년에는 'WWF 판다 어워드^{WWF Panda Award}', 2008년에는

---

* '요람에서 요람으로(Cradle-to-Cradle)'는 제품의 설계, 제작, 사용 기간부터 해당 제품을 재활용하는 기간까지 포함한 제품의 수명주기를 말한다.

'오스트리안 서스테인어빌리티 리포팅 어워드Austrian Sustainability Reporting Award' 등 여러 상을 수상한 것에서 이 기업의 포괄적 약속을 확인할 수 있다. 이것은 '마음을 다해 인류와 지구의 복지를 챙기는 비즈니스 활동'이라는 이 기업의 장기 전략에도 제시되어 있다.

1988년에 설립된 로어 오스트리아의 유기농 허브 가공업체 소넨토르Sonnentor는 사회적·생태학적 지속가능성을 촉진하는 방법을 탐구하고 있다.[28] 이 기업 또한 과거 로어 오스트리아의 남서부 지역에서 '네이버링 비즈니스 어워드Neighbouring Business Award' 같은 상을 수상한 긴 목록을 보유하고 있다. 153명의 직원이 이 지역의 150개 농장에서 온 자연 생산물을 가공해서 50여 개국으로 수출하고 있다. 이곳에서 만든 제품으로는 티, 허브, 소금, 커피 등이 있다. 이 기업은 100퍼센트 재활용이 가능하거나 비료로 사용할 수 있는 포장재와 녹색 에너지만을 사용하고 있다. 전력 수요 가운데 10분의 1은 광전지 설비로 충당하고 있다. 사업장에서는 직접적으로 어떤 배기가스도 발생시키지 않는다. 소넨토르는 앞서 언급한 세 기업과 로그너 바트 블루마우,* 판들러 제유소** 등 몇몇 기업과 공동으로 기업가의 책임과 지속가능성을 지지하는 블루마우에르선언Blumauer Manifest을 작성했다.[29]

---

* 로그너 바트 블루마우(Rogner Bad Blumau)는 오스트리아에 있는 호텔이다.

** 판들러(Fandler) 제유소는 땅콩처럼 기름이 많은 씨앗이나 올리브처럼 기름이 많은 식물성 물질에서 기름을 추출하는 오스트리아 소재의 제유회사다.

에르빈 토마^{Erwin Thoma}는 잘츠부르크의 골덱에서 접착제와 금속을 전혀 사용하지 않고 통나무집을 짓는 비즈니스를 시작했다. 홀즈 100^{Holz100} 주택이라고 불리는 이 주택은 전 세계 25개 국가에서 볼 수 있다. 이 기업이 사용하는 목재는 최초로 '요람에서 요람으로'의 황금 보증^{Gold certification}을 수상했다.

배송업체 그뤼네 에르데^{Grüne Erde}는 오스트리아 북부에서 설립되었다. 이 회사는 68년 된 에코서점의 자회사로, 고객들이 회사 설립 비용을 전적으로 부담했다. 이들의 첫 번째 제품은 자연친화적 매트리스인 '하얀 구름^{Weiße Wolke}'이었다. 오늘날 이 회사는 420명의 직원이 일하고 있으며 자연친화적인 가구와 인테리어 물품에서부터 옷감, 화장품에 이르기까지 많은 제품을 제작하고 판매한다. 그리고 매출은 4,000만 유로에 이른다. 직원의 80퍼센트는 여성이고, 회사 분위기는 가정친화적이다. 이 회사는 가구의 90퍼센트, 화장품의 95퍼센트를 오스트리아 내에서 직접 만든다. 또 직접 오프라인 스토어를 운영하고 온라인 판매도 하고 있는데, 온라인 판매가 전체 매출의 25퍼센트를 차지한다. 2017년 그뤼네 에르데는 처음으로 공동선 대차대조표를 만들었고, 지금까지 기록상으로 749점을 달성했다.

오스트리아 스티리아에 소재한 리게르스부르크^{Riegersburg}는 유일하게 100퍼센트 유기농 공정무역 초콜릿 생산 공장인데 니카라과와 페루, 도미니카공화국, 에콰도르, 코스타리카, 파나마, 볼리비아, 브라질에서 수입한 코코아 열매 250톤을 가공하고 있다. 설립자인 요제프 조터^{Josef Zotter}는 100명의 직원과 함께 일하는데, "코코아 열매에서 초콜릿 바까지"라는 구호 아래 코코넛 열매를 볶고, 밀어 펴며, 콘칭 기법*을 사용하는 일체의 생산 공정이 한 장소에서 이루어지고 있다. 2004년 이후 공정무역 코코넛 열매와 설탕만 사용해 오고 있으며, 2006년 이후에는 모든 재료를 유기농 제품으로 사용한다. 초콜릿을 만드는 데 아동 노동력이 투입되지 않으며, 대량 생산을 하지도 않는다.[30]

브라질, 연대 기반의 경제

브라질에서는 대안 비즈니스 영역이 성장하고 있는데, 바로 연대 기반의 경제다. 이것은 전대미문의 대량실업이 발생하고 많은 사람이 비참한 빈곤으로 내몰렸던 1980년대 자본주의 위기의 상황에서 출현했다. 자신들을 돕지 못하는 자유시장을 대신해 사람들은 자조自助와 연대連帶를 생각하게 되었다. 이를 계기로 많은 협동조합이 진화했다. 오늘날에는 200만 명 이상의 직원이 일하는 2만 개 이상의 비즈니스가 존재한다. 비즈니스의 스펙트럼은 설탕과 구두공장에서부터 재봉사 협동조합과 공정무역 네트워크까지 다양한 영역을

---

* 콘칭(conching) 기법은 초콜릿을 만들 때 쓴맛을 줄이고 모래알 같은 식감을 벨벳처럼 부드럽게 만들어준다.

포괄한다. 일부 비즈니스는 자립형 생산기업이며, 일부는 농업협동 조합이고, 또 다른 일부는 가난한 지역과 토착민 공동체에 설립된 비공식적 네트워크다. 500개 조직을 비롯해 80개 도시에서 연대 기반의 경제 구역 설립을 지지했다.

국무장관으로서 이 분야의 책임을 맡고 있는 폴 싱거Paul Singer는 자본주의는 사람들에게 이기심과 탐욕을 고취시키는 반면, 연대 기반의 경제는 연대와 공동선 지향을 촉진시키는 데 커다란 자극을 주고 있다는 자신의 의견을 피력했다. 그는 상호 지원은 취약한 영역을 떠받치는 근간이라고 덧붙이면서 연대 기반의 경제에서 훈련받은 학생들이 계속 남아 있기를 바란다고 보고했다. 직원 스스로가 운영하는 설탕공장에서 벌어들인 이윤은 주주들의 주머니로 들어가는 것이 아니라 직원을 교육시키고 문맹 퇴치를 돕는 데 사용되고 있다.

글로벌 오픈소스

공동선 경제는 지식을 상업적 이해관계에 이용하기 위해 고립시키는 것이 아니라 널리 전파하는 데 의미를 둔다. 이것이 인간의 본성에 반하지 않는다는 것은 체계적 협력으로 점철된 과학의 역사가 입증해준다. 개인이 수집하고 공표한 통찰은 즉각적으로 미래의 모든 연구에 적용되었다. 일부 하이테크 영역에서 이 원칙이 수용되었는데, 오픈소스와 무료 소프트웨어 운동이 그것이다. 이 분야의 활동가들은 사기업들에게 컴퓨터 소프트웨어와 응용 프로그램, 운영체계에 대한 특허가 허용되어서는 안 되며, 그런 제품은 지속적으로 '공개적'이면서 협력적인 방식으로 개발되어야 한다는 데 동의한다. 이런 정신에서 무료 하이테크 제품들이 탄생했는데, 리눅스 운영 체계에서부터 파이어폭스 웹브라우저, 선더버드 이메일 프로그램, 온라인 백과사전 위키피디아까지 실로 광범위하다. 뭔가를 발견한 사람은 자신의 기여가 더 거대한 계획의 일부가 되는 것을 지켜보는 명예를 얻게 되는데, 이것은 인간의 기본적인 욕구다. 우리 모두는 의미 있는 일에 기여하길 바란다. 그 일에서 이익을 얻지 못해도 기꺼이 그렇게 하고자 한다.

늘어나는 글로벌 비영리 조직

주식시장의 열기, 25퍼센트에 달하는 투자수익률의 유혹, 화려한 비즈니스 잡지의 홍수에도 불구하고 비영리 조직[NPO]은 여전히 일상생활의 일부다. 지난 15년간 경제 규모가 큰 40개 국가의 비영리 조직에 대한 수치를 집계해 발표한 존스홉킨스대학교의 통계에 따르면 비영리 조직은 현재 3,100만 명을 고용하고 있는데, 이 가운데 2,000만 명은 유급 직원이다. 비영리 조직은 연간 수입 1.3조 달러 이상을 자랑하는데, 이는 독일 경제 규모의 절반 이상에 해당된다.[31] 미국에서는 2012년 비영리 부문이 미국 경제에 8,870억 달러 기여한 것으로 추정되는데, 이는 미국 GDP의 5.4퍼센트에 해당된다.[32] 비영리 부문은 144만 개의 공익자선단체, 개인 재단, 상공회의소, 공제회, 시민단체 등 다른 타입의 비영리 조직으로 구성되어 있다. 총체적으로 이들은 미국에서 총임금과 급여의 9.2퍼센트를 차지한다.[33] 영국에서 비영리 조직은 80만 개의 일자리를 제공하는데, 이 가운데 3분의 2는 정규직이다. 교육과 문화, 환경, 마을회관에 이르기까지 다양한 영역에서 16만 개 이상의 조직이 2012년 390억 파운드 이상의 소득을 창출했다.[34] 오스트리아에서는 총부가가치의 2퍼센트가 채 안 되는 규모, 약 50억 유로가 비영리 조직에서 발생했다. 따라서 비영리 조직은 농업, 임업, 수산업, 식음료산업, 담배산업, 종이와 판지산업, 인쇄와 출판업, 운송수단 제조업보다 규모가 크다. 17만 1,000개 작업장의 약 40퍼센트는 정규직으로 구성되어 있다.

이런 수많은 사례는 이윤을 추구하지 않는 기업은 이해가 되지 않으며 제대로 작동하지 않을 것이라는 일반적으로 통용되는 개념과 모순된다.

자본주의가 의존하는 '보이지 않는 성과'

이윤을 추구하지 않을 뿐 아니라 돈이 없어도 의미 있는 부가가치를 창출하는 것이 가능하다. 시장과 돈이라는 영역을 벗어난 자본주의적 환경에서도 여러 가지 필수적 욕구는 충족되어야 한다. 실제로 '자유'시장에서는 여러 가지 기본적 욕구가 무시되고 있다(지구는 모두에게 충분한 식량을 공급하고 있지만 10억 명이 넘는 사람이 굶주리고 있다). 동시에 사람들은 인위적으로 창출된 욕구와 심지어 중독을 충족시키기 위해 애쓴다.

자본주의 경제는 무보수의 자발적 서비스, 특히 가정에서 여성이 제공하는 대단히 가치 있는 일을 당연시한다. 이런 서비스에는 자녀 돌보기, 간호하기, 노인 돌보기, 말기 환자 돌보기 등이 포함된다. 따라서 인간은 경쟁과 이윤 추구를 통해 추동되지 않으면 아무것도 하지 않을 것이라는 주장이 대단히 냉소적으로 들린다. 우리 스스로 자본주의가 의존하고 있는 이런 '보이지 않는 성과' 가운데 일부를 인식할 필요가 있다.

- 모유 먹이기에는 대가가 지불되지 않으며, 임신과 여러 해에 걸친 자녀 돌보기 또한 마찬가지다.
- 환자 간호하기는 환자가 건강해질 때까지 돌보는 일을 하지만 아무런 대가가 지불되지 않는다.
- 노인 돌보기는 대부분 여성이 담당하는데, 종종 아무런 대가 없이 이루어진다.
- 말기 환자 돌보기(호스피스)는 주로 자원봉사자들을 통해 이루어진다.

- 무주택자와 약물중독자를 돌보고 필요한 사람에게 음식을 제공하는 일도 자원봉사자들을 통해 이루어진다.

- 2015년부터 중부 유럽으로 들어오는 난민 수가 짧은 기간 폭발적으로 증가했는데, 많은 자원봉사자가 이들을 돕기 위해 나섰다.

- 오스트리아에서는 누군가 자동차 사고를 당하면 자원봉사 구조대원들을 통해 병원으로 이송된다. 만약 사고를 당한 사람이 과다 출혈로 생명이 위험하다면 완전히 모르는 사람에게서 수혈을 받게 될 가능성이 높다. 우유뿐 아니라 이때는 혈액도 무료다.

- 누군가 급하게 자료를 검색해야 한다면 위키피디아를 통해 전 세계의 많은 사람이 사용할 수 있게 된 지식을 참고할 수 있다. 그리고 이때 파이어폭스처럼 완전히 무료이고 기업의 영향력이 미치지 않는 인터넷 브라우저를 사용할 수 있다. 심지어 우리가 다니는 기업이 무료 운영 체계인 리눅스로 교체하기로 결정할지도 모른다. 오늘날에는 하이테크 제품조차 때로는 무료로 사용할 수 있다.

2010년 통계에 따르면 인구의 20퍼센트에 달하는 6,300만 명의 미국인이 비영리 조직에서 자원봉사를 했다. 이들의 봉사는 사기업 평균 임금을 적용하는 경우 2,840억 달러의 가치가 있다.[35] 영국에서는 인구의 27퍼센트가 매월 정기적으로 자원봉사를 하고 있으며, 44퍼센트는 일 년에 적어도 한 번 자원봉사를 한다.[36] 독일에서는 인구의 34퍼센트가 자원봉사 활동을 하고 있는데, 연간 총 46억 시간에 달한다. 이는 320만 명 정규 직원의 작업 시간과 비슷하다.[37]

기부와 자선의 원칙은 자본주의 사회에서 보편화되어 있으며, 앞으로도 사라지지 않을 것이다. '선물경제'* 접근법은 이런 원칙을 전체 경제로 확산시킬 것을 제안한다.[38] 아마도 이것이 다음 단계가 될 것이다. 첫 단계는 돈 버는 것이 비즈니스와 일의 최고 목적이 아님을 인지하고 삶의 질, 양육, 창조성과 공동선으로 대체하는 것이다.

---

* 선물경제(gift economy)는 상대방에게 재화를 무료로 나누어주는 관행을 통해 물질적 욕구를 충족하는 경제를 말한다. 이것은 프랑스의 사회학자이자 인류학자인 마르셀 모스(Marcel Mauss)가 폴리네시아의 풍속에 대해 연구하는 가운데 밝혀졌으며, 그가 쓴 『증여론(Essai sur le don)』에 상세하게 기술되어 있다. 일부 학자는 고대 사회에서는 물물교환보다 선물경제가 더 보편적이었다고 주장하면서 현행 자본주의 시장경제의 문제점을 해결하는 대안을 여기서 찾고자 한다. 찰스 아이젠스타인(Charles Eisenstein)의 『신성한 경제학의 시대(Sacred Economics)』는 이런 생각을 반영한 대표적인 저서다.

8장

더 나은 변화를 위한 전략

CHANGE EVERY THING

당신은 기존 현실과의 투쟁을 통해 변화를 가져올 수 없다.

뭔가를 바꾸려면 기존의 모델을 쓸모없게 만들 새로운 모델을 구축해야 한다.

— 버크민스터 풀러(건축가·발명가)

공동선 경제 운동은 2010년 10월 6일에 시작되었다. 나와 함께 이 책의 초판을 완성하는 작업을 했던 첫 15개 기업(아탁의 비즈니스맨이 운영하는)은 빈에서 '기업 다시 생각하기'라는 제목의 콘퍼런스를 조직했다. 예상한 게스트는 50명 정도였는데, 100명이 넘는 사람이 참여했다. 그중 3분의 2는 기업가였다. 이들은 즉시 작업에 착수했다. 선구적 기업들을 중심으로 여러 작업 그룹이 조직되었으며, 이후 여러 해에 걸쳐 하나둘 형태를 갖춰 나가면서 고도로 복잡한 조직 구조의 핵심이 만들어졌다. 이 구조는 전략에서 중요한 부분을 차지한다. 사회의 다양한 영역에 참여한 개인은 공동선 경제를 창조하기 위한 일에 그들의 기술과 전문지식으로 기여하고 있다.

전략에는 다음과 같은 다양한 과제가 포함되어 있다. 선구적 기업은 자발적으로 공동선 대차대조표를 작성한다. 비즈니스 컨설턴트는 초기 단계에서 선구자들을 지원한다. 회계감사관은 공동선 대차대조표를 승인한다. 편집자는 입수한 피드백을 바탕으로 공동선 대차대조표의 견본을 수정한다. 대학은 공동선 경제 모델을 커리큘럼에 포함시키고, 이에 대한 연구를 수행한다. 강연자는 이 아이디어를 전 세계에 전파한다. 대사는 이것을 지역협회에 유포하고,

정당과 지역 지부(또한 '에너지 장'으로 알려진)는 지방 수준에서 변화가 일어나도록 길을 닦는다.

2011년 7월, 공동선 경제를 촉진하기 위한 최초의 협회가 설립되었다. 그리고 2014년 말에는 이탈리아와 스위스, 독일, 스페인, 아르헨티나에 국가와 지방 차원에서 추가적으로 15개 협회가 설립되었다. 그동안 경제적 선구자 집단에 정치적·문화적 선구자 집단이 합류했다. 2017년 중반까지 30여 개의 관련 협회와 단체가 생겼는데, 그 가운데 9군데는 스웨덴에서 칠레에 이르기까지 전 세계 곳곳에서 자리를 잡고 있다. 이 모든 요소가 어떤 마스터플랜 없이 자연적으로 진화했다. 공동선 경제를 위한 자가생성적 '생태계'가 형성되기 전까지 첫 번째 전략은 개발되지도 않았다.[1] 출발하고 4년이 지난 지금 국제적 운동의 구조는 다음 5가지 수준으로 정리될 수 있다.

1. **선구자 집단:** 비즈니스에서는 기업과 조직, 정치에서는 도시와 지방, 교육에서는 학교와 대학이 이 아이디어를 실행에 옮긴다.

2. **실질적 수준:** 편집자와 컨설턴트, 회계감사관, 강연자, 대사, 지자체의 조력자와 조정자들은 이 아이디어를 발전시키고 과정을 설계하며 선구자들을 지원한다.

3. **지리적 수준:** 핀란드에서 세르비아, 오스트리아에서 칠레, 영국(토트너스와 런던, 케임브리지, 옥스퍼드, 핀드혼에서 초기 활동이 있었음)에서 미국 샌프란시스코까지 전 세계에 걸쳐 대략 100개의 지방 지부(지역 집단)가 결성되었다. 이들은 풀뿌리 수준에서 이 운동을 대표한다.

4. **법적 수준:** 16개 협회는 조정과 지원 기능을 충족시켜 줄 국제협회를 설립하는 과정에 있다.

5. **지지자 집단:** 2017년 중반 9,000명의 개인과 2,300개의 기업, 70여 명의 각기 다른 정당 출신 정치인이 공동선 경제에 대한 지지 의사를 밝혔다. 이들의 명단은 웹사이트를 통해 확인할 수 있다.

협회는 대부분 회원 집단이지만 연구협회도 하나 있다. 탄생한 지 4년이 지난 현재 오스트리아의 원래 창립협회는 500명의 회원으로 구성되어 있다. 이들 가운데 절반가량은 개인이며, 나머지 절반은 기관으로 구성되어 있다. 협회의 홈페이지에 보면 비물질적인 방법으로 지원하는 사람들의 명단이 4가지 범주로 나뉘어 게시되어 있다.

첫 번째, 선구자 집단

경제적 선구자

공동선 경제의 핵심 과정에는 선구적 기업과 단체가 포함되는데, 다음과 같은 과제를 수행한다.

1) 자발적으로 공동선 대차대조표를 작성한다.
2) 경험과 전문지식을 바탕으로 공동선 대차대조표를 개발하는 데 도움을 준다.
3) 서로 협력하고 배운다.
4) 여러 지역과 기업에 공동선 경제 아이디어를 전파한다.

첫해에 대략 50개 기업이 '시운전' 차원에서 공동선 대차대조표를 작성했고 감사를 받았다. 이런 방법을 통해 과정뿐 아니라 대차대조표의 내용과 관련해 소중한 경험을 쌓게 되었다. 이 운동을 추진하고 나서 일 년이 지난 2011년 10월 5일, 지역 그룹에 속한 선구적 기업이 이탈리아와 독일, 오스트리아의 7개 도시에서 대중을 상대로 이 운동을 소개하고 기자회견에서 공동선 대차대조표의 초기 결과를 공표하는 행사를 가졌다. 당시 미디어의 반응은 뜨거웠다. 독일의 텔레비전 방송국 ZDF, 독일의 「슈피겔Spiegel」과 「쥐트도이체 차이퉁Suddeutsche Zeitung」 등 신문과 잡지, 이탈리아의 명망 있는 신문 「레푸블리카Repubblica」를 비롯해 여러 미디어가 이 행사와 관련된 보도를 내보냈다. 예상했던 대로 이를 계기로 다음 단계로의 발전이 시작되었다.

2017년 중반까지 공동선 기업의 숫자는 500개로 늘어났다. 모두 각기 다른 분야에서 각기 다른 법인 형태와 규모로 운영되던 회사였다. 몇몇 선구자는 '공동선 대리인'을 내세웠다. 기업은 다음 3가지 수준의 회원 자격 가운데 하나를 선택할 수 있다.

- **레벨 1**: 공동선 대차대조표를 시험 삼아 작성하는데, 어떤 외부 압력도 없다.
- **레벨 2**: 동료 집단에 속하는 다른 기업들과 함께 공동선 대차대조표를 작성한다. 기업들은 서로 평가하며('동료 평가' 수행) 회계감사관이 '피상적으로' 검토한다. 이런 형태의 회원 자격은 최대 50명의 직원을 가진 기업에게 주어진다.
- **레벨 3**: 공동선 대차대조표를 개별적으로, 자문을 받거나 자문을 받지 않은 가운데 집단적으로 작성하며 외부 회계감사를 받는다.

공동선 대차대조표를 작성한 선구적 기업들은 동시에 보다 평등한 경제 질서로 이끌 새로운 민주적 과정을 추진해 나가도록 격려를 받는다. 따라서 이들의 정치적 기여는 자발적인 것으로 기업의 사회적 책임을 주도하는 세력의 지지를 받는 것과 아주 다르다. 여러 가지 이유로 공동선 대차대조표를 작성하지 않으려는(예를 들어

이들은 이 대차대조표가 법적 구속력을 갖길 기다리거나 매우 사소한 조치를 통해 이런 새로운 도전에 대응하려고 하기 때문임) 기업들은 레벨 1을 지지하거나 실행함으로써 가치 있는 사례를 만들 수 있다.

정치적 선구자

선구적 기업들의 첫 번째 물결이 이 아이디어를 수용하자 정치 집단도 이 운동에 점점 더 많은 관심을 갖기 시작했다. 시市를 포함한 지방자치단체(이하 지자체)는 세계화의 영향, 비즈니스 유치 경쟁, 조세 경쟁과 금융시장의 위력으로 갈수록 큰 고통을 받고 있다. 따라서 이들은 공동선 개념을 열렬하게 지지한다. 지자체는 시의회의 결의를 통해 공동선 지자체가 될 수 있는데, 그때는 다음과 같은 여러 가지 프로젝트를 실행할 수 있다.

- 지자체는 자체적으로 운영하는 비즈니스 영역에서 공동선 대차대조표를 작성할 수 있다. 와이츠와 그라츠, 만하임, 사라고사 등이 이 길을 선택했다. 와이츠에서는 문화부가 이 일을 담당하고, 사라고사에서는 시가 운영하는 주택건설 기업이 담당했다.
- 지자체는 지역의 사기업들이 공동선 대차대조표를 작성하도록 요청하고 공개 파일을 통해 결과를 투명하게 밝히는 한편, 참가 기업들에게는 공공 계약에 참여할 수 있는 보상을 제공한다. 공동선 기업은 일 년에 한 번 시 당국의 인증을 받

게 되며, 공동선에 기여한 모범적 서비스에 대해서는 보상도 받는다.

- 공동선 지자체는 대안 금융 시스템의 요소를 도입할 수 있다. 예를 들어 공동선 은행의 지점을 개설할 수도 있고, '지역 공동선 주식시장'에 참여하거나 지역보완화폐*를 도입할 수도 있다.

- 첫 번째 시민 참여 과정은 지자체 공동선 지표의 개발이다. 이것은 지자체가 나중에 국가적 차원에서 공동선 생산^{CGP}을 측정하기 위한 근거로 사용할 수 있는 삶의 질에 대한 지표로 간주된다. 공동선 지표에 포함되는 15~25개에 이르는 삶의 질에 대한 지표는 이상적으로 과학적 지지를 받는 가운데 민주적 시민 참여를 통해 편찬될 수 있다.

- 두 번째 시민 참여 과정은 지자체의 경제 총회다. 이 조직의 과제는 10~20개에 이르는 비즈니스 행위의 기본 규칙을 정하는 것이다. 이 총회를 개최하기 위한 절차 지침은 회원들이 널리 참여하는 가운데 공동선 경제촉진협회를 통해 개발된다. 나아가 '지자체 통화 총회'를 위한 지침이 존재하는데, 이는 지방 차원에서 민주적 통화 체제의 기반을 창출하는 것을

---

* 지역보완화폐(regional complementary currency)는 문자 그대로 일정 지역 안에서 통용되는 화폐로, 정부가 발행한 통화를 보완하는 기능을 수행한다. 주로 독일을 비롯한 유럽 여러 지역에서 이런 화폐가 실험적으로 사용되고 있다. 현재 논란이 많은 암호화폐(crypto currency)가 향후 보완화폐의 기능을 할 수도 있다.

목표로 하는 민주적 의회다.[2]

- 마지막으로 앞서 언급한 내용 못지않게 중요한 것은 처음 설립된 공동선 지자체는 이상적으로 각 지역의 지자체를 모두 포괄하는 공동선 지역(뮐피에르텔, 흑삼림지, 그라우뷘덴, 빈슈가우, 아풀리아, 에스트레마두라, 웨일스와 같은 정치 구역)의 형성을 추진할 수 있다는 점이다. 개별 공동선 지자체로부터 지원을 받게 된 공동선 지역은 지방/군/주를 공동선 지방/군/주로 유도할 수 있다.

최초의 공동선 지자체는 브릭센 테라 인스티튜트^{Terra Institute}의 조정으로 이탈리아 남부 티롤의 빈슈가우 지역에 설립되었다. 라쉬와 슐란데르스, 말스, 라스 모두는 공동선 지자체 보고서를 작성했다. 이런 사례는 경쟁을 불러일으켰고 사람들을 끌어들이는 요소로 작용했는데, 여기에는 정부 프로그램의 일부로 공동선 경제의 촉진을 채택한 잘츠부르크 주정부 대표단도 포함되어 있다. 스페인에서는 10개 지자체와 시 대표가 2013년 가을 마드리드에서 회합을 가졌는데, 여기에 최초의 공식적 공동선 지방자치단체인 살라망카^{Salamanca} 근처의 미란다 데 아산과 스페인 바스크 주에 있는 오렌다인 대표가 참석했다. 두 번째 전국적 회합은 2014년 말 세빌에서 열렸다. 그리고 베네수엘라에서는 미란다 주의 도시 차카오가 공동선 대차대조표를 작성한 최초의 지자체가 되었다. 공동선 경제 전문가와 컨설턴트, 활동가들은 지자체를 지원함으로써 필요한 인프라를 쉽게 구축하도록 돕는다. 지방 아젠다 21, 기후연합, 공정무역 지자체가 존재하므로 공동선 지자체는 다음 통합적 단계를 구성할 수 있다.

문화적 선구자

교사와 교수들은 자발적으로 공동선 경제를 교육 현장에 도입했다. 대략 100개 대학에서 공동선 경제의 원리 응용, 대중 전파뿐 아니라 교육과 연구에서도 이런 유형의 활동이 이루어졌다. 2014년 독일 교육부는 공동선 경제에 대한 2가지 연구 프로젝트를 승인했다. 3개 대학은 이미 공동선 경제에 초점을 맞춘 MBA 프로그램 개설을 고려하고 있으며, 이 프로그램을 위한 제안이 2015년 잘츠부르크대학교에 제출되었다. 바르셀로나대학교는 파리의 유네스코 본부에 공동선 경제를 위한 석좌교수직을 제안했다. 나는 두 곳의 라틴아메리카 대학교로부터 상을 받았으며, 그라츠대학교에서 했던 강의로 2013년 교수상을 수상했다. 그리고 박사 학위뿐 아니라 많은 학사와 석사 학위 논문이 이 주제를 다루었다. 학교 과제의 경우에도 비슷한 일이 일어났다. 그 가운데서 가장 놀라운 뉴스는 빈 22구역에 있는 경영대학이 2015/2016 학기에 'HAK 체험'이라고 불리는 공동선 경제를 집중해 다루는 학과를 개설한 것이다. 이 모든 것은 많은 교육자와 연구자의 주도적 행동을 통해 진화를 거듭하고 있다.

두 번째, 실질적 수준: 전문가림

편집자

공동선 대차대조표는 모델의 핵심이다. 이런 이유로 많은 사람이 누가 그 근거가 되는 기준을 결정하며, 이 기준에 어떻게 점수로 가중치가 부여되는지 알고 싶어 한다.

공동선 대차대조표 편집팀은 선구적 기업, 개인과 기관으로부터의 피드백을 통합하는 등 많은 시간과 에너지가 소요되는 일에 자발적으로 참여한 4명에서 시작되었으며, 지속적으로 대차대조표를 개선시켜 나가고 있다.

2011년 7월 공동선 대차대조표는 선구자와 열성적인 시민의 피드백에 근거해 이미 두 차례 개정되었다. 버전 3.0은 2011년에 작성된 공동선 대차대조표의 기반이 되었는데, 거의 60개 기업이 작성에 참여했다.

2012년과 2013년에는 버전 4.0이 나왔고, 그 뒤로 버전 4.1이 이어졌다. 우리는 정확하고 대표성이 있으며 종합적이면서 사용자에게 친근한 공동선 대차대조표가 최종적으로 적용되려면 앞으로 몇 년의 시간이 걸릴 것이라고 생각한다. 그전까지 우리는 국회의원들에게 공동선 대차대조표에 구속력을 부여하는 법 제정을 요구하지 못할 것이다.

그때까지 편집팀은 공동선 대차대조표를 최적화하기 위한 노력을 계속해 나갈 것이다. 현재 개별 공동선 지표에 대한 책임을 맡고 있는 편집자가 한 명씩 있는데, 이는 총 17명의 편집자가 핵심 과제를 분담하고 있다는 것을 뜻한다. 이런 지표들은 개별 지표의 추가 개발에 참여한 조직의 대표뿐 아니라 소규모 전문가 집단과 관심 있는 개인의 지원을 받고 있다. 이 단출한 팀의 3가지 과제는 다음과 같다. 첫째, 대규모 피드백 자료를 처리하는 것이다. 둘째, 적극적으로 지속가능성 기준과 보고서를 작성하는 것이다. 셋째, 수집된 정보를 바탕으로 계속해서 창조적 지표를 개발하는 것이다.

2014년 편집팀은 스스로 매트릭스 개발팀이라는 새로운 이름으로 바꿨다. 매트릭스의 내용과 전파라는 기능적 원칙에 충실한 개인 3명이 이 팀을 운영하고 있다.

비즈니스 컨설턴트

아탁의 사업가들 가운데 일부는 과거 기업의 컨설턴트였다. 이들 중 상당수는 기업이 공격적이거나 이기적인 '반대 청원'을 통해 다른 기업들의 장점을 배우도록 하고, 다른 기업이나 개인의 희생을 대가로 재무적 이윤을 극대화하도록 지원하는 과정에서 내적 갈등을 경험했다. 공동선 경제는 이런 가치 간의 갈등을 해결해주었다. 이제 컨설턴트들은 다른 기업을 돕는 노력을 통해 기업을 지원할 수 있으며, 환경을 보호하고 사회에 기여할 수도 있다. 컨설턴트들은 선구적 기업을 위해 다음과 같은 다양한 지원 서비스를 제공하는 것이 가능하다.

- 공동선 보고서와 공동선 대차대조표를 작성한다(초기 정보에서 부터 감사 과정에 이르기까지 전부 참여).
- 비전 선언문, 개발 전략, 조직 개발, 공감 리더십을 만들어냄 으로써 공동선 비즈니스의 창출에 피드백할 수 있는 개발 과 정을 구축한다.
- 소시오크라시*, 요람에서 요람까지 또는 윤리은행으로의 변 신 등 특별한 기준에 대한 전문가 자문을 제공한다.
- 공동선 오리엔테이션을 통해 팀 개발, 인적자원 개발, 품질관 리 등 관례적인 컨설팅 분야를 구축하는 일을 돕는다.

미래에는 내부 네트워킹과 상급 훈련을 포함시키고, 협력 정신과 공동선 경제의 가치에 부합하는 상호 행동양식을 개발하며, 컨설팅 서비스의 기준을 확립하는 과제를 담당하는 경제 총회가 컨설턴트 들을 조정할 것이다. 그 외에 컨설턴트들은 세미나를 조직하는데, 이는 여러 나라의 인증을 받게 될 것이다. 추가적 목표는 공동선 기 업이 훈련받은 비즈니스 컨설턴트들과 접촉하도록 하는 것이다.

원칙적으로 공동선 대차대조표와 보고서를 작성하는 과정은 컨 설턴트 없이도 실행 가능하다. 어쨌든 이 운동은 의존성을 조장할 의도를 갖고 있지 않다. 공동선 대차대조표와 지표 해설, 공동선 보

---

* 소시오크라시(sociocracy)는 참여와 합의에 기반을 두고 있는 역동적 관리 시스템(dynamic governance system)을 말한다.

고서 견본과 같은 서류는 누구나 자유롭게 무료로 이용할 수 있다. 현재 크리에이티브 코먼스 라이선스를 얻기 위한 노력이 이루어지고 있다. 선구적인 기업들은 자신들의 욕구와 선호에 따라, 전문적 도움을 받으면서 개별적으로나 집단적으로 공동선 대차대조표를 작성할 수 있다.

회계감사관

외부 회계감사는 공동선 보고서를 확인하고 기업의 일상적 업무에서 공동선 경제가 실천되는 정도를 확인하는 데 기여한다. 면허를 가진 회계사들이 재무 대차대조표를 감사하는 것과 마찬가지로 공동선 대차대조표는 공동선 회계감사관을 통해 평가될 것이다. 지나치게 긍정적이거나 과도하게 비판적인 기업의 자체 평가는 선의와 사실에 입각한 외부의 관점을 통해 조정된다.

2011년 600점 이상을 받은 35개 기업이 보고서와 공동선 대차대조표에 근거해 외부 감사를 받았다. 600점 이하를 받은 20개 기업은 '동료 회계감사'의 원칙에 따라 다른 선구적 기업의 회계감사를 받았다. 이 절차에는 공동선 매트릭스 기준 설명서, 비판적이지만 호의적 관점에서 면밀하게 검토된 결과와 보고서에 있는 데이터를 비교하는 것이 포함된다. 몇 차례에 걸친 피드백을 통해 기업은 누락된 데이터를 제출할 수 있었으며, 이런 방법으로 공동선 보고서를 작성했다. 최초의 회계감사관(각각의 회계감사 과정은 적어도 2명의 회계감사관을 통해 수행되었음)은 개별 기준에 대해 일정한 점수를 부여했으며, 매트릭스 형태로 감사 의견을 제시했다. 이 매트릭스는 쉽게 이해할 수 있고, 학습 수단으로 활용할 수 있게 설계되었다.

그 후로 회계감사 과정은 미세하게 조정되었다. 그새 회계감사는 언제라도 실행될 수 있다. 감사 의견은 2년간 유효하다. 직원 50명 또는 그 이하의 중소기업은 동료 평가를 선택할 수 있다. 기업의 규모에 따라 회계감사관은 현장에서 기업가와 이야기를 나누고 서류를 정독함으로써 가능한 한 포괄적으로 상황을 판단하기 위해 수시로 기업을 방문할 수 있다.

회계감사 서비스는 경제협회를 통해 조정될 수 있다. 회계감사관은 인증 과정, 상급 훈련, 품질 보장 조치를 체계화한다. 감사 수수료는 기업의 규모에 따라 책정되는데, 그 밖의 몇몇 서비스는 대가 없이 제공된다.

컨설팅과 감사에 따른 비용을 낮추고자 우리는 연방의 여러 주와 다른 기관으로부터 기금을 받기 위해 노력하고 있다. 다행스럽게도 독일과 오스트리아에서 함부르크, 베를린, 브란덴부르크와 같은 도시를 포함해 몇몇 기관이 기금을 제공하기로 약속했다. 장기적으로는 공동선 대차대조표의 결과와 관련해 지원금을 점차적으로 늘려 나가는 방식으로, 즉 기업이 제공하는 서비스가 공동선 경제에 기여한 대가로써 공공 부문에서 공동선 대차대조표에 대한 감사 비용을 충당하는 것이 바람직하다.

또한 시간이 지나면 회계감사관의 질적 기준과 승인에 대한 법적 근거가 마련될 수 있을 것이다. 공동선 회계감사관 특별회의소를 설치하는 것도 생각해 보아야 한다.

대중 강연자

공동선 경제에 대한 대중의 관심이 매우 높다. 영국과 미국을 비롯해 점점 더 많은 나라에서 강연에 대한 문의가 쇄도하고 있다. 기업, 지자체, 대학교, 중·고등학교, 노동조합, 농민조합, 환경단체, 문화협회, 공공기관, 정부 부처를 포함해 사회의 대부분 분야에서 관심을 표하고 있다. 강연에 대한 수요는 대규모 강연자 풀의 지원을 통해서만 충족될 수 있다. 일 년에 두 번 독일에서 강연자들을 위한 훈련이 이루어지는데, 대중 강연자들은 '씨를 뿌린다'는 원칙에 따라 공동선 경제의 아이디어를 널리 알리고 있다.

대사

강연자는 대중을 상대로 또는 협회와 기관, 정당을 상대로 이 아이디어를 홍보하는 저명한 대사들의 지원을 받고 있다. 첫 번째 대사는 뮌헨에 있는 스파르다은행의 CEO 헬무트 린트Helmut Lind이며, 공정무역 브랜드인 괴틴 데스 글럭스의 공동 설립자 리사 뮤르Lisa Muhr, 베를린에 있는 마르키셰스 란트브로트Märkisches Landbrot의 힐데 베크만Hilde Weckmann, 저널리스트이자 윤리적 투자자인 스페인의 프란시스코 알바레스Francisco Álvarez가 그 뒤를 이었다. 아우크스부르크 출신의 노아 쇼펠Noah Schöppel은 첫 번째 청년 대사였다.

2017년 제5회 국제대표단 회의가 파리에서 열렸는데, 이때 10명의 공식 대변인이 선출되었다. 여성과 남성 각각 5명씩이었다. 이들은 독일어, 스페인어, 영어 등 다양한 언어로 활동의 영향력을 넓힐 것이다.

과학자

전 세계의 학생들에게 공동선 경제를 가르칠 뿐 아니라 연구할 목적으로 여러 학문 분야 간에 네트워크가 형성되었다. 최초의 2가지 네트워크 노드는 독일-오스트리아-스위스와 스페인-라틴아메리카였다. 스페인의 '유네스코 석좌교수 프로젝트'[*]는 후자에서 진화했다. 칠레 산티아고대학교에서는 '공동선 회계' 프로젝트가 시작되었다. 빈에서는 네 곳의 대학교가 참여한 가운데 '대안 경제와 통화 시스템'이라 불리는 국제여름대학교International Summer University가 개최되었으며, 2014년에는 빈 시의 '지속가능성 상Sustainability Award'을 수상했다.

공동선 경제에 대한 저항의 주요 원천은 자본가 이미지에 대한 사람들의 뿌리 깊은 믿음이다. 많은 사람이 연대 기반의 협력적 행위를 바라고 있지만 대다수는 이 원칙을 기꺼이 수용하거나 수용할 수 없을 것이다. 이런 믿음은 대중 토의에서 반복적으로 드러났다. 그러나 인간의 자본가적 의견의 이면에 놓여 있는 가정은 상당

---

[*] 유네스코 석좌교수 프로젝트(The UNESCO Chair Project)는 선진국과 개발도상국의 대학교 간 네트워크를 만들어 지식의 전수와 교류를 통해 개발도상국의 발전을 촉진하기 위해 유네스코가 주관하고 있는 프로젝트다. 현재 전 세계적으로 수많은 프로젝트가 진행되고 있다.

부분 과학적으로 부정되어 왔다. 실제로 인간은 다음과 같은 본성을 가진 존재로 보인다.

- 경쟁적인 분위기에서 양육되지 않는다면 천성적으로 서로 돕고 협력하는 성향을 가진다.
- 공감 능력을 가져 다른 사람들의 복지에 관심이 많고, 거기서 기쁨을 느낀다.
- 공동체의 일부가 될 필요성을 느끼며, 공동체의 성공에 기여하기를 원한다.

다음 내용은 더 확실하게 와 닿는다.

- 누구나 발언권을 가진 집단은 위계적으로 조직된 집단보다 더 생산적이다.
- 구성원이 이윤을 분배하는 방법에 대해 공동 결정을 내리는 집단은 리더나 소유주가 독단적으로 그런 결정을 내리는 집단보다 더 생산적이다.

그러나 이런 실증적으로 연구된 사회학적·과학적 연구는 경쟁 중인 사회진화론적 신화에 비해 널리 알려져 있지 않다. 후자는 어떤 실증적 근거를 갖고 있지 않지만 우리 마음에 깊숙이 깔려 있다. 공동선 경제 전문가팀 '과학과 연구'는 사회-병리적 현상, 게임이론, 진화론적·신경생물학적 연구 결과를 편집하고, 이것을 체계적으로 정리한 뒤 이야기를 널리 알리기 위해 관심을 끌 만한 흥미로운 소식으로 나누어 그 정수를 제공하려고 한다. 만약 독선이 과학적 통찰로 대치된다면 이런 방법을 통해 심어진 공동선 경제의 싹은 언젠가 열매를 맺게 될 것이다. 이것은 많은 사람이 큰 노력을 들이지 않으면서 실행할 수 있는 과제다.

과학자들이 조치를 취할 수 있는 다른 방법은 국내총생산의 대안으로 공동선 생산의 개발을 돕는 것이다. 이것은 아직까지 하나의 아이디어로만 존재한다.

청년과 교육

젊은 활동가 그룹은 서로 연결되어 있으며, 각기 다른 분야에서 적극적으로 공동선 경제활동을 펼치고 있다. 2017년에는 공동선 경제청년단이 활동하기 시작했다. 또한 교사들은 학교 교육을 위한 교육 자료를 통해 새로운 교육 방식을 만들어내기도 했다.

소비자

사람들이 즉각적으로 손쉽게 할 수 있는 기여는 자주 찾는 비즈니스 업체에게 공동선 대차대조표를 작성하는지 여부를 묻는 것인데, 이는 어떤 비즈니스 업체를 지원할지 결정하는 데 중요한 근거를 제공한다. 일부 활동가는 이미 이것을 행동으로 옮기고 있으며, 이들의 노력은 열매를 맺고 있다. 당연히 모든 기업이 "소비자는 항상 옳다"라는 모토를 따르지 않지만(이것이 공동선 대차대조표가 중요한 한 가지 이유임) 많은 기업이 소비자로부터의 피드백을 매우 진지하게 받아들인다. 목표는 점점 더 많은 기업이 이 과정에 참여하도록 만들어 궁극적으로 공동선 대차대조표를 작성하는 것이 모든 기업에게 최선이 되도록 하는 것이다. 이상적으로는 소비자뿐 아니라 공동선 대차대조표의 결과에 따라 비즈니스 파트너를 선정하려는 은행, 투자자, 공공기관, 공동 기업에게서 공동선 대차대조표에 대한 문의가 쇄도하는 것이다.

세 번째, 지리적 수준: 지역 지부

모든 선구자와 전문가는 구체적인 실행을 위해 시너지 효과를 내면서 지방의 '지역 지부'에서 함께 일할 수 있다. 지역 지부는 지자체, 시, 지구, 읍 그리고 광역에서 공동선 경제를 실행하는 지방이나 지역 그룹을 가리킨다. 2014년 말 영국과 미국, 오스트리아, 이탈리아, 독일, 스위스, 네덜란드, 폴란드, 멕시코, 콜롬비아에 있는 지역 지부의 숫자가 100개로 늘어났다. 열성적인 사람들은 솔선해 지역 지부를 설립함으로써 장소와 상관없이 어디에서나 변화에 기여할 수 있다. 그리고 이런 일에 도움을 주는 포괄적 지침이 마련되어 있다.[3] 지역 지부의 활동에는 다음과 같은 것이 포함된다.

- 경제와 정치, 문화 분야에서 선구자들과 접촉하고 함께하며 지원하고 동기부여를 한다. 그리고 이들에게 전문지식과 '변형 에너지'를 제공한다.
- 공공행사를 주관하고 세미나를 제공하거나 개인교습을 해줌으로써 관심을 고조시키고 교육 캠페인을 수행한다.
- 소시오크라시와 전체적 합의, 비폭력 소통, 대화, 역동적 촉진,* 호스팅 기술** 등 '공동 작업 방법'을 알려준다.
- 지역의 민주경제 총회를 준비하고 공동 추진한다.
- 개인 대차대조표나 공동선 경제에 근거한 게임 등 개인 프로젝트를 개발한다.
- 전체 모델과 과정에 있어 개별 대차대조표, 민주 총회의 원형이나 공동선 관리 수단 등 새로운 측면에서 기여한다.

네 번째, 법적 수준: 국제협회

어떤 시민 집단도 적극적으로 공동선 경제를 지지할 수 있지

---

* 역동적 촉진(dynamic facilitation)은 컨설턴트 짐 러프(Jim Rough)가 창안한 촉진 기법으로, 당면한 아젠더나 연습에 한정하지 않은 채 집단 에너지를 최대한 활용해 문제를 해결하는 방법이다. '선택-창조(choice-creating)'라고도 불린다.

** 호스팅 기술(Art of Hosting)은 사람들이 적극적으로 대화에 참여하도록 유도해 규모와 상관없이 집단의 자기조직화 능력과 집단적 지혜를 효과적으로 이용하도록 하는 대화 기술이다.

만, 그 집단이 일정 규모 이상 커지면 이 운동의 국제의회, 즉 대표단 의회에 대표를 파견할 권리를 갖게 된다. 첫 국제 대표단 의회는 2013년 인스부르크, 2014년 뮌헨에서 열렸다. 여기에 네덜란드와 미국, 브라질, 볼리비아, 페루 등을 비롯해 5개 주요 주에서 온 50~60명의 대표가 참석했다.

긍정적 피드백

공동선 경제의 전체 모델은 자본주의와 마찬가지로 역동적 시스템에서 펼쳐진다. 자본주의에서 모든 전문적 에너지와 창조성, 동기부여는 재무적 결과를 극대화하는 데 초점을 맞추고 있으며, 이런 노력은 수많은 형태의 긍정적 피드백을 통해 특별한 경제 질서를 지탱해준다. 공동선 경제는 이와 유사한 동역학을 개발하겠지만 투자수익률이 더 이상 길잡이가 아니라는 점에서 결정적으로 다르다. 공동선이 새로운 길잡이가 될 것이다. 여기 '긍정적 피드백'으로 예상되는 몇 가지 사례가 있다.

- 기업의 공동선 대차대조표가 좋을수록 은행 융자에 대한 이자를 덜 지급하게 된다.
- 은행 스스로 공동선 대차대조표를 작성하고, 이런 은행을 비즈니스 파트너로 선택한 기업은 이를 통해 공동선 대차대조

표를 개선할 수 있다.

- 한 기업이 공동선 대차대조표의 결과에 따라 공급업체를 선정한다면 이를 통해 공동선 대차대조표가 개선된다.
- 기업이 훌륭한 공동선 대차대조표를 가진 기업에게만 자기 제품을 판매하도록 한다면 공동선 대차대조표가 개선된다.
- 기업들이 서로 협조한다면 참여한 기업 모두의 공동선 대차대조표가 개선된다.
- 지자체와 모든 다른 공공기관은 공공 계약을 체결해야 하는 경우 훌륭한 공동선 대차대조표를 가진 기업에게 특혜를 주게 된다.
- 소비자는 자주 방문하는 비즈니스 업체에게 공동선 대차대조표를 작성하는지 묻는다.
- 무역 관련 신문은 최고의 공동선 대차대조표를 보여준 모범 기업에 대한 특집 기사를 싣는다.
- 소비자 잡지는 윤리적 기업을 부각시킨다.
- 직원을 충원할 때 윤리적인 면이 강조된다.
- 모든 종류의 품질협회는 공동선 대차대조표에 큰 관심을 가지게 되고, 긍정적인 공동선 대차대조표에 조건부 회원 자격을 부여한다.
- 보완통화추진협회는 공동선 대차대조표를 회원 자격의 전제 조건으로 설정한다.

이로써 엄청난 시너지 효과와 채찍 효과가 발생하게 된다. 시장 경제에서 참가자들의 풀(공동선 지역)은 증가하는 반면, 이에 저항하는 사람들은 점점 더 큰 압력을 받게 되고 자신들의 처지를 설명하기 어렵다는 것을 깨닫게 된다. 이들은 결국 고립된 채 인센티브 메커니즘에 의지하게 되는데, 변하지 않을 경우 파산의 위험을 감수해야 할 것이다.

전략적 네트워킹

공동선 경제는 스스로를 지속가능하고, 민주적이며, 인간적인 사회의 복합적 미래 모습의 한 측면으로 여긴다. 따라서 공동선 경제는 서로 관심을 가지며 서로 강해지도록 하기 위한 것뿐 아니라 학습을 공유하기 위해 유사한 대안적 지지자들과의 협력을 모색한다. 만약 연대 기반의 경제, 창조적 공유경제, 경제적 민주주의, 탈성장 경제, 가치 공유, B Corps,* 공정무역, 사회적 비즈니스 같은 접근에 관심을 가진 사람들이 서로를 찾아내고 공동 노력을 강화한다면 기존 패러다임을 무너뜨릴 가능성이 있다. 주류 정치에서 깊은 환

---

* B 코어(B Corps) 인증은 'B 코퍼레이션(B Corporation) 인증' 또는 'B 랩(B Lab) 인증'이라고 하는데, 글로벌 비영리 조직인 B 랩이 영리를 추구하는 기업을 대상으로 발행하는 사적 인증이다. 이 인증에서 최소 점수를 받으려면 투명한 사회적·환경적 기준과 높은 법적 기준을 충족해야 한다.

멸을 느껴 점점 등을 돌리는 많은 사람에게 중요한 것은 오직 하나의 대안을 가지고 있는 것이 아니라 많은 대안을 가지고 있다는 점이다. 그러면 누구나 이런 다양한 변화의 측면 가운데 자신의 관심과 재능, 교육, 성향에 맞는 것을 선택해 참여하게 된다.

또한 사회적·문화적 생활의 모든 수준과 영역에서 변화가 일어나고 있다. 다음에 보면 '미래의 모자이크'(진행 중인 사업) 또는 '두 번째 거대한 전환'[4]이라고 부를 수 있는 내용이 제시되어 있다. 공동선 경제는 이런 전환의 한 측면이다.

대부분의 추진 계획은 아직 초기 단계에 머물러 있다. 이 가운데 그 어떤 것도 아직 '시스템과 연결되어' 있지는 않다. 그러나 이것이 일관되게 지속적으로 성장하고 긍정적 피드백을 생성한다면 미래의 지속가능한 문화적 생태 시스템을 형성할 수 있다. 이런 대안이 소통과 조정, 협력, 의사결정을 위한 적절한 인프라를 개발한다면 시민사회를 향상시키고자 하는 재단들이 이 과제를 해결하는 것은 시간문제다. 이것은 쉬운 과제가 아니지만 더 많은 사람이 이 과제에 집중한다면 해결책은 저절로 찾아질 것이다. 이 모두는 진화의 일부다. 그리고 새로운 대안이 강력한 것으로부터 뭔가 배울 점이 있다면 바로 "중요한 것은 협력"이라는 사실이다.

미래의 모자이크

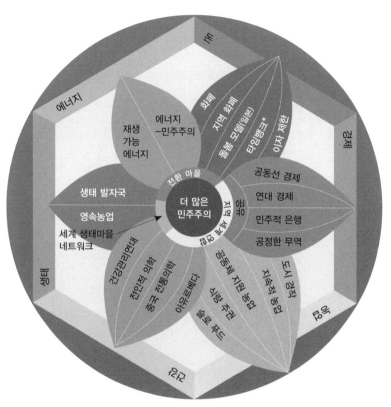

• 그래픽: 율리아 뢰브

---

* 타임뱅크(Time Banks)는 상호 서비스를 제공하면서 시간을 돈처럼 사용하는 실천 운동을 말한다. 예를 들어 아기 돌봄을 2시간 해준 경우 자신이 필요할 때 이 시간만큼 다른 사람에게 아이를 맡길 수 있다.

총회로 가는 길 닦기

공동선 경제의 중요한 장기적 목표는 여러 나라에서 경제 총회를 개최하는 것이다. 이런 총회에서 경제를 선도하는 10~20개에 달하는 가장 중요한 기본 규칙이 민주적으로 논의되고 협의되고 나서 이를 실행에 옮길 주권자에게 제시되어야 한다. 이때 예상되는 쟁점은 다음과 같다.

- 경제의 목표와 가치
- 공동선 생산
- 공동선 대차대조표
- 공동선 지향의 금융 시스템
- 허용된 재무적 이윤의 사용
- 소득 불평등에 대한 제한
- 부의 불평등에 대한 제한
- 기업에서의 권력 분배
- 안정된 연금과 '민주적 지참금'
- 근무 시간 단축
- 휴가
- 명백하게 생태적으로 꼭 필요한 것

이것은 단지 제안일 뿐이다. 어떤 쟁점에 대해 어떤 규칙이 필요한지 여부 역시 민주적으로 결정되어야 한다. 진정한 민주주의에서 '관할권에 대한 관할권'은 주권자에게 있다. 전국적 규모의 총회로 가는 길은 밑바닥, 즉 지자체에서부터 시작될 것이다. 이 원칙과 관련해선 앞서 기술한 바 있다. 누구나 지자체 경제 총회를 개최하는 방법에 대한 '과정 설계'를 이용할 수 있다.[5] 지자체 수준에서 개척자에게서 여러 가지 소중한 체험이 수집되고, 이것이 전국적 수준의 대규모 행사에 적용되기를 바란다. 지자체 수준에서 시민들은 두 달에 한 번씩 만나, 예를 들면 다음과 같은 일을 도모할 수 있다.

- 서로 교류하고 공동선 경제의 파라미터에 친숙해진다.
- 10~20개 정도 질문을 확정한다.
- 연구를 수행하고 기본 쟁점에 동의한다.
- 깊이 있는 연구를 수행한 뒤 문제에 대해 상세히 토의한다.
- 투표한다(체계적 합의).
- 결과에 대해 곰곰이 생각하고, 행동에 옮길 다음 단계를 축하하고 상의한다(예를 들어 다른 지자체를 지원하는 것).

우리는 이 과정이 다음과 같은 효과를 가져오리라고 기대한다.

- 많은 사람이 경제가 자연법칙을 따르는 것이 아니라 자유롭게 제정될 수 있는 정치적 규칙을 따른다는 것을 인식하게 된다.
- 많은 사람이 현재 경제를 이끌고 있는 규칙이 자신들의 기본

가치, 목표와 일치하기는커녕 오히려 모순된다는 것을 인식
하게 된다.

- 많은 사람이 헌법을 개정할 수 있는 전국적 규모의 총회에 대
한 열망을 발전시킬 것이다.
- 많은 사람이 전국적 규모의 경제 총회에 대한 요구에 공감을
표현할 것이다.
- 민주주의는 '활력의 반가운 급등'을 경험할 것이다. 경제 총
회 아이디어가 넓게 퍼져 나갈수록 지자체 총회는 더 자주 개
최될 텐데, 따라서 정치인들과 의회에 그런 총회를 개최해야
한다는 압력이 더 크게 가해질 것이다. 연방 총회는 지자체와
지역 총회의 대표들을 통해 또는 직접 선거를 통해 구성된다.
한 가지 실용적인 방법은 적어도 100개 지자체가 지역 총회
를 개최하고 연방 총회에 파견할 대표를 지명한 뒤 연방 총회
를 설립하는 것이다.

어떻게 참여할 것인가

과거 몇 년간 나는 세상의 부당함을 인지하고 이것을 해결하기
위해 뭔가를 해야 하는데 어떻게 기여할지 모르는 많은 사람을 만
났다. 공동선 경제는 다양한 참여 가능성을 제공하며, 개인은 다음
과 같은 일을 할 수 있다.

- 지역 지부를 설립하거나 이미 존재하는 지부를 지원한다.
- 각각의 지역 지부를 구성하고 있는 15개 역할(컨설턴트, 회계감사관, 강연자, 대사 등) 중 하나를 선택하거나 새로운 역할을 제안한다.
- 자주 방문하는 비즈니스 업체에게 공동선 대차대조표를 작성하는지 묻는다.
- 자신이 일하고 있는 기업에 공동선 대차대조표를 작성할 것을 권유한다.
- 지역 선구자 그룹에서 10~20개에 이르는 다른 기업들과 함께 학습할 수 있도록 기업을 초대한다.
- 자신이 거주하는 공동체에 공동선 공동체가 될 것을 제안하고, 지금 살고 있는 지역에 공동선 지역이 될 것을 제안한다.
- 다른 활동가들과 함께 자신이 거주하는 지역 공동체에서 '지자체 경제 총회'를 조직한다.
- 자신이 다니는 학교, 성인을 위한 교육기관, 대학이나 대학교에 공동선 경제를 통합시킨다.
- 자신이 '선호하는 대안(이미 헌신하기로 한 대안)'을 공동선 경제와 연결시킴으로써 시너지 효과를 유도하고 협력을 증진한다.

우리는 공동선 경제 웹사이트를 통해 어디서, 어떻게 관심 가는 단체와 활동에 참여할 수 있는지 포괄적 정보를 얻을 수 있다.[6]

『경쟁보다는 협력』*에서 나는 모든 사람이 각자의 정당한 몫으로 거대한 변화에 기여하는 10가지 방법에 대해 서술한 적이 있다.[7]

---

* 원제는 Kooperation statt Konkurrenz로, 국내에서는 출간되지 않았다.

9장

자주 묻는 질문

CHANGE EVERY THING

1. 오늘날 기업은 공동선 대차대조표를 작성하는 데 어떤 인센티브를 갖고 있는가?

2017년 말까지 공동선 대차대조표를 작성한 세계 500개 기업은 자신들이 참여한 동기를 다음과 같이 말한다. 첫째, 이들 기업의 전문경영인들은 예민한 감각을 체득했거나 타고났으며 폭넓고 조화로운 관계 가운데 있다. 둘째, 공동선 매트릭스가 조직 발전을 위한 윤리적 도구라는 사실을 알고 있다. 이 도구는 기업 업무의 모든 측면을 체계적으로 조명하게 해준다. 셋째, 선도기업으로서 서로 협력할 수 있는 플랫폼을 구성해 도움을 주고받는다. 넷째, 윤리적 방식으로 직원을 뽑는다. 한 은행은 공동선 대차대조표를 공표하면서 블라인드 채용* 건수를 두 배로 늘렸다고 한다. 다섯째, 윤리를 지향하는 고객을 끌어 모은다. 여섯째, 공공단체에서 서서히 변화가 시작되었으며, 이런 변화는 주 정부를 거쳐 곧 국가 전체로 이어질 전망이다. 오스트리아에서는 빈, 슈타이어마르크, 잘츠부르크, 포어

---

* 블라인드 채용(blind hiring)은 서류, 필기, 면접 등 채용 과정에 편견이 개입되어 불합리한 차별을 불러올 수 있는 출신지, 가족관계, 학력, 외모 등의 항목을 없애고 지원자의 실력(직무 능력)을 평가하여 인재를 채용하는 방식이다.

아를베르크 등 네 곳의 주 정부가 공동선 대차대조표 작성을 위한 준비에 돌입했다. 스페인 발렌시아 지방은 기업과 조직의 공동선 대차대조표 작성을 장려하기 위한 법률을 공포했다. 일곱째, 주변 환경이 급격하게 바뀌면서 시장에서 '윤리적 역추진'이 발생할 경우, 현재 경쟁의 단점은 장점이 된다. 다시 말해 일찍 참여하는 사람이 '선점자로서 우위'를 갖게 된다.

2. 다른 사회적 책임 기준과 비교해 공동선 대차대조표는 어떤 부가가치를 가지는가?

이미 설명했듯 공동선 대차대조표는 차세대를 위한 최초의 기업의 사회적 책임 도구로, 이전 세대가 사용하던 것과는 다른 효력을 발휘한다. 그 이유는 다음과 같다. 첫째, 공동선 대차대조표는 법적 구속력이 있다. 둘째, 공동선 대차대조표는 측정 가능하다. 셋째, 공동선 대차대조표는 비교 가능하다. 넷째, 다른 상황과 비교해 공정한 대우를 받게 해준다. 다른 비윤리적 기업이 더 저렴하게 제품과 서비스를 제공하거나 가격 면에서 유리한 고지를 선점하고 있다면 제아무리 전망이 밝은 지속가능 경영보고서나 대단히 선량한 윤리적 행동이라도 거의 (또는 때로는) 도움이 되지 않는다. 다섯째, 공동선 대차대조표는 대안적 경제 정책 모델에 지속적으로 통합되며, 전체 시스템을 포괄하는 접근법이다. 여섯째, 많은 개인과 조직의 적극적 참여로 개발될 수 있다. 일곱째, 공동선 대차대조표는 상황을 한눈에 조망할 수 있게 만들어져 모든 사람이 이해하기가 편하다. 여덟째, 공동선 대차대조표는 공개적이다. 아홉째, 독자적으로 대차대조표 업무를 진행할 수 없는 회계감사관 등 외부로부터 회계감사를 받는다. 2차 감사가 진행되면 결과는 더 탄탄한 토대 위에 서게 된다.

3. 공동선 의무는 지나친 규제나 강요가 아닐까?

모든 법률과 경제 시스템은 규제이자 강요로, 전체에게 더 많은 자유를 보장하기 위한 것이다. 공동선 규율은 다른 경제 체제, 특히 현대사회를 지배하고 있는 자본주의 체제보다 지나치게 사회를 구속하고 속박하는 체제가 아니다. 그저 다를 뿐이다. 중요한 점은 현존하는 체제가 지나치게 억압적임에도 우리는 그것을 인식하지 못한 채 현 체제가 몸에 배어 당연하게 여기며 살아가고 있다는 것이다. 그러므로 이 구조적 사슬을 끊어야만 우리는 비로소 자유를 손에 넣었다는 사실을 깨달을 수 있다. 이런 강요로 오늘날 재무회계가 영향을 받고 기업뿐 아니라 국가 간에도 강제적 경쟁이 벌어지고 있다. 시장에 만연한 통상조약 강요와 강제적 기업 인수로 말미암아 실업률이 높아지는 등 상황은 더욱 위태로워지고 있다. 이런 것이 바로 지나친 규제이자 강요다. 또한 환경을 파괴하는 조직과 단체 그리고 보존하려는 조직과 단체, 인권을 무시하는 조직과 단체 그리고 보호하려는 조직과 단체를 법적으로 동등하게 대우하고, 시스템적 주요 은행*이 위기에 처하면 세금으로 구제해주고 규모가 작은 은행은 파산하도록 내버려두는 등 이 모든 규제와 법률, 합의는 구조적이고 체계적인 강요에서 탄생했다. 이처럼 강요가 자유를 제한하다 보니 '구속복'이라는 단어가 정치적 용어로 사용되기도 했다. 물론 공동선 경제에서도 인센티브 효과가 나타날 수 있다. 그러나 이는 사회 개발의 의미이자 목표다. 이때 법률은 이기주의, 무분별함, 경쟁 대신에 모든 인류, 지속성, 연대의식을 지향한다. 지나치게 강요당한 현대의 자기중심적 경쟁보다 새로운 동력인 공동선 경제 시스템 가운데서 대부분의 사람은 훨씬 더 안정된 삶을 살아갈 수 있다.

4. 참여하지 않는 기업에게 어떤 일이 일어날까?

이에 동참하지 않는 기업은 파산하게 된다. 아동노동, 환경 파괴, 조세피난처로의 자금 이전, 학대에 가까운 노동 환경, 극단적인 임금 격차를 계속 고수한다면 이런 기업들의 공동선 대차대조표 결

---

* 시스템적 주요 은행(systemically important banks)은 흔히 '대마불사'로 표현되는데 부실 경영으로 금융위기를 촉발할 수 있는 은행과 보험회사, 기타 금융기관을 가리킨다.

과는 악화될 것이다. 그래서 이들 기업은 가장 높은 세금, 관세, 이자 등을 지불해야 하는 단계로 '격상되고' 이들이 만들어낸 제품과 서비스는 경쟁력을 잃게 된다. 이런 관점에서 볼 때 공동선 경제는 효과적인 시장경제다.

5. 모든 사람의 가치는 저마다 다르지 않을까?

대부분의 경우 그렇다. 그러나 이것이 법적 기준에 분명히 명시되어 있는 집단 가치와 모순되지 않는다. 모든 법률은 집단적 가치 판단이다. 무언가가 허용되거나 금지되고, 누군가에게 이익이 되거나 불이익이 되는 궁극적 이유는 이 모든 것이 윤리이기 때문이다. 속도 제한과 추월 금지 법률은 안전을 보장하고 궁극적으로 사람의 생명을 보호한다. 사유권 보호, 이로 말미암아 생겨난 수많은 금지와 제한 사항, 구속 등은 궁극적으로 개개인의 자유에 근거를 두고 있다. 우리는 삶의 모든 부분에서 규칙을 따르고, 법률은 우리를 이끌고 조종한다.

모든 개별적 법 조항에는 집단적 가치 판단이 확연히 드러나 있는데, 이 가치 판단은 민주주의 공동체의 모든 구성원에게 어떤 의도를 강요하는 것이다. 대부분의 법률은 우리가 신뢰할 수 있는 것이자 당연한 것이다. 그러므로 우리는 때때로 법을 어겼을 때 법이 공동의 가치 판단을 구체화하며 우리를 처벌하고, 우리의 자유를 빼앗는다는 사실을 인지하지 못한다. 민주주의의 핵심은 바로 자유의 총합을 극대화하는 제도다. 더 자세히 말하면, 가능한 한 모든 개인의 자유를 제한하지 않는 제도다.

나는 공동선 경제를 통해 모든 사람에게 부여된 자유의 총합이 더 늘어나거나 자유의 손실이 더 적어지기를 기대한다고 주장했는데, 그 이유는 다음과 같다.

첫째, 경제와 정치의 권력 집중이 제한되기 때문이다. 둘째, 모든 사람이 어려움 없는 삶을 살기에 충분한 경제적 여유를 누릴 수 있기 때문이다. 셋째, 사람들이 자신의 재능과 능력을 마음껏 발휘할 수 있기 때문이다. 넷째, 노동을 통해 더 큰 즐거움과 의미, 행복을 찾을 수 있기 때문이다. 다섯째, 시장경제에서 형성되는 인간 상호 간의 관계가 더 나아져야 하기 때문이다. 여섯째, 구조적 충돌이 사라지고 누구도 인간관계에서 타인에게 권력을 휘두를 일이 없어짐으로써 모든 사람의 자기가치가 안전하게 보호되기 때문이다.

대부분의 사람은 모두가 동의할 수 있는 근본 가치에 기초한 법률을 원한다. 이런 근본 가치는 연대, 공평, 민주주의, 모두에게 적용되는 동등한 자유 등이다. 법률이 이치에서 어긋날수록 우리는 점점 더 동의할 수 없는 가치, 예를 들어 경쟁이나 탐욕, 욕심, 이기주의, 제한 없는 성장, 제한 없는 불평등 등에 기반을 둔 법률과 강요에 직면하게 된다.

6. 경쟁은 인간의 본성 가운데 하나가 아닌가?

경쟁이 인간이 선택할 수 있는 행동양식 가운데 하나라는 측면에서는 그렇다. 그러나 반드시 필요한 행동은 아니다. 경쟁은 인간의 유전자가 허락한 가능성일 뿐이다. 그렇다고 우리가 무조건 경쟁해야 한다는 뜻은 아니다. 예를 들어 사람들이 서로를 죽이는 행동은 하나의 가능성이지 불가피한 일은 아니다. 우리가 살인을 저질러야만 하는 유전자를 타고난 존재가 아니듯, 경쟁도 꼭 필요한 것은 아니다. 다만 유전자는 우리가 목표 지향적 존재가 되도록 만든다. 이때 목표에 도달하기 위해 서로 협력해야 하는지, 아니면 경쟁해야 하는지 여부는 우리가 결정해야 할 사항이다. 관건은 우리가 무엇을 배우느냐 하는 것이다.

오늘날 많은 사람이 무언가를 욕망하거나 이기적이고 경쟁 지향적으로 행동하는 것은 어릴 때부터 이런 가치를 배우고 있다는 사실을 입증해줄 뿐이다. 고전파 경제학과 '호모이코노미스트', 그들의 경쟁 이데올로기가 여기에 상당 부분 기여했다.

과거뿐 아니라 현재에도 협력이 통상적인 행동으로 여겨지는 다른 문화가 존재한다. 이런 문화권에 속한 사람은 인간의 천성에 대해 이러쿵저러쿵 떠들지 않으면서도 각기 다른 가치나 문화적 규범에 대해 존중하는 모습을 보인다.

따라서 우리가 지난 수백, 수천 년간 경쟁과 이기심을 일반적 문화로 학습한 것처럼 앞으로는 체계적으로 공감과 협력, 연대, 아량을 배우게 될 것이다. 이 내용이 도덕적 모범으로 또는 사람이 당연히 배워야 할 것으로 가정과 학교에서 교육된다면, 경제학이 이런 사고방식과 가치를 저해하는 대신 강화시켜 준다면, 우리가 실제 시장경제에서도 이런 행동양식을 통해 보상받을 수 있다면 말이다. 이때 중요한 것은 다음과 같다. 우리가 법률로 집단적 행동을 조종하는 시도를 하고 있다면(물론 이것은 전적으로 중요한 일이지만) 이 법률이 우리를 올바른 방향, 즉 도덕적 방향으로 인도하는지 그리고 우리의 약점과 악덕에 대해 보상하지 않는지 주의 깊게 살펴봐야 한다.

7. 스포츠를 통해 경쟁의 즐거움을 만끽하고 있지 않은가?

겉으로 보면 그런 것처럼 보인다. 그러나 더 자세히 들여다보면 그렇지 않다는 사실이 드러난다. 스포츠는 경쟁적일 때보다 놀이일 때 훨씬 더 즐겁다. 놀이는 과정 중심이다. 놀이에 참여한 사람들은 그 과정에 푹 빠져 무아지경에 이르게 된다. 즉 몰입의 경험을 만끽하게 된다. 반대로 경쟁은 결과 지향적이다 보니 재미보다는 압박과 스트레스를 받게 된다. 스포츠가 놀이가 아니라 경쟁에 가까워질수록 즐거움 대신 두려움이 강해진다. 아마도 이것이 미국의 15세 청소년 가운데 80~90퍼센트가 왜 스포츠클럽에 가입하는지를 말해줄 것이다. 결코 놀랄 일은 아니다.

승자가 모든 것을 차지하고 패자는 '루저'로 매도되는 현실에서 자신을 스트레스 상황과 인간을 경시하는 환경에 방치한다면 대부분의 사람은 어떤 즐거움도 느끼지 못할 것이다. 그래서 기록 향상을 위한 스포츠를 그만두고 댄스를 배우기 시작한 사람이 생겨난 것이다. 스포츠에서 '시합'은 공명심과 부정적 감정을 불러일으키기 때문이다.

8. 공동선 경제에서는 인센티브보다 내재적 동기에 기반을 두는 편이 낫지 않을까?

틀림없는 사실이지만 이 목표를 달성하기까지 비교적 오랜 시간이 걸릴 것이다. 내재적 동기를 가진 사람이 너무 적기 때문이다. 대부분의 사람은 외재적 목표와 인센티브를 따라가라고 배웠다. 이와 관련된 두 번째 중요한 이유가 있다. 오늘날 우리는 기업에게 어떤 행동을 취할 것인지와 관련해 모든 결정권을 내줄 수 있는가? 몇몇 기업은 공동선 지향적 결정을 내리겠지만 다른 기업들은 그렇지 않을 것이다. 그리고 우리는 이미 게임이론을 통해 결과를 잘 알고 있다. 공정한 선수와 공정하지 못한 선수가 자유로운 상황에서 경쟁을 벌인다면 공정하지 못한 선수가 이긴다. 이런 이유로 오늘날 자유시장경제 체제에서는 양심이 없거나 '다른 기업들보다 능

률적인' 회사가 패권을 쥐는 경우가 더 많다. 그런데 잘못된 목표를 추구하면 효율성도 잘못된 방향으로 발전한다. 원칙적으로 외재적 동기에 반대하는 사람은 시장경제에 존재하는 모든 법률과 규칙의 틀을 고치기 위해 나서야 했다.

지금이 우리가 변화하기에 적절한 시기인가? 아리스토텔레스는 "사랑이 세계를 지배하는 때가 온다면 모든 법률은 불필요해진다"라고 말했다. 오랜 시간이 흘렀음에도 그 가치가 퇴색하지 않는 뛰어난 통찰력이 아닐 수 없다. 그러나 인류는 아직 그 경지에 도달하지 못했으므로 기본 가치를 지키기 위해선 구속력을 가진 법률이 필요하다. 공동선 경제는 3가지 길 위를 걷는다. 의식 고양, 시장과 일치하는 인센티브, 구속력을 갖는 법률이다. 이 모든 길은 목표로 이어진다.

9. 오늘날 협력과 경쟁이 공존하므로 균형 잡힌 태도를 취하면 되지 않겠는가?

앞서 언급했듯이 가족, 부모, 친구, 사람과 사람 간의 관계 등 자본주의 경제는 협력적 구조에 기반을 두고 있다. 특히 여성은 지구상에 존재하는 모든 일의 70퍼센트를 책임진다. 여성이 없었다면 모든 기업의 임원과 억만장자는 성인이 될 때까지 성장할 수도, 제대로 된 사랑과 보살핌을 받을 수도, 활기와 자극을 받을 수도, 영감을 얻거나 존중받지도 못했을 것이다. 이것은 가장 기본적 협력이지만 그 위에 만들어진 경제적인 경쟁 구조에 짓눌려 있다. 그리고 이로 말미암아 경쟁이 인간의 본성이며 사라져서는 안 되는 것이라는 인식이 계속 이어지고 있다.

시장경제에서는 실제로 수많은 협력과 팀 구성, 팀 정신 등이 적용된다. 그러나 이런 전략은 기업 경쟁력과 권력 유지를 위한 더 상위의 목표를 이루는 데 사용된다. 바로 제3자에 대응하는 것이다. 이때 협력은 사람 간의 관계를 형성하고 공동선을 증대하기보다 타인과의 경쟁, 이익 지향이라는 더 상위의 목표를 이루기 위한 수단이 되고 만다.

10. 공동선을 지향하는 사람에 대한 법적 혜택과 경쟁을 없애는 것은 모순 아닌가?

겉으로 보기에는 그렇다. 그러나 공동선 경제는 우리에게 익숙한 '승자와 패자가 존재하는 상호 간의 경쟁'을 부추기지 않는다. 성공한 기업은 무엇보다도 그들이 다른 기업을 도왔기 때문에 성공할수 있었던 것이다. 즉 공격적 마케팅을 삼가고 지식을 공유하고 노동력과 생산 주문을 나눠주고 때로는 직접 경제적 도움을 주었기 때문에 성공한 것이다. 우수한 공동선 대차대조표는 공동선 기업에단점이 아니라 유익함으로 작용한다. 따라서 중요하게 여겨야 할 목표는 윈-윈 규정이다.

만약 공동선을 추구하는 행동을 이끌어낼 긍정적 자극이 전혀 없다면 어떻게 기업 스스로 사회가 원하는 방향으로 발전하도록 만들 수 있겠는가? 그러면 오직 내재적 동기만 남을 것이다. 이에 대해서는 앞서 언급한 8번 질문에 대한 답을 참조하기 바란다. 아니면 법적 최저 기준이 대단히 높아지고 모두에게 의무를 지워야 할 것이다. 이것은 한 걸음씩 천천히 발전하는 변화를 실행하는 데 있어 꼭 필요한 부분이다.

11. 동료가 아무런 책임도 지지 않으려고 하면 어떻게 될까?

그것은 동료 직원이 직접 결정을 내린 사안인가, 그렇지 않은가? 전부는 아니더라도 일정 부분에 개입했는가? 사람들이 아무런 책임을 지지 않아도 되는 경우와 그들이 직접 결정을 내리도록 타인으로부터 위임받은 경우에는 차이가 있다. 오늘날 일부 사람에게 나타나는 책임을 지기 싫어하는 현상은 다시 말하지만 인간 본성의 증거가 아니라 '이중 배양'*의 역사적 단편이자 증상이다. 한쪽

---

* 세균 배양에 사용되는 용기인 샬레에 구역을 나눠 두 종의 균을 동시에 배양하는 것이다. 두 종의 균이 상호 간에 어떤 영향을 주고받는지 알아볼 때, 이종교잡성인 2가지 균의 교잡을 시도할 때 사용되는 실험 방법이다.

이 전반적 책임을 지고 위험을 감수하며 일자리를 만들면, 다른 한 쪽은 이 일자리를 차지하고 아무런 책임과 위험을 짊어지지 않는다. 이에 해당되지 않는 상황도 다수 존재한다. 예를 들어 2년 전 처음 부임한 최고관리자는 거의 아무런 책임이나 위험 부담도 지지 않을 것이다. 반면 회사의 창립 멤버인 직원들은 생계를 잃을 수 있다는 위험을 감당해야 한다. 주주가 투입 자본을 잃는 것보다 개인이 생활비를 잃는 것이 훨씬 중대한 일이다. 게다가 이들 직원이 일자리를 잃는다면 20~30년 전부터 자기정체성의 일부가 된 삶의 터전을 잃게 되는 것이다.

공동선 경제는 법적으로 기업의 모든 구성원이 책임을 나누고, 민주적 방식으로 결정을 내리고, 함께 위험을 감수하고, 모두가 열심히 노력해 얻은 결실을 공정하게 나누도록 한다. 그렇다면 직원이 250명 이하인 작은 회사도 동기부여를 받아 공동선 경제로 나아갈 수 있다. 경험적 연구에 따르면 모든 구성원이 성과를 동등하게 나눠 갖는 조직이 효율성이 가장 높았다. 모든 사람이 똑같이 존중받는다는 사실이 강력한 동기부여로 작용했기 때문이다. 따라서 공동선 경제는 오늘날 경제보다 훨씬 더 효율적이고 생산적일 거라는 기대감을 갖게 한다.

결과적으로 지금까지 확연히 구분되던 고용주와 피고용인의 역할이 용해되어 경계가 사라지게 된다. 즉 자본주의와 떼려야 뗄 수 없는 자본과 노동 사이에 깊이 팬 도랑이 완전히 극복될 것이다.

12. 공동선 경제가 바라보는 조건 없는 기본소득은 어떤가?

가장 자주 제기되는 질문이므로 명확히 답변하도록 하겠다. 가장 근본적인 점은 다음과 같다. 공동선 경제는 지속적 발전을 향해 열려 있는 민주적 과정이다. 공동선 경제 체제에서는 더 중요한 목표와 가치를 실현하기 위한 모든 아이디어와 조언이 동등하게 받아들여진다. 이런 목표와 가치는 예를 들면 사회보장, 인간의 존엄, 자유 등이다. 투표권을 가진 주권자가 경제 정책의 목표를 달성하는 데 있어 조건 없는 기본소득이 가장 적합한 조치라고 여긴다면, 이것은 언젠가 이루어질 것이다. 현재까지 조건 없는 기본소득에 대해 고려하고 있는 내용은 다음과 같다.

첫째, 현 경제 체제 안에서 무기한의 조건 없는 기본소득은 반드시 필요하다. 사회에서 소외된 사람들이 곤경에 처해 있기 때문이다. 조건 없는 기본소득이 반드시 지급되어야만 이들의 존엄은 보호받을 수 있다.

둘째, 공동선 경제에서는 체제의 역학이 뒤바뀌는데, 받는 것 우선에서 주는 것 우선으로 바뀐다. 이런 변화는 시장의 핵심을 경쟁과 궁핍이 아닌 협력과 충만함으로 바꾼다. 그리고 결실은 모든 사람에게 돌아가고 남을 만큼 충분해진다. 먼저 보람 있는 일을 하며 사회에 기여하고 싶은 사람은 그 기회를 얻게 된다. 아무 일도 할 수 없는 사람이나 다른 사람들과 비슷한 수준으로 일할 수 없는 사람은 공동 급여를 받게 된다. 그리고 실업이 발생하면 더 많은 사람을 고용하는 기업이 혜택을 받음으로써 실업률을 줄이는 정책이 시행될 것이다. 결국 모든 기업은 국민경제의 문제를 해결하는 데 참여해야 한다.

셋째, 공동선 경제에서는 많은 사람이 바라는 대로 법적 근로 시간이 줄어드는데, 1주일에 20~33시간으로 예상된다. 이로 말미암아 우리 주변 사람들에게 필요한 사회관계 활성화사업, 개별 활동, 지역사회사업 등 3가지 주요 사업 분야에 투자할 시간이 늘어나게 된다. 오스트리아에서는 평균 근로 시간의 감소만으로도 통계상 실업자 수가 3분의 2나 줄어들었다. 구직자가 대략 30만 명에서 10만 명으로 줄어든 것이다.

넷째, 더 나아가 안식년을 즐길 수 있다. 모든 사람은 10년 일하면 1년간 자유 시간을 갖게 되는데, 이 기간에 또 다른 삶의 목표를 찾아내고 그것에 집중할 수 있다. 이는 무기한의 조건 없는 기본소득이 있기에 가능한 일이다. 조건 없는 기본소득에 대한 가장 큰 비판은 2가지다. 하나는 재정적 지원이 불가능하다는 점이고, 다른 하나는 지원을 받는 사람과 받지 못하는 사람이 존재한다는 점이다. 그러나 안식년 기간에는 (내용의 정당성과 상관없이) 이런 비판이 적용되지 않는다.

먼저 재정적 지원이 불가능하다는 비판에 대해 알아보자. 모든 사람이 매 10년마다 일을 쉰다면 노동시장의 10퍼센트가 줄어들게 되는데, 이는 현재 유럽연합의 실업률과 동일하다. 즉 실업급여를 받는 사람이 교대로 투입된다면 안식년에 드는 초과 비용은 그리 크지 않을 것이다. 다음으로 지원이 동일하게 이루어지지 않는다는 비판에 대해 알아보자. 조건 없는 기본소득에 대한 찬반토론에서 많은 사람이 지적하는 부분이 바로 대다수의 실질 기여자(즉 지원받은 돈보다 더 많은 돈을 돌려줄 수 있는 사람)가 소수의 수급자를 부양한다는 내용이다. 이런 걱정이 정당한지 여부는 차치하더라도 어쨌든 안식년에는 걱정할 필요가 없다. 모든 사람에게 공평하게 지원이 이루어지기 때문이다.

이처럼 안식년은 조건 없는 기본소득에 대한 2가지 비판을 바꿔놓을 수 있는데, 안식년에 경험한 내용을 토대로 새로운 지식과 기타 정보를 얻을 수 있다.

13. 공동선 경제도 시장경제인가?

우선 일반적으로 통용되는 경제 체제의 범주는 다음 4가지다.

- **자급자족경제**: 사람들은 자신이 소비하는 모든 것을 스스로 생산한다.
- **선물경제**: 분업을 통해 생산한 물건을 서로에게 선물한다.
- **시장경제**: 분업으로 생산한 물건을 등가교환하거나 화폐를 지불하고 구입한다.

- **계획경제:** 중앙집권 또는 지방분권적 방식으로 생산과 소비가 계획된다.

이 4가지 범주 가운데 하나로 공동선 경제를 분류해야 한다면 시장경제에 속할 것이다. 사기업과 자유시장이 존재하며 그 안에서 가격이 정해지고 교역을 위한 화폐가 존재하기 때문이다. 그렇다고 공동선 경제가 오늘날 존재하는 자본주의적 시장경제와 동일한 것은 아니다. 공동선 경제는 다음과 같은 특징을 가진다.

첫째, 공동선 경제는 전적으로 도덕에 의존하며 공동선을 지향하는 시장경제다. 사회적 또는 사회-생태적 시장경제와 달리 공동선 경제에서는 사회적이고 사회-생태적 보호벽뿐 아니라 공익 증대가 모든 경제활동의 목표가 된다. 그리고 이 목표의 달성 여부는 모든 실행 단계에서 측정된다.

둘째, 공동선 경제는 협력적 시장경제다. 경쟁이 아닌 협력을 이상으로 삼는다. 여기서 이상은 절대적 근본 가치이자 이념적 틀이다. 그리고 이런 협력은 모든 경제 주체에게 요구된다. 이때 경쟁은 완전히 사라지지 않겠지만 부정적으로 인식될 것이다. '시장'은 어디서도 자연법칙에 따라 정의되지 않는다. 시장은 사람들이 경제적으로 교류하기 위해 모이는 곳이다. 이들이 어떤 방식으로 만나서 어떤 도덕적 또는 법적 규칙에 따라 관계를 형성하는지는 사람의 영혼만큼이나 자유롭다. 공동선 경제는 완전히 뒤바뀐 관계를 바로잡는다. 즉 공동선 경제는 서로 마주보던 사람이 나란히 앉아 같은 방향을 바라보게 만든다.

셋째, 공동선 경제는 모든 사람이 같은 기회와 권리, 자유를 누리는 자유주의 시장경제로 (기회)불평등 제한을 전제로 한다. 또한 소득과 재산에 대한 음의 되먹임, 모두를 위한 상속 재산 재분배, 공공재를 손에 넣을 수 있는 폭넓은 선택권(무상 교육부터 공공 돌봄까지), 기회가 적은 사람을 위한 공동 급여도 전제되어야 한다.

넷째, 공동선 경제는 혼재하는 공공재(민주적 공공물)와 공유재*로 뒷받침되는 시장경제다. 시장은 이미 입증된 것처럼 강력한 국가가 있어야 더 잘 작동한다. 객관적으로 봐도 기업의 비즈니스는 공공재(공공시설물)의 공급 범위가 넓을수록 더 효율적으로 번창한다. 이런 공공재로는 식수처리 기업, 에너지 기업, 쓰레기 처리시설, 대중교통, 학교, 병원, 요양시설 등이 있다. 공공시설은 사기업을 위한 튼튼한 토대를 마련하고 강력한 독점기업에 휘둘리지 않는 자유로운 시장경제를 만든다. 더 나아가 사유재와 공유재는 (예를 들면 공동선 대차대조표에서) 많은 사람이 바라던 다양한 소유권 형태에 해당되며 법적으로 강제된다. 원칙적으로 공유재에는 제한이 없기 때문에 종묘 생산, 소프트웨어 개발 프로젝트, 고장 수리업체 등도 공유재에 속할 수 있다. 민주적 공공재와 사유재 모두 시장 논리 대신 인간 존엄과 공동 결정, 연대, 상호관계의 근본 원칙을 따른다. 앞서

---

* 공공재는 비배제성과 비경합성을 모두 가진 재화와 서비스를 말하고, 공유재는 비배제성만 갖고 있는 재화와 서비스를 말한다. 주인 없는 목초지는 공유재에 해당한다.

언급했듯 정부는 공공재를 통제하거나 관리해서는 안 되며, 시민들이 이를 직접 감독하도록 해야 한다. 그래서 공공재를 민주적 공공물이라고 불렀던 것이다. 시장과 국가가 둘로 나뉜 지금 공동선 경제에서 시장과 국가의 시너지 효과를 내는 협동 작업은 당연한 일이다. 상호 간에 퍼붓던 맹공격을 이제는 끝내야 한다.

다섯째, 공동선 경제는 재구성된 시장경제다. 그 이유는 여러 가지가 있다. 우리는 탈성장post-growth 경제를 필요로 했으며, 자유 시간이 없는 노예가 되길 원치 않았고, 삶에는 생계를 위해 돈을 버는 것보다 더 중요한 일이 있다는 사실을 깨달았다. 또한 우리는 개인마다 다른 능력을 펼치길 원했고, 법적 근로 시간을 장기적으로 주당 20시간으로 줄이는 방향으로 나아가고 있다. 일생 동안 모두 합쳐 4년 정도 되는 '안식년'이 생긴다면 우리는 개인적인 일, 예를 들어 생계를 위한 일이나 지역 발전을 위한 협력과 선물경제를 위한 일을 할 시간을 벌 수 있다. 이는 미래 경제 법규의 핵심이 아닐 수도 있다. 그러나 어쨌든 우리는 획일적인 경제 모델이 우리 삶을 지배하고 있는 현재보다 더 나은 정치적·법적 위상을 누리며 살아가게 될 것이다.

그리고 여러 계획 요소가 공동선 경제로 흘러들어온다. 기업들은 서로 손잡고 공급과 수요의 변동에 대처할 수 있다. 이처럼 기업들이 공급과 수요를 함께 조율하면 시장의 문제는 개선된다. 이런 시장 통제 형태는 분산적이고 개별 구성원이 적극적으로 참여하는 방식이라고 할 수 있다. 또한 정부가 아니라 사기업이 스스로 조정하는 방식이다. 여기에 참여하는 사람은 보상을 받게 된다(강요는 없고 인센티브가 있을 뿐이다). 이것은 자본주의 시장경제의 속성인 위기에 대한 취약성을 줄여줄 것이다.

'진짜' 계획경제는 돈이나 가격 없이 생겨난다. 왜냐하면 '진짜' 계획경제는 엄격한 수요주의를 따르며, 분권적이고 구성원의 참여가 두드러지면서도 동시에 민주적으로 조직될 수 있기 때문이다. 특히 인터넷 시대에는 더욱 쉬운 일이다. 그러나 '진짜' 계획경제는 아직 등장하지 않았다. 중앙집중적인 조정과 독재를 통해 단절되고 만 것이다.

그러나 여기서 우리는 이전에 소비에트사회주의연방공화국(일명 소련)에서 실제로 적용되던 체제를 카를 마르크스의 이상인 민주주의와 공동 결정, 인간 존엄과 혼동해서는 안 된다. 높은 수준으로 완성된 분권적이면서 민주적인 계획경제 모델에 대해 알고 싶다면 다음 자료를 참조하길 바란다. 바로 마이클 앨버트[Michael Albert]의 『파레콘[Parecon]』과 알프레트 프레신[Albert Fresin]의 『수요주의적 공급경제: 시장경제의 대안[Die bedürfnisorientierte Versorgungswirtschaft:Eine Alternative zur Marktwirtschaft]』이다.[1]

요약하면 공동선 경제 모델의 핵심은 시장경제다. 이것은 이미 알려진 다른 경제 체제의 장점을 모아 스스로 보완하거나 다른 경제 체제에 밀려 자리를 차지하지 못할 수도 있다. 그 어떤 경제 체제도 단점투성이거나 장점만 있을 수는 없다. 다양성은 매우 중요한 원칙이다.

14. 공동선 경제는 글로벌 경쟁에서 살아남을 수 있을까?

현재는 재산권을 중시한 기본 조건이 중요하다(다른 말로 신자유주의라고 할 수 있다). 예를 들어 조건 없는 자유로운 자본 이동, 조건 없는 자유무역, 화폐를 척도로 삼는 성공 측정 방식 등을 감안한다면 공동선 경제는 글로벌 경쟁력을 갖췄다고 볼 수 없다. 반면 '경제적인' 기본 조건, 예를 들어 조세 협력을 위한 자본 이동의 제한, 금융 시장 감독, 인수 합병에 대한 감시, 도덕적인 세계무역, 화폐가 아닌 다른 조건을 척도로 삼은 성공 측정 방식 등이 중요한 상황이라면 공동선 경제는 경쟁력을 가질 수 있다. 오히려 공동선 경제 그리고 공동선을 추구하는 기업과 투자자만이 경쟁력을 갖췄다고 말할 수 있다.

이때 주의할 점은 다음과 같다. 조건 없는 자본 이동, 조건 없는 무역, 화폐가 기준이 되는 성공 척도는 자연법칙이 아니라는 점이다. 어떻게 보면 자유무역은 개개인의 공동선에는 위협이 된다. 자유무역은 지금도 우리의 자유주의 헌법 이념뿐 아니라 그 위에 세워진 민주주의의 업적, 즉 인권과 노동권, 사회보장, 보건, 자연보호, 공평과세 등을 위협하고 있다. 만약 어떤 국가의 노동법과 사회, 경제, 세금 규칙을 준수하며 생산된 제품이 모든 기준과 규칙을 위반한 채 만들어진 제품과 자유경쟁에 뛰어든다면 우리의 헌법 이념과 민주주의 업적은 서서히 파괴되고 말 것이다. 교역하는 사람들이 동등한 규칙 아래 물건을 생산하지 않는다면, 시장에서 공통된 규범을 만드는 데 있어 합의를 이루지 못한다면 자유무역은 법률과 헌법을 위반한 것이다. 다음은 공동선 경제가 제안하는 바다. 즉 동등한 나라 간에는 동등한 규칙 아래 자유무역을 권장하고, 규율이 느슨한 나라의 덤핑을 방지하는 것이다. 공동선 경제는 민주주의의 업적과 헌법 이념을 보호하는 길이다.

15. 공동선 경제에서도 성장이 가능할까?

당연하다. 공동선 경제에서는 공익과 삶의 질, 만족감 등이 높아진다. 국내총생산이 늘어나느냐 줄어드느냐는 관계가 없다. 공동선 경제에서는 아무도 여기에 관심을 두지 않는다. 사실 공동선 경제에서는 국내총생산의 성장이 목표가 아니기 때문에 이에 대한 관심도 줄어든다. 다른 목표는 공동선의 성과 요소를 통해 계속해서 측정된다. 예를 들어 일, 자아실현, 기본 욕구 발견, 만족, 사회 참여, 정의, 공동 결정 등 말이다. 국내총생산에 포함된 모든 긍정적 개념도 남아 있다. 더 정확히 말하면 공정한 또는 부당한 방식으로 국내총생산과 연결된 모든 긍정적 개념은 공동선의 성과에 포함되어 있다. 부정적 측면은 제외된다. 중요한 점은 공동선의 성과는 절대적인 자원 소비가 줄어들 때 성장한다. 국내총생산과는 정반대다! 그 이유는 천연자원의 효율적 사용과 자연보호가 새로운 목표에 포함되기 때문이다. 어떻게 했을 때 공동선 대차대조표의 결과가 좋아질까?

첫째, 기업이 쓸데없는 물건을 더 적게 만들수록 좋아진다. 둘째, 전반적인 가치창조 사슬에 필요한 천원자원 요구량이 줄어들수록 좋아진다. 셋째, 폐기물로 생긴 환경오염이 줄어들수록 좋아진다. 넷째, 사용된 자원이 온전한 상태로 순환될수록 좋아진다.

이에 따라 자원효율성, 재활용, 재사용, 무배출, 제로 웨이스트*를 지향하다 보면 '요람에서 요람으로'라는 방향 설정의 효과가 나타난다. 국민경제의 자원 소비와 유해물질 배출이 완전히 사라질 때까지, 이것이 전 세계적으로 지속가능한 수준에 머무르거나 그 이하로 내려갈 때까지 최저 기준, 공동선 점수, 법적 혜택 등의 '나사'는 더 강하게 조여진 상태로 있을 것이다.

공동선 대차대조표가 다른 환경 정책 수단을 대체하지는 않는다. 오히려 더 강력하게 만든다. 이 가운데 중요한 것은 다음과 같다.

- 국제 정책을 통해 자원을 관리한다. 이에 따라 천연자원 사용을 제한하고, 정당하고 지속가능한 기준에 따라 천연자원을 분배하도록 만든다.

---

* 제로 웨이스트(zero waste)는 자원의 수명주기를 재설계해 근본적으로 폐기물을 최소한도로 줄이기 위한 일련의 원칙을 말한다.

- 조세제도를 근본적으로 녹색화^{greening}한다. 조지프 스티글리츠와 니컬러스 스턴^{Nicholas Stern}은 국제연합기구^{UNO}로부터 위임받아 진행한 연구 결과를 발표하며 탄소세 도입을 주장했다. 2015년 프랑스 파리에서 열린 제21차 UN 기후변화협약 당사국 총회(일명 Cop21)에서 제안된 온난화 대책이 목표를 달성하려면 전 세계 국가가 2020년까지 배출하는 이산화탄소^{CO2} 1톤당 40~80달러의 세금, 2030년까지는 1톤당 50~100달러의 세금을 내야 한다. Cop21에서 논의된 내용의 핵심은 지구 평균 기온 상승폭을 섭씨 1.5도로 제한하자는 것이다.

- 근본 해결책은 자연자원과 생물자원 이용 방식을 바꾸는 것이다. '생태학적 인권'은 자연을 보호할 권리까지 포괄해야 한다. 말하자면 UN이 정한 1세대 인권(시민, 정치적 권리)과 2세대 인권(경제, 사회, 문화적 권리)에 이어 UN의 3세대 인권(환경적 권리)이 추가될 수 있다. 지구는 매년 대체 가능한 천연자원을 일정량 할당하고 생태계를 유지함으로써 인류를 책임지고 있다. 이처럼 지구가 꾸준히 우리에게 주는 선물은 모든 사람을 상대로 공평하게 분배되어야 한다. 그리고 공평한 분배는 전 세계 공통 1인당 자원 사용 비용에 따라 이루어져야 한다. 이 사회가 이미 그렇게 만들어져 있듯이, 시장에 나오는 모든 물건과 서비스는 경제적 가치(즉 가격)를 지닌다. 이에 따라 우리는 환경적 가치도 가격으로 환산해야 한다. 예를 들어 상점에 가서 물건을 사면 은행계좌에서 경제적 가치가 인출되듯 환

경계좌에서 환경적 가치가 인출되어야 한다.

이 환경계좌는 1년에 한 번 채워지는데, 그 기준은 한 사람이 1년 동안 사용할 권리다. 환경계좌가 텅 비면 그 사람은 환경적 구매력을 상실하게 된다. 물론 환경계좌가 텅 비더라도 환경 하르츠 법안*이 있어 이 사람은 굶거나 추위에 떨지 않아도 된다. 그러나 환경계좌가 텅 빈 해에는 시원한 냉방이나 따뜻한 난방을 기대할 수 없다. 이 자유주의 조세법의 가장 큰 장점은 모든 사람이 자신이 원하는 물건을 무엇이든 자유롭게 구매할 수 있다는 점이다. 다만 전 세계인이 공동으로 책임지는 환경보호법의 범주 내에서는 말이다(모든 사람을 위한 선거권 또는 피선거권도 이와 매우 유사하다. 그러나 이것이 적용되는 방식은 사람의 자유에 달려 있다).

그렇다면 기업들도 이론상 그들이 원하는 것을 원하는 방식대로 생산할 수 있다. 기업이 만드는 제품과 서비스가 지나치게 자원 집약적이라면 이들은 수요자를 찾지 못할 것이다. 이런 제품과 서비스를 구입하는 데 드는 환경 구매력을 손에 넣는 것이 쉽지 않기 때문이다(경제적 구매력이 존재하지 않기 때문에 기업이 제품을 공급하지 못한다면 오늘날 누구도 이것을 불공평하다고 느끼지 않을 것이다. 사람들이 각 선거에서 저마다

---

* 하르츠(Hartz) 법안은 실업률을 낮추기 위해 단시간 일자리를 늘려 고용률을 높인 독일의 노동 개혁안을 말한다.

한 번의 투표권을 행사하는 것을 불공평하다고 여기지 않듯이 말이다). 학자들은 한 제품당 환경 소비를 측정할 수 있는 각기 다른 접근법을 구상했다. 예를 들어 '글로벌 헥타르Global hectare', '이산화탄소 등치CO_2-equivalent', '줄Joule' 등이다. 제품의 환경적 가치를 되도록 정확하고 신뢰할 수 있는 방식으로 측정하는 것은 공동선 경제의 관점에서 볼 때 대단히 중요한 연구 프로젝트다.

이 프로젝트의 첫 시도는 옥스팜*의 연구원 케이트 레이워스가 만든 도넛경제학Doughnut Economics이다. 도넛경제학에는 2가지 한계가 있다. 하나는 생물학적 한계, 다른 하나는 사회적 한계다. 생물학적 한계는 앞서 언급한 것과 같은데, 즉 지구가 생태계를 악화시키거나 종 다양성을 파괴하지 않고도 매년 인류에게 제공하는 것이다. 사회적 한계는 현재의 기술 발전 단계에서 모든 사람이 기본 욕구를 충족시킬 수 있으려면 어떤 환경 소비가 필요한지를 보여준다.

다행히 레이워스가 주장한 도넛경제 모델에서는 사회적 한계가 생물학적 한계 아래에 놓인다. 즉 "세상에는 인간의 욕구를 충족시킬 모든 것이 존재하지만 이것이 인간의 탐욕을 충족시키지는 못한다"라는 마하트마 간디의 말이 오늘날 75억 사람에게도 학술적으로 증명된 셈이다. 생물학적 한계와 사회적 한계의 간극은 '초과지급준비금'이라는 개념으로 나타낼 수 있다. 사회적 한계에 도달

---

* 옥스팜은 빈민 구호를 위한 NGO다.

한 소비는 조건이 없으며 협상 불가능하고 양도 불가능한 기본권이라 정의할 수 있다. 또한 당연히 모든 사람은 기본 욕구를 충족시키는 데 이것이 필요하다.

이 경계를 넘어서는 것은 반대로 협상 가능한 소비권이 될 수 있다. 말하자면 가난한 사람은 자신에게 본질적으로 필요 없는 것, 애초에 경제적으로 감당할 수 없는 것을 더 부유한 사람에게 판매할 수 있다. 이를 통해 부유한 사람은 자신의 과소비 수준에 '연착륙'할 수 있다. 또는 검소한 사람이 자신의 초과지급준비금을 UN이나 다른 국제기관에 기부해 다른 나라 사람에게 혜택이 돌아가도록 할 수 있다. 이런 도넛경제 모델은 정언명령*이 환경 분야로 범주가 확장되는 과정이나 마찬가지다. 즉 모든 사람이 흉내 낼 수 있으면서도 우리의 자녀와 손자가 우리와 동일한 선택을 할 자유를 제한하지 않는 생활양식을 선택하는 것이다.

또한 자원 소비와 원료 사용이 점차 줄어든다고 해서 그것이 삶의 질과 편의성을 축소한다는 뜻이 아니라는 사실이 점점 더 많은 학술적 연구를 통해 뒷받침되고 있다. 연구 결과에 따르면 오히려 그 반대다. 우리는 다음과 같은 가정이 실현된다면 분명 더 나은 삶을 살고 있다는 사실에 가슴이 벅차오를 것이다. 강과 바다, 숲, 들

---

* 철학자 이마누엘 칸트의 정언명령은 행위 자체가 선이기 때문에 인간인 이상 반드시 해야 하는 도덕적 행위를 가리킨다.

이 휴양 가치를 제공한다면, 보온성이 뛰어난 주택 등 거주지가 자연주의 원료와 스마트 방식으로 지어진 덕분에 기름이나 가스를 필요로 하지 않는다면(그리고 부유한 국가들이 자원을 두고 전쟁을 벌이지 않는다면), 집에 들어가도 눈이 따갑거나 맨발이 불편하지 않고 가구에서 진짜 나무 냄새가 난다면, 모든 사람이 충분한 식량을 공급받을 수 있다면, 모든 목적지를 걷거나 대중교통을 이용해 갈 수 있다면, 강압적이지 않고 편안하며 서로의 가치를 존중하는 직장 분위기를 즐길 수 있다면, 모든 사람이 사회적·경제적으로 동일한 기회와 권리를 누리게 되어 길거리나 공공장소에서 노숙이나 구걸하는 행위가 사라진다면, 거대 재벌은 물론이고 대중의 데이터를 쥐고 흔드는 인터넷 대기업과 금융 거물이 사라지고 민주주의가 교과서에 나오는 그대로 실현된다면, 자신의 생활양식이 다른 나라 사람들 또는 다음 세대 사람들의 확장 기회나 발전 기회를 빼앗는 것이 아니라는 사실을 모든 사람이 알게 된다면 분명 가슴이 벅차오를 것이다.

공동선 경제를 위한 워크숍

CHANGE EVERY THING

부록 ❶ 공동선 경제의 숫자와 사실

시작	2010년 10월 6일
지지하는 기업의 수	2,300개(45개 지역)
공동선 경제 대차대조표 기업	약 500개
지지하는 사람의 수	약 9,000명
활동하는 사람의 수	약 2,000명
지역 그룹/에너지 부문	유럽, 북미, 남미, 아프리카에서 약 150개
선구자 집단	기업(경제), 단체(정치), 학교, 대학과 대학교(문화)
주요 행위자	학문과 연구 종사자, 편찬자, 고문, 감사관, 비평자, 대사, 청소년과 교육 관련 종사자, 노동조합, 경영 참여 근로자 대표협의회
주체	스웨덴에서부터 칠레에 이르기까지 지역, 지방, 국가 단위에서 모인 30여 개의 협동조합이 국제적 연합 설립
국제적인 웹사이트	www.ecogood.org
더 많은 정보	www.ethischerwelthandel.info www.mitgruenden.at www.christian-felber.at

앞서 언급했듯이 공동선 경제는 '지방자치적 경제 총회'라고 할수 있다. 이 총회에서는 경제 법규를 위한 원칙적 질문이 적극적으로 제기되어야 하며, 민주적인 투표를 거쳐야 한다. 지역 총회를 거친 다음에는 연방정부 차원 또는 유럽연합 전체 차원의 총회가 조직되어야 하며, 이는 연방 헌법이나 리스본조약[1]을 쇄신하는 것이어야 한다. 구체적으로 말하면, 앞서 언급한 헌법이나 조약에서 '경제 부문'과 관련된 몇 쪽이 추가되어야 한다.

앞으로 나올 민주적 경제 총회를 위한 첫 번째 질문 초안은 과정을 설명하거나 이해하는 것을 도와줄 수 있다(진행 과정1).[2] 2017년 파리에서 국제적인 대표단 총회가 열렸을 때 권한을 위임받은 공동선 경제활동가 그룹 한 곳이 공동선 경제 운동을 마무리했고, 공동선 경제 주권자에게서 온라인 시스템상에서 동의를 얻었다(진행 과정2). 그런 다음 공동선 경제 운동의 반영이 경제 법규의 가장 중요한 원칙적 질문이 되었고, 우리는 이 총회를 진행하기 위해 검증된 '원형原型'을 제시했다(진행 과정3). 중요한 점은 이런 질문이 어떤 총회에서도 그냥 주어지는 것이 아니라 광범위한 조사와 주권자들과의 접촉을 통해 만들어지며, 가장 관련성이 높은 의문과 대안점이 주권자들의 투표를 통해 결정된다는 것이다.

본보기로 32개 질문을 10개의 장 또는 경제 법규를 기반으로 세분화했다. 다만 이 질문에 대한 정확한 답은 이 책의 본문 내용에서 찾을 수 있다. 실제 총회에서는 모든 질문이 자세히 설명되고, 찬성과 반대 토론에 따른 균형 잡힌 대안 내용이 추가된다. 모든 대안은 0에서 10까지 저항 점수(WP로 표기)를 받게 된다. '명목상의 답변'은 현재의 (법적) 상태를 말한다. 모든 질문에는 현재 상태를 유지하면서 어떤 변화도 없는 가능성 또한 포함되어 있다. 점수 0WP는 어떤 제안에 대한 저항이 가장 낮다는 뜻이고, 10WP는 저항이 가장 높다는 뜻이다. 모든 참가자가 작성한 WP 점수표를 모아 평가한 다음 가장 적은 WP를 받은 제안이 채택된다. 각 질문에는 명목상 답변과 이에 맞서는 여러 가지 대안이 나열되어 있다. 따라서 참가자는 이 모든 대안에 대해 자신의 입장을 0(지지도가 가장 높음)에서 10(지지도가 가장 낮음) 사이의 점수로 나타낼 수 있다. 따라서 참가자들이 각 대안에 주관적인 입장에 부여한 점수를 모두 합한 뒤 비교하고 나서 가장 낮은 점수를 받은 대안이 평균적으로 가장 선호되는 대안으로 간주되는 것이다.

이 총회는 가족이나 친구끼리 아니면 NGO나 어떤 단체, 기업에서 누구나 재미 삼아 해볼 수 있다.

1. 경제의 가치, 목표, 성공 측정

* 1~10에서 저항 점수(WP) 표기

질문 1 경제에서 가장 중요한 목표는 무엇이어야 하는가?

1A (명목상 답변): 경제학자들의 중심 목표에는 명확함이 없다. 정치는 국민경제의 GDP 상승과 경쟁력 향상, 일자리 창출, 복지를 위해 매진하고 있다.   WP_____

1B (대안): 모든 경제활동의 중심 목표는 자본 증대여야 한다. 공동선은 재산을 중심으로 스스로 책임을 지는 환경에서 나타나는 부수적 효과여야 한다.   WP_____

1C (대안): 모든 경제활동의 중심 목표는 공동선 증대여야 한다. 자본과 돈은 경제의 수단이어야 한다.

     WP_____

질문 2 경제의 근본 가치는 무엇이어야 하는가?

2A (명목상 답변): 유일무이한 근본 가치는 없다. 기업은 그들의 도덕적 행동에 대해 어떤 변명을 해서는 안 된다.

     WP_____

2B (대안): 기업은 다음과 같은 가치 추구를 지향해야 한다.

    2B1: 인간의 존엄   WP_____

    2B2: 정당성   WP_____

    2B3: 연대의식   WP_____

    2B4: 지속가능성   WP_____

2B5: 투명성과 공동 결정 WP_____

2B6: 자유 WP_____

질문 3 경제적 성공은 어떻게 측정되고 심사되어야 하는가?

3A (명목상 답변): 경제적 성공은 오직 자본이라는 수단과 관련해 규칙에 따라 측정되고 외부로부터 감사를 받아야 한다(재무적 대차대조표). WP_____

3B (대안): 경제적 성공은 오직 목표와 가치만으로 규율에 따라 측정되고 외부로부터 감사를 받아야 한다(윤리적 대차대조표).

WP_____

3C (대안): 경제적 성공은 오직 자본이라는 수단과 목표/가치만으로 규율에 따라 측정되고 외부로부터 감사를 받아야 한다 (재무적 대차대조표와 윤리적 대차대조표). WP_____

질문 4 도덕적 행동은 어떻게 보상받아야 하는가?

4A (명목상 답변): 기업은 공개적으로 위임받은 도덕적 행동과는 상관없이 조세나 국제통상 분야에서 똑같이 다루어져야 한다.

WP_____

4B (대안): 기업은 도덕적 행동과는 상관없이 다음과 같은 상황에 따라 각기 다른 대우를 받아야 한다.

4B1: 공개 매입의 우선권 WP_____

4B2: 개별화된 세율 WP_____

4B3: 더 유리한 신용 상태   WP_____

4B4: 공개적 지원   WP_____

4B5: 개별화된 관세   WP_____

4B6: 연구 프로젝트의 우선권   WP_____

2. 경쟁과 성장, 이익의 사용

질문 5   **협력과 경쟁, 대립은 시장에서 어떻게 정렬되어야 하는가?**

5A (명목상 답변): 서로에 대한 공격적 행태(예를 들어 적대적 인수, 특허 차단, 매스미디어 광고 등)는 허용하고, 협력이 빛을 보지 못하도록 해야 한다.   WP_____

5B (대안): 서로에 대한 공격적 행태(예를 들어 적대적 인수, 특허 차단, 매스미디어 광고 등)는 부정적이며, 협력을 긍정적으로 고취해야 한다.   WP_____

5C (대안): 서로에 대한 공격적 행태(예를 들어 적대적 인수, 특허 차단, 매스미디어 광고 등)는 금지되며, 비협력적 행동은 제한되고 개별적 협력과 시스템상의 협력은 적극 독려해야 한다.

         WP_____

질문 6   **기업은 이익을 어떻게 사용해야 하는가?**

6A (명목상 답변): 이익 사용은 다음과 같은 분야에서 허가되어야

한다.

6A1: 제한 없는 지불준비금과 예비금 　　　　　WP_____

6A2: 적대적 인수 　　　　　WP_____

6A3: 제한 없는 배당 　　　　　WP_____

6A4: 정당 기부금 　　　　　WP_____

6B (대안): 이익은 다음과 같이 사용되면 안 된다.

6B1: 제한 없는 지불준비금과 예비금 　　　　　WP_____

6B2: 적대적 인수 　　　　　WP_____

6B3: 제한 없는 배당 　　　　　WP_____

6B4: 정당 기부금 　　　　　WP_____

질문 7 **기업의 규모는 어느 정도여야 하는가?**

7A (명목상 답변): 기업은 원칙적으로 어떤 크기든 될 수 있어야 한다.

　　　　　WP_____

7B (대안): 기업은 최적의 규모를 스스로 정의해야 한다.

　　　　　WP_____

7C (대안): 어떤 기업이든 기업의 시장점유율에는 상한선이 정의
되어야 하고, 그 과정에 반카르텔(Anti-Cartel) 기관이 개입해야
한다. 　　　　　WP_____

3. 소유제

어떤 소유 형태를 허가해야 하는가?

8A (명목상 답변): 국가의 소유권이 중요한 소유 형태가 되어야 하며, 개인의 소유권은 제한된 형태로만 허가되어야 한다.

WP＿＿＿＿

8B (대안): 개인의 소유권이 중요한 소유 형태가 되어야 하며, 국가의 소유권은 최소한으로 줄여야 한다. WP＿＿＿＿

8C (대안): 개인과 공공의 소유권은 공동 소유와 공유지를 위해 완전히 사라져야 한다. WP＿＿＿＿

8D (대안): 소유 형태는 여러 가지로 존재할 수 있다. 개인의 소유권, 공공의 소유권, 집단 소유권, 공동 소유권, 공유지, 이용권, 비소유권 등이다. 모든 소유 형태에는 제한이 있어야 하며(예를 들어 개인 소유권의 상한선), 조건이 있어야 한다(예를 들어 공동선 대차대조표 작성) WP＿＿＿＿

질문 9 **개인 소유권의 상한선은 어느 정도 높아야 하는가?**

9A (명목상 답변): 개인 소유권의 선점은 제한 없이 허용되며, 국가의 보호를 받아야 한다. WP＿＿＿＿

9B (대안): 개인 소유권의 선점은 근본적으로 금지되어야 한다.

WP＿＿＿＿

9C (대안): 개인 소유권의 선점은 허용되고 국가의 보호를 받아

야 하는데, 이때 상한선은 다음과 같다.

9C1: 1,000만 유로   WP_____

9C2: 2,500만 유로   WP_____

9C3: 5,000만 유로   WP_____

9C4: 1억 유로   WP_____

9C5: 10억 유로   WP_____

질문 10 **상속권을 어떻게 정해야 하는가?**

10A (명목상 답변): 상속권은 제한 없이 유효해야 한다.

                                              WP_____

10B (대안): 상속권은 완전히 폐지되어야 한다.   WP_____

10C (대안): 상속권은 다음과 같이 제한되어야 한다.

  10Ca: 자녀 한 명당 개인 재산은 다음과 같다.

      10Ca1: 50만 유로   WP_____

      10Ca2: 100만 유로   WP_____

      10Ca3: 200만 유로   WP_____

      10Ca4: 300만 유로   WP_____

      10Ca5: 500만 유로   WP_____

      10Ca6: 1,000만 유로   WP_____

  10Cb: 기업 재산은 다음과 같다.

      10Cb1: 500만 유로   WP_____

      10Cb2: 1,000만 유로   WP_____

10Cb3: 2,000만 유로   WP＿＿＿＿

10Cb4: 5,000만 유로   WP＿＿＿＿

10Cc: 상속권 제한을 위반한 경우 상속 재산은 다음과 같이 사용되어야 한다.

10Cc1: '민주적 지참금'으로 아무것도 상속받지 못한 사람들을 위해 사용되어야 한다.   WP＿＿＿＿

10Cc2: 연금제도의 재정적 손실을 메우는 데 사용되어야 한다.   WP＿＿＿＿

10Cc3: 공공 인프라를 구축하는 데 사용되어야 한다.   WP＿＿＿＿

10Cc4: 세금을 낮추는 데 사용되어야 한다.   WP＿＿＿＿

10Cc5: 이 문제는 정부가 결정해야 한다.   WP＿＿＿＿

질문 11 기업의 규모가 어느 정도일 때부터 기업 재산에 대한 제한권이 직원 대표자, 소비자, 사회, 세계 또는 미래 세대에게 전달되어야 하는가? (그리고 예를 들어 의결저지권은 25퍼센트부터 시작하는가?)

11A (명목상 답변): 소유권자는 재산에 대한 제한권 포기 여부를 스스로 결정할 수 있다. 원한다면 기업의 생산 수단을 제한 없이 개인의 손에 맡길 수 있다.   WP＿＿＿＿

11B (대안): 기업의 크기가 다음과 같을 때 위와 같은 일이 벌어진다.

11B1: 종업원 100명   WP＿＿＿＿

11B2: 종업원 250명   WP_____

11B3: 종업원 500명   WP_____

11B4: 종업원 1,000명   WP_____

11B5: 종업원 2,500명   WP_____

11B6: 종업원 5,000명   WP_____

4. 세금과 자본의 이동

질문 12 **근로소득과 자본소득의 세금 비율은 어떻게 결정되어야 하는가?**

12A (명목상 답변): 자본소득의 세금이 근로소득의 세금과 비교해 낮아야 한다.   WP_____

12B (대안): 자본소득과 근로소득의 세금은 똑같은 비율이어야 한다.   WP_____

12C (대안): 자본소득이 근로소득에 비해 더 많은 세금을 내야 한다.   WP_____

질문 13 **조세 협력을 위한 자본 이동의 자유는 어떤 조건 아래 이루어져야 하는가?**

13A (명목상 답변): 자본 이동은 조건과 제한 없이 자유로워야 한다(조세 경쟁).   WP_____

13B (대안): 자본 이동은 세금과 관련된 모든 데이터가 포착되고 나서야 자유로워질 수 있다. 그리고 재정 관련 권한이 있는 기관에 인도되어야 한다(조세 협력).   WP_____

5. 불평등과 사회적 안전

질문 14 법적으로 정해진 최저임금은 어느 정도 수준이어야 하는가?

14A (명목상 답변): 인간의 노동에 대한 가격은 임금 협약 없이 시장에서 자유롭게 결정되어야 한다(자유시장경제).

WP_____

14B (대안): 국가는 인간의 존엄성을 존중하는 최저 수입을 보장해야 한다(사회시장경제). 그리고 그 상한선은 다음과 같다.

14B1: 시간당 8유로(세금 제외)   WP_____

14B2: 시간당 9유로(세금 제외)   WP_____

14B3: 시간당 10유로(세금 제외)   WP_____

14B4: 시간당 11유로(세금 제외)   WP_____

14B5: 시간당 12유로(세금 제외)   WP_____

14B6: 시간당 50유로(세금 제외)   WP_____

14B7: 시간당 60유로(세금 제외)   WP_____

14B8: 시간당 70유로(세금 제외)   WP_____

질문 15 **최고 수입은 어느 정도 수준이어야 하는가?**

15A (명목상 답변): 최고 수입은 법적으로 제한되지 않는 가운데 자유시장에서 결정되어야 한다(제한 없는 불평등).

WP_____

15B (대안): 최고 수입은 제한되어야 한다(제한된 불평등). 최고 수입은 최저 수입의 배수에 따라 제한되어야 한다.

15B1: 1배. 즉 모든 사람이 같은 수입을 벌어야 한다.

WP_____

15B2: 2배   WP_____

15B3: 5배   WP_____

15B4: 7배   WP_____

15B5: 10배   WP_____

15B6: 12배   WP_____

15B7: 20배   WP_____

15B8: 50배   WP_____

15B9: 100배   WP_____

질문 16 **모든 사람을 위한 사회적 보장은 어떻게 보증되어야 하는가?**

16A (명목상 답변): 어떤 사람이 직업을 잃으면 처음 6개월은 기존 월급의 80퍼센트에 해당하는 실업수당을 주고, 그 후 6개월은 최저임금에 해당하는 실업수당을 지급한다. 그다음에는

영세민 보호를 위해 최저임금의 75퍼센트에 해당하는 금액을 지급한다.　　　　　　　　　　　　　　　　WP_____

16B （대안）: 12개월 동안 최저임금에 해당하는 실업수당을 지급하고 그다음에는 영세민 보호를 위해 최저임금의 75퍼센트에 해당하는 금액을 지급한다.　　　　　　　　WP_____

16C （대안）: 어떤 사람이 직업을 잃으면 처음 6개월은 기존 월급의 80퍼센트에 해당하는 실업수당을 지급하고, 그 후 6개월은 최저임금에 해당하는 실업수당을 지급한다. 그다음에는 조건 없는 기본소득으로 최저임금의 75퍼센트에 해당하는 금액을 지급한다.　　　　　　　　WP_____

16D （대안）: 12개월 동안 최저임금에 해당하는 실업수당을 지급하고 그다음에는 조건 없는 기본소득으로 최저임금의 75퍼센트에 해당하는 금액을 지급한다.　　　　WP_____

16E （대안）: 조건 없는 기본소득으로 최저임금에 해당하는 돈을 지급한다.　　　　　　　　　　　　　　　　WP_____

질문 17　일할 수 없는 사람들을 위한 사회적 보장은 어떻게 보증되어야 하는가?

17A （명목상 답변）: 현행 독일의 규정에 따르면 하르츠 4법안과 사회보장제도가 동시에 유지되어야 한다.　　　WP_____

17B （대안）: RSA(The Revenu de Solidarité Active [Active Solidarity Income]) 는 최저임금만큼 지급한다.　　　　　　WP_____

17C　(대안): RSA는 최저임금과 중위소득의 중간만큼 지급한다.

WP＿＿＿＿＿

17D　(대안): RSA는 중위소득만큼 지급한다.　　　　WP＿＿＿＿＿

질문 18　국가는 어떤 공공재와 공공서비스를 제공해야 하는가?

18A: 의료 체계　　　　　　　　　　　　　　WP＿＿＿＿＿

18B: 교육 체계　　　　　　　　　　　　　　WP＿＿＿＿＿

18C: 보육　　　　　　　　　　　　　　　　WP＿＿＿＿＿

18D: 노인 돌봄　　　　　　　　　　　　　　WP＿＿＿＿＿

18E: 대중교통　　　　　　　　　　　　　　WP＿＿＿＿＿

18F: 에너지 보급　　　　　　　　　　　　　WP＿＿＿＿＿

18G: 식수 보급　　　　　　　　　　　　　　WP＿＿＿＿＿

18H: 우편　　　　　　　　　　　　　　　　WP＿＿＿＿＿

18I: 인터넷　　　　　　　　　　　　　　　WP＿＿＿＿＿

18J: 전화　　　　　　　　　　　　　　　　WP＿＿＿＿＿

6. 노동 시간

질문 19　향후 10~20년 동안 정규 노동 시간은 어떻게 변해야 하는가?

19A　(대안): 주당 50시간　　　　　　　　　WP＿＿＿＿＿

19B (대안): 주당 45시간 WP_____

19C (명목상 답변): 주당 40시간 WP_____

19D (대안): 주당 35시간 WP_____

19E (대안): 주당 30시간 WP_____

19F (대안): 주당 25시간 WP_____

질문 20 사람은 생계 능력을 가진 동안 얼마 만에 '안식년'을 갖고 예술이나 재교육, 자녀 양육, 여가, 영성 등에 관심을 집중해야 하는가?

20A (명목상 답변): 사람은 일생 가운데 생계 능력을 가진 동안에는 생계를 유지해야 한다(다만 부모가 되어 아이를 양육하거나 교육 받는 시간은 제외함). WP_____

20B (대안): 10년 직업 활동 시 1년의 안식년 WP_____

20C (대안): 20년 직업 활동 시 1년의 안식년 WP_____

20D (대안): 평생 직업 활동 중 1년의 안식년 WP_____

7. 생태학

질문 21 노동 분야의 조세 부담과 환경 사용의 조세 부담은 어떤 관계인가?

21A (명목상 답변): 현행 약 5퍼센트의 환경 관련 세금과 약 50퍼

센트의 노동 관련 세금은 그대로 유지되어야 한다(성장사회).

WP_____

21B (대안): 생산 수단인 원자재의 가격을 더 저렴하게 만들기 위해 환경 관련 세금을 줄여야 한다(터보 성장사회).

WP_____

21C (대안): 환경 관련 세금이 차지하는 비율은 50퍼센트까지로 하고, 노동 관련 세금은 반대로 줄여야 한다(포스트 성장사회).

WP_____

질문 22 **연간 이용 가능하고 소모 가능한 생명자원은 개별적인 생태학적 인권에 어떻게 분배되어야 하는가?**

22A (명목상 답변): 현재 세대는 그들이 원하는 대로 살고 자원을 이용할 수 있어야 한다.　　　　　WP_____

22B (대안): 모든 살아있고 아직 태어나지 않은 사람은 같은 권리를 가져야 한다.　　　　　WP_____

질문 23 **자연은 어떤 (보호)권리를 가져야 하는가?**

23A (명목상 답변): 자연은 물건으로 간주되고, 근본적으로 인간을 위해 사용되어야 한다(인간중심적 개념).　　WP_____

23B (대안): 자연은 우리 삶의 터전이자 인간을 낳은 존재로 간주되어야 한다. 그러므로 인간은 이 지구의 한계를 존중하고 지켜야 한다(심층생태학적인 개념).　　WP_____

8. 금융과 재정 시스템

질문 24 **누가 금융과 재정 시스템을 만들어야 하는가?**

24A (명목상 답변): 금융과 재정 시스템은 정부와 의회를 통해 만들어져야 한다. 정부와 의회는 중앙은행에 목표를 안내하고 각 조직이 그들의 역할을 수행할 수 있도록 만들어야 한다(개인적 재산으로서의 돈).　　　　　　　WP_____

25B (대안): 금융과 재정 시스템은 주권자들을 통해 민주적으로 만들어져야 한다. 공공의 중앙은행은 주권자들로부터 목표를 안내받아야 하며, 그 위원회는 주권자들이 정한 원칙에 따라 제어되어야 한다(공공재산으로서의 돈).　　　　WP_____

질문 25 **신용 창출은 어떻게 조직되어야 하는가?**

25A (명목상 답변): 중앙은행이 현금을, 시중은행이 요구불예금(당좌예금 금액)을 창조해야 한다(사적 신용 창출).　　WP_____

25B (대안): 중앙은행이 현금과 요구불예금을 창조해야 한다(이른바 총화폐[3]).　　　　　　　　　　　　　　WP_____

질문 26 **은행은 어떻게 조직되어야 하는가?**

26A (명목상 답변): 이익을 추구하는 은행과 공동선을 추구하는 은행은 똑같이 취급되어야 한다.　　　　　　　WP_____

26B (대안): 공동선을 추구하는 은행, 예를 들어 중앙은행 출입,

지방자치단체와의 사업, 저축예금 보호 등의 측면에서 더 우대를 받아야 한다. 이익을 추구하는 은행은 세금 지원 금지 등을 포함해 자유시장에 맡겨야 한다. WP_____

26C (대안): 모든 은행은 공동선을 추구해야 한다. WP_____

질문 27 신용은 어떻게 부여되어야 하는가?

27A (명목상 답변): 신용은 동일하게 실물투자와 금융투자(예를 들어 유가증권 구입)에 제공되어야 한다. WP_____

27B (대안): 신용은 오직 실물투자에만 제공되어야 한다.

WP_____

질문 28 어떤 기준으로 신용 프로젝트를 평가해야 하는가?

28A (명목상 답변): 신용 프로젝트는 오직 재무적 안정성 평가만 받으면 된다. 그리고 여기서 긍정적 결과가 나와야 신용 융자가 가능하다. WP_____

28B (대안): 신용 프로젝트는 재무적·도덕적 안정성 평가를 받아야 한다. 양쪽에서 모두 긍정적 결과가 나와야 신용 융자가 가능하다. WP_____

9. 무역 규정

질문 29 무역 정책의 목표는 무엇이어야 하는가?

29A (명목상 답변): 무역은 절대적인 경제적 자유여야 하고 인권과 노동권, 자연보호, 사회적 안정, 유대는 무역보다 하위에 있어야 한다. 무역은 이 모든 것보다 우선하는 목표여야 한다. WP_____

29B (대안): 국제적으로 분업과 무역은 최소화되어야 하며, 국가들은 물물교환과 서비스 교환이 일어나지 않도록 경계를 설정해야 한다(보호무역주의). WP_____

29C (대안): 무역 정책의 목표는 해당 국가가 수입보다 수출을 많이 해야 한다는 것이다(중상주의). WP_____

29D (대안): 무역은 인권, 자연보호, 공정한 분배, 사회적 유대라는 목적을 위한 수단이어야 하며, 이 모든 것보다 하위에 있어야 한다(윤리적인 세계무역). WP_____

질문 30 불균형한 무역수지는 어떻게 되어야 하는가?

30A (명목상 답변): 무역수지의 불균형한 편차가 바로잡혀서는 안 된다. 이것은 시장에서 이루어진 자유로운 힘겨루기의 결과다(WTO 규정). WP_____

30B (대안): 모든 국가는 세계경제의 균형을 유지하기 위해 불균형한 무역수지에 대한 의무를 져야 한다. 작은 또는 일시적

차이도 그냥 넘어가서는 안 되며, 큰 차이 또는 장기적 차이는 단계적으로 제재를 가해야 한다. 예를 들어 적자를 보는 국가나 평가절상/평가절하된 환시세에는 이자, 과잉분에 대한 더 저렴한 신용 등을 부과해야 한다.　　WP_____

10. 학교와 경제 교육

질문 31　경제를 가르치는 학교나 교육기관의 교과 과정에 어떤 내용이 통합되어야 하는가?

31A (명목상 답변): 교과 과정을 마련하는 교육부가 단독으로 어떤 내용이 교과 과정에 들어갈지를 결정한다.　　WP_____

31B (대안): 모든 학교와 교육기관이 자체적으로 어떤 교과 과정을 마련할지 결정한다.　　WP_____

31C (대안): 모든 경제 교육에는 다음과 같은 내용이 반영된 교과 과정이 포함되어야 한다.

31C1: 생각과 체험　　WP_____

31C2: 철학과 윤리　　WP_____

31C3: 생태학과 지속가능성　　WP_____

31C4: 정치와 민주주의　　WP_____

32A (명목상 답변): 가치, 타인과의 관계, 감정, 신체와 자연에 대해 가르치는 것은 부모의 과제다.　　　　　　　WP_____

32B (대안): 전문 교육은 인간적·전체론적 기반을 바탕으로 해야 하며, 다음과 같은 인격 개발 도구를 갖추어야 한다.

　　32B1: 감정 과목　　　　　　　　　　　　WP_____

　　32B2: 커뮤니케이션 과목　　　　　　　　WP_____

　　32B3: 가치 과목　　　　　　　　　　　　WP_____

　　32B4: 민주주의 과목　　　　　　　　　　WP_____

　　32B5: 자연 경험　　　　　　　　　　　　WP_____

　　32B6: 신체 감수성　　　　　　　　　　　WP_____

　　32B7: 손으로 물건 만들기　　　　　　　　WP_____

　다시 한 번 당부하겠다. 실제로 회의를 할 때는 모든 질문과 대안에 대한 충분한 설명이 있어야 하고, 균형 잡힌 방식으로 찬반 토론이 이루어져야 한다. 관련 정보를 갈무리하는 것은 질문과 대안을 발전시키는 데 있어 토론의 핵심 과제다. 이는 관계자들을 통해 투표로 결정되며, 관계자들은 활발하게 발전 과정에 참여할 수 있다.

　이 책을 마무리하던 2017년 9월에 수많은 단체가 총회를 진행하는 데 관심을 보였지만 실제로 시작한 곳은 아직 한 군데도 없다. 이런 의문이 남는다. 과연 어떤 조직에서, 어떤 도시에서 첫 번째 총회가 시작될까? 이처럼 '자신들이 권한을 갖는' 과정을 원하는 모든 사람은 앞장서서 좋은 사례를 만들어낼 수 있으며, 다른 사람들과 함께 현실에서 비전이 이루어지도록 할 수 있다.

저자 서문

1 2017년 8월 28일 슈투트가르트 언론 보도자료 경제 부문, '미래 투자를 위한 공동선. 바덴뷔르템베르크 주의 주도 슈투트가르트, 4개의 공기업을 앞세워 독일 전역의 선도 도시가 되다'.

2 유럽경제사회위원회, 2015.

3 베르텔스만재단, 2010.

4 Dierksmeier/Pirson (2009).

5 Bauer (2011), 39.

6 라이프아이젠은행. 독일의 농업협동조합의 창시자인 F.W. 라이프아이젠의 이름을 딴 것으로, 일종의 농업신용조합이다(옮긴이 주).

7 라인강 유역의 산악 지방이다(옮긴이 주).

1장 자본주의 시장경제의 근본 문제

1 Bauer (2011), 39.

2 Smith (2005), 17.

3 Bruni/Zamagni (2007), 108.

4 Kant (1998), 38.

5 Herzog (2013), 85 참조.

6 Hayek (2004), 22.

7 경제상의 공식 명칭은 '알프레드 노벨을 기념하는 경제과학에 있어 스웨덴 국립은행상'이다.

8 Kohn (1992), 205.

9 For instance Chris Barling: "How to Kill the Competition", *Business*

Matters, 22 February 2011.

10 미국 노동부 자료에 근거해 계산된 숫자다. 최저임금은 2009년 7월 24일 7.25달러로 인상되었다(www.dol.gov/whd/minimumwage.htm). 최고 보수를 받는 헤지펀드 매니저 존 폴슨은 2010년 50억 달러를 벌었다. *Wall Street Journal*, 28 January 2011.

11 Wilkinson/Pickett (2010), 54.

12 R+V 보험회사가 계산한 독일 불안지수(German Anxiety Index).

13 www.fao.org/news/story/en/item/45210/icode/ and www.fao.org/publications/sofi/2013/en/

14 Jackson (2011), 106.

15 Gallup (2013), 13.

16 Barber (2007), 239.

17 Austrian Chamber of Labor, "Kaufsucht in Osterreich-2011", study, 24. Available online.

18 Barber (2007), 236.

19 Fromm (1992), 129.

20 Felber (2006), (2008), (2009) and (2012).

2장 공동선 경제의 핵심

1 바에에른 주 헌법, 151조.

2 독일 기본법, 14조(2).

3 이탈리아 헌법, 41조.

4 콜롬비아 헌법, 333조.

5 아일랜드 헌법, 서문: 6조 1./43조 2.2./45조 2.ii.

6 Dierksmeier/Pirson (2009).

7 Daly/Cobb, JR. (1994), 443ff.

8 www.happyplanetindex.org/

9 www.oecdbetterlifeindex.org/

10 Enquete Commission "Growth, Prosperity and Quality of Life-Path

to Economic Sustainability and Social Progress in the Social Market Economy" (2013), 28ff. Avialble online at http://dip21.bundestag.de/dip21/btd/17/133/1713300.pdf

11 Stiglitz/Sen/Fitoussi (2009).

12 Felber (2008), 221-238 참조.

13 www.ecogood.org/en/our-work/common-good-balance-sheet/

14 Thomas Aquinas: "Summa Theologica"

15 Pope Frnacis, source: www.zenit.org/es/articles/el-santo-padre-un-alcaldedebe-ser-mediador-y-no-intermediario

16 http://ec.europa.eu/internal_market/accounting/non-financial_reporting/

17 Swissinfo, 7 February 2007.

18 Felber (2014a), Chapter 4: "The Foundation: Money as a Public Good', 47ff.

19 Lordon (2010).

20 Redak/Weber (2000), 47; Redak/Weber, 47.

21 Bakan (2005), 13.

22 United States Congress House (1973): "Energy reorganization act of 1973: Hearings", *Ninety-third Congress, first session, on H.R.* 11510, 248.

23 *Wiener Zeitung*, 10 June 2008.

24 Kohr (1995), 43ff.

25 Nowak/Highfield (2013), 17.

26 Hückstädt (2012).

27 Felber (2006), 68-88 and 236-256, Reimon/Felber (2003), 135-165 참조.

28 Felber (2014a), 176ff.

3장 공공재로서의 돈

1 Felber (2012) 참조.

2 Felber (2012), 56ff; Felber (2014), 87ff.

3 Felber (2012), 73ff.

4 Keynes (1980).

5 Huber/Robertson (2008).

6 Felber (2014), 58ff.

7 http://www.positivemoney.org

8 주권적 화폐개혁에 따라 저자가 계산한 값이다. 이 개혁으로 독일의 부채는 M1의 규모만큼 감소하게 된다. 영국의 M1 규모는 현재 공공 부채의 87.4퍼센트에 이른다.

9 Date from the Office for Budget Responsibility. Briefing for the House of Commons, 19 December 2014.

10 Felber (2014)에서 상세히 논의되었다.

11 Keynes (1980).

12 Stiglitz at al. (2009), 93.

13 Attac Austria (2010).

4장 재산의 의미

1 구리아는 "금융위기 이후 부자와 가난한 사람 간의 간격은 더욱 확대되었다. …… 문제는 불평등(inequality)이 아니라 불평등들(inequalities)에 대한 것이다"라고 말했다. www.oecd.org/about/secretary-general/120-summitinequality-and-inclusive-growth.htm. 클라우스 슈밥은 전문경영자와 최저소득의 격차를 1:20이나 1:40의 비율로 축소할 것을 요청했다. 출처는 다음과 같다. *Frankfurter Allgemeine Sonntagzeitung*, 20 January 2013.

2 토마 피케티에 따르면 1945년 이후 평균 투자수익률은 거의 8퍼센트에 달했다. Piketty (2014), 202, 435, 448.

3 Wilkinson/Pickett (2010).

4 John Thornhill: "Income inequality seen as the great divide", *Financial Times*, 19 May 2008.

5 *Stern*, 22 November 2007.

6 전체 합의 원칙이 적용된다면 동의보다 저항을 측정하면서 여러 제안을 투표에 회부할 수 있다. 이때 가장 저항이 적은 제안이 수용된다.

더 상세한 내용은 www.sk-prinzip.eu/를 참조하라.

7   Wilkinson/Pickett (2010); Wilkinson(2001), 300.

8   "Tuition fees: Three quarters of students won't be able to pay off their Debt", *Independent*, 18 November 2014.

9   Herrmann (2010), 167.

10 Hartmann (2002), "Born to Be a Manager", Interview with Michael Hartmann, *Der Spiegel online*, 26 March 2003.

11 Inspired by Gil Ducommun's "maturity dowry" in Ducommun (2005), 131ff.

12 Philip Faigle, "Rettet die Erbschaftssteurer", *Zeit online*, 4 December 2009.

13 *Results of the financial accounts of the German economy as a whole from 1991 to 2008*, Statistische Sonderveroffentlichung vol. 4, German Federal Office of Statistics and German Central Bank, Frankfurt am Main, June 2009.

14 Primin Fessler/Peter Mooslechner/Martin Schurz/Karin Wagner: "Das Immobilienvermogen privater Haushalte in Osterreich", in *Österreichische Nationalbank: Geldpolitik & Wirtschaft*, 2nd quarter, 2009, 113-135; Martin Schurz/Beat Weber: "Die soziale Hangematte der Reichen", MO no. 16/2009, www.sosmitmensch.at/site/momagazin/alleausgaben/37

15 "The case for death duties. How to improve an unpopular tax", *The Economist*, 25 October 2007.

16 Piketty (2014), 503.

17 *New York Times*, 14 February 2001.

18 Mill (1909), II.2.19.

19 Reimon/Felber (2003); Weizsacker/Young/Finger (2006).

20 Felber (2006), 257ff; Felber (2008), 304ff.

21 Bolier/Helfrich (2013).

22 Ostrom (2011) and www.onthecommons.org/magazine/elinor-ostroms-8-principles-managing-commons

23 오스트리아 법에 따르면 자연에 법인격을 승인하는 것이 가능하다. De lege referenda: 285b ABGB.

24 에콰도르 헌법 71-74조 "Derechos de la naturaleza".

5장 삶의 진정한 동기부여와 의미

1 Layard (2009), 46.

2 Nickerson/Schwarz/Kahnemann (2003), 531-536.

3 *ORF online*, 4 June 2010.

4 Bauer (2011), 31.

5 Bauer (2008), 61.

6 "Die Mittelklasse irrt", Interview with Richard Wilkinson in *Die Zeit*, No. 13, 26 March 2010. www.zeit.de/2010/13/Wohlstand-Interview-Richard Wilkinson

7 Semler (1993).

8 Joseph Rowntree Foundation/New Policy Institute (2014), 26, 28.

9 Eurostat: http://epp.eurostat.ec.europa.eu/statistics_explained/index.php/Unemployment-statistic

10 Haller (2006); Bakan (2005); Fromm (1992), 146.

11 *Financial Times Deutschland*, 7 May 2007.

12 *Der Standard*, 19 September 2009.

13 이런 점에서 '비폭력 소통'은 계몽적이다. 이와 관련된 자세한 내용은 Rosenberg (2003)를 보라.

14 Roth (1998).

6장 조화로운 민주주의로 가는 길

1 http://corporateeurope.org/revolvingdoorwatch

2 http://archive.corporateeurope.org/observer8/brittan.html

3 http://www.euractiv.com/sections/euro-finance/bowles-blasted-overmove-city-307924

4 http://corporateeurope.org/revolving-doors/2014/10/hill-

refuses-givemeps-details-his-past-lobbyist

5   www.businessinsider.com/these-6-corporations-control-90-of-
the-median-america-2012-6? IR=T#ixzz3QVA5PI4h

6   www.motherjones.com/tom-philp

7   www.golbalresearch.ca/gmo-researchers-attacked-evidence-
denied-and-apopulation-at-risk/ 5305324

8   www.insm.de

9   http://maplight.org/us-congress/bill/111-hr-977/359058/
totalcontributions; http://maplight.org/us-congress/bill/111-
hr-1207/360297/total-contributions

10 Rousseau (2000[1762]), 93.

11 Rousseau (2000[1762]), 81.

12 Attac: "10 Principles for Democratic Treaty": www.attac.at/
euconvention

13 *Der Spiegel*, 25 August 2003; *Der Spiegel*, 35/2003

14 Efler/Hafner/Vogel (2008), 122.

15 Josef Pröll: "Projekt Osterreich", Speech by the Finance Minister,
14 October 2009, 27.

16 www.superfund.com/HP07/download/press/BP0209.pdf

17 http://ec.europa.eu/internal_market/finservices-retail/docs/
capability/members_en.pdf

18 www.mehr-demokratie.de; www.ig-eurovision.net; www.
volksgesetzgebung-jetzt.at

19 Mehr Demokratie (2006), 16.

20 *ARD Panorama*, 12 May 2005: http://daserste.ndr.de/panorama/
media/euverfassung100.html

21 2014년 말 캘리포니아 상원은 투표제도를 개선했다. 그중 하나는 소수이
지만 널리 지지받는 발의안에 초점을 맞추기 위해 승인 기준을 높게 만드
는 것이었다.

22 The Field Poll, Release no.2393, 29 September 2011.

23 Forsa/*Stern*.de, 27 December 2006.

24 Crouch (2008).

25 Felber (2014), 38.

26 Häfner (2009).

7장 공동선 경제의 다양한 모범 사례

1 Bauer (2008), 153.

2 Jeantet (2010), 49.

3 www.luc.edu/faculty/dschwei/

4 Karl Marx: *Zur Kritik der Politischen Ökonomie*, Franz, Duncker, Berlin, 1859, preface.

5 www.semco.com.br/en/

6 www.good2work.com/article/5487

7 http://de.wikipedia.org/wiki/Ricardo_Semler

8 www.sekem.com

9 www.goettindesgluecks.com

10 One example of criticism: www.soas.ac.uk/news/newsitem93228.html

11 Felber (2006), 165-184.

12 www.johnlewispartnership.co.uk/ 이 책의 출판을 위해 여기서 인용한 원래 텍스트의 내용 가운데 극히 일부가 수정되었다.

13 www.newfarm.org/features/0104/csa-history/part1.shtml

14 Kraiss/Van Elsen (2008).

15 www.agcensus.usda.gov/Publications/2007/Full_Report/Volume_1,_Chapter_2_US_State_Level/st99_2_044_044.pdf

16 www.buschberghof.de

17 www.farming.co.uk/news/article/9320

18 www.regionalwert-ag.de

19 www.gls.de

20 www.gemeinschaftsbank.ch

21 www.abs.ch

22 www.sparda-m.de

23 www.bancaetica.it/

24 www.febea.org/

25 www.gabv.org/

26 www.oikocredit.org/site/at

27 www.gugler.at, www.vonderwiegezurwiege.at

28 www.sonnentor.com

29 www.badblumauermanifest.com

30 www.zotter.at

31 www.ccss.jhu.edu/pdfs/CNP/CNP_At_a_glance.pdf

32 www.urban.org/UploadedPDF/413277-Nonprofit-Sector-in-Brief-2014.pdf

33 http://nccs.urban.org/statistics/quickfacts.cfm

34 http://data.ncvo.org.uk/a/almanac14/fast-facts-3/

35 http://nccsdataweb.urban.org//NCCS/extracts/nonprofitalmanacflyerpdf.pdf

36 www.ivr.org.uk/ivr-volunteering-stats/176-how-many-people-regularlyvolunteer-in-the-uk

37 Prognos Ag, *Der Spiegel online*, 19 November 2008.

38 Vaughan (2002).

8장 더 나은 변화를 위한 전략

1   '자가생성적(autopoietic)'은 그 자신을 창조하고, 재생산하며, 유지할 수 있는 시스템을 지칭한다.

2   Felber (2014), 257ff.

3   www.ecogood.org/de/unsere-arbeit/gemeinwohl-bilanz/

4   "Great Transformation 1" has been shaped by Karl Polanyi. This formular refers to the disembedding of the globalizing economy from its local contexts and adopting a different-capitalistic-ethos.

5   www.ecogood.org/en/our-work/common-good-balance-sheet/

municipalities/

6 www.ecogood.org

7 Felber (2009), 134ff.

9장 자주 묻는 질문

1 Albert(2006); Fresin(2005).

부록 공동선 경제를 위한 워크숍

1 2005년 프랑스, 네덜란드 국민투표에서 부결된 유럽연합 헌법을 대신하기 위해 마련된 개정 조약으로, 2009년 12월 1일부터 발효되었다(옮긴이 주).

2 특히 크리스티나 코지나의 소중한 피드백에 감사하며 카를 슈나이더와 세라리나 자이퍼, 헬무트 켈러, 게르트 호필렌, 마리엘레 뤼펠, 만프레트 코프라네크에게도 감사의 말을 전한다.

3 총화폐(Vollgeld)는 스위스에서 만들어진 시민 이니셔티브로, 이들은 스위스의 중앙은행(스위스국립은행)에 돈을 창출할 수 있는 유일한 권한을 부여하고자 했다. 그러나 이 발의안은 2018년 6월 투표에서 부결되었다.

독일어 감수 **강민경**

대학에서 독어독문학을 전공하고 졸업 후 독일계 회사를 다니며 글밥아카데미 출판 번역 과정을 수료했다. 독일 어학연수 후 현재는 바른번역 소속 번역가로 활동 중이다. 옮긴 책으로 『젊은 베르테르의 슬픔』, 『꿀벌 마야의 모험』, 『도대체 왜 그렇게 말해요?』, 『피터 틸』, 『궁극의 차이를 만드는 사람들』, 『이 세상에 어린이가 100명이라면』 등이 있다.

모든 것이 바뀐다

초판 1쇄 인쇄 2020년 9월 10일
초판 1쇄 발행 2020년 9월 25일

지은이 크리스티안 펠버
옮긴이 이영환
독일어 감수 강민경
발행인 강선영·조민정
펴낸곳 (주)앵글북스
표지·본문 강수진

주소 서울시 종로구 사직로8길 34 경희궁의 아침 3단지 오피스텔 407호
문의전화 02-6261-2015 **팩스** 02-6367-2020
메일 contact.anglebooks@gmail.com
ISBN 979-11-87512-48-6 03320
한국어판 ⓒ (주)앵글북스, 2020. Printed in Seoul, Korea.